本文丛受"国家社会科学基金"资助

丛书编委会

顾 问：陈文申 李培元
主 任：苏志武
编 委：（以姓氏笔画为序）

丁俊杰　王巧林　王　晖　车　晴　田维义
朱光烈　仲呈祥　刘守训　刘　昶　吕志胜
吕　锐　闵惠泉　张　晶　张育华　张鸿声
李兴国　李佐文　李怀亮　李晓华　李焕生
杨正泉　陈卫星　苗　棣　胡正荣　胡智锋
段　鹏　袁　军　夏　丹　高晓虹　高福安
黄升民　鲁景超　雷跃捷　路盛章　廖祥忠
蔡　翔

现代传播文丛
(第三辑)
总主编 胡智锋

传播文化
文化传播的中国思考

张国涛 主编

中国传媒大学出版社

总 序

◆ 胡智锋

　　2014年是新中国成立65周年,也是中国传媒大学建校60周年的年头,《现代传播》也迎来了创办35周年。为纪念这些重要节庆,我们《现代传播》编辑部同仁商议,延续以往阶段性整理出版《现代传播》文丛的做法,接续上一套"文丛",把2009~2013这五年来刊发在《现代传播》上的精品文章遴选出来,按刊物的栏目类别汇集成若干卷册,以新的形式展示给广大读者,也算是我们《现代传播》献给国庆、校庆和刊庆的一份礼物吧!

　　翻读各位编者初编的本套文丛各卷的篇章目录,当时每一期编刊的情形如在眼前!放眼看去选题丰富多样,写法千差万别,汇到一起该如何表述这套文丛的整体特点呢?思来想去,脑海里蹦出一个词——"回应"!是的,以一个"回应"或许可以粗略地概括这些文字的总体探求!以这个"回应"可以切出三句话:回应时代召唤,回应现实需求,回应理论创新。

　　首先,回应时代召唤。2009—2013这五年间适逢中国共产党建党90周年、新中国成立60周年、改革开放30周年等重要时间节点,我们因此约请或选用了相关文章,在回顾与反思中对于某个领域或方面的发展进程予以重新梳理与揭示。如郑保卫先生的《中国共产党新闻工作群众路线的理论来源与实践传统》(建党90周年),朱虹先生的年度对话《中国广播影视发展新起点》,黄勇先生的《论新中国60年广播电视的发展道路》,吴学夫、黄升民先生的《大国图腾——承载60年国家理想的家国图像》(新中国成立60周年),黄式宪先生的《关于近30年中国电视剧在美学建构上的断想》,周星先生的《改革开放30年中国电视剧发展要评》(改革开放30年)都是这些重要时间节点上的整体性描述的代表性篇章。

在专业层面上,也有一些重要时间节点被我们关注,如"春晚"30年、中国电视民生新闻10周年、《今日说法》10周年、《论道》3周年、央视纪录频道元年、江苏卫视品牌定位升级元年等,在这些时间节点上,来自政府、业界、学界不少领导、专家、学者发表了有时效性、针对性、启示性的文字,他们是原国家广播电影电视部副部长刘习良先生,原商务部副部长、中国加入世贸首席谈判代表龙永图先生,电视学界老前辈朱羽君、高鑫、王伟国先生,业界领军人物周莉、景志刚先生,学界重量级学者王一川、尹鸿、喻国明、俞虹、孟建、李幸、时统宇、丁亚平、丁俊杰、张同道先生等。

其次,回应现实需求。不论是国家战略层面,还是传媒业界与学界,过去几年面临的形势与背景或许都离不开全球化,媒介融合与公共服务日渐深入的现实。如何理解这几个重要现实背景?如何在全球化语境下走出有中国特色的道路?如何应对媒介融合的不可阻挡的态势?如何在新的媒介与社会环境下,调整与完善公共服务的领域与空间?作者们给出了令人关注与期待的解答。

如关于全球化命题的研究,有如下大作:黄会林先生的《"第三极电影文化"构想》,叶皓先生的《公共外交与国际传播》,陈圣来先生的《文化强国与中美之梦》,贾磊磊先生的《全球化语境中的跨文化传播——论非文字类文化符号的传播效应》,张国良先生的《沟通与和谐:汉语全球传播的渠道与策略研究》,荆学民先生的《全球化背景下中国政治传播主体意识研究》,夏骏先生的《在文明较量的时间差中坚守——中国电视走向世界的宏观命题探讨》。

而关于全球化语境下的中国传播学发展问题的研究,也有不少探讨值得关注,如胡正荣先生等的《跨学科视野中的中国跨文化传播研究:进程与问题》,陈卫星先生的《关于中国传播学的本体性反思》,胡翼青先生的《传播研究本土化路径的迷失——对"西方理论中国经验"二元框架的历史反思》,刘海龙先生的《传播研究的两个维度》等。

关于媒介融合的研究,有如下大作:朱虹先生的《中国数字电影的现状与发展战略》,黄勇先生的《论中国广电在"三网融合"新阶段的战略方位》,庞井君先生的《媒介融合背景下的中国广播影视产业发展的思考》,李良荣先生等的《互联网与大众政治的勃兴——新传播革命研究》系列,王武录先生的《报业全媒体发展研究》,熊澄宇先生的《对新媒体未来的思考》,黄升民先生等的《三网融合:构建中国式"媒信"新业态》,彭吉象先生的《数字技术时代的影视美学》,王甫先生等的《我国3D电视发展现状、困境及对策探析》,石长顺先生的《中国报业的 iPad 生存》,刘德寰先生的《手机互联网的数字鸿沟》,张红军先生的《中国电视剧的网络化生存》等。

关于公共服务的研究,特别是新媒体快速发展带来的公共领域、公共空间及相关社会治理方面则有如下大作:邵培仁先生等的《信息低保——构建信息公平社会的基本保障》,段京肃先生的《乡村媒介、媒介乡村和社会发展——关于大众传播媒介与中国乡村的几个概念》,袁军先生等的《突发性公共事件与政府形象修复策略研究》,廖祥忠先生等的《论"电子大字报"的传播特点、社会危害及应对之策》,胡泳先生的《在互联网上营造公共领域》,方兴东先生等的《微信传播机制与治理研究》,谭天先生的《论社交媒体的关系转换》,何志武先生的《网路民意与公共政策的"民间智库"》,许加彪先生的《风险社会下中国环境安全的信息公开:新型媒介生态中政府与社会的互动》等。

不论是全球化、媒介融合抑或公共服务研究,上述文字都以强烈的社会关怀回应了我们传媒理论与实践的现实发展需求。

再次,回应理论创新。近五年老中青几代学者都以饱满的激情与理性的思考,贡献出不少理论创新成果。

关于新闻改革的研究,有童兵先生的《"五四"精神与新时期新闻改革》,叶皓先生的《从宣传到传播:新时期宣传工作创新趋势》,喻国明先生等的《中国媒介规制的发展、问题与未来方向》,高晓虹先生等的《美国电视竞争格局及其策略借鉴》,涂光晋先生等的《从"党的耳目喉舌"到"公众话语平台"——"人民网"意见表达与整合研究》,曹劲松先生的《政府新闻传播中的形象设计与塑造》,徐舫州先生等的《我国跨地域跨媒体传播发展研究》等大作。

关于舆情监控与舆论监督的研究,有范以锦先生等的《舆论监督与社会政治生态环境》,罗以澄先生等的《"爆吧"集体行动中公民参与表达的实现与规制——以"69圣战"事件为例》,吴廷俊先生的《新媒体时代中国舆论监督的新议题:网络揭黑》,柯惠新先生等的《重大事件舆情监测指标体系与预警分析模型的再探讨》,杜骏飞先生的《绿坝事件:信息如何成为权力政治》,顾理平先生的《论虚拟人群的叛逆性行为》等大作。

关于传播伦理问题的研究,有杨先顺先生等的《网络传播的后现代伦理审思》,杨保军先生的《新闻道德:在职业个体与媒体组织之间》,蒋建国先生的《消费主义文化传播、仪式缺失与社会信仰危机》,龙耘先生等的《中国媒介治理中的泛道德主义》,孙宜君先生等的《论新媒体语境下跨文化传播伦理困境与建构原则》等大作。

关于广播影视艺术发展问题的研究,有高鑫先生的《技术美学研究》,王伟国先生的《摄影机书写电视剧本体真实》,张晶先生的《传媒艺术的审美属性》,颜纯钧先生的《蒙太奇美学新论》,李亦中先生的《中国式大片的传播与接受》,杨乘虎先生的《中国电视节目创新问题研究》系列等大作。

关于新闻传播与传媒艺术相关学科建设问题的研究,有李良荣先生等的《从"小新闻"走向"大传播"——新闻传播学学科建设和科研新取向》,丁柏铨先生的《论新闻学的学科影响力》,欧阳宏生先生的《论电视艺术的学理重构》,石长顺先生的《电视学理论体系建构路径、方法与模式》,谢鼎新先生的《广播电视学科研究演变的三种范式》,张林、杜彩先生的《光环境设计学科建设构想》等大作。

关于媒介评价评估模式创新问题的研究,有丁俊杰、张树庭先生的《视网融合背景下的电视节目影响力评估体系创新初探》,刘燕南先生的《统一与融合:省级卫视综合评估体系探析》,李德刚、李岭涛先生的《理论创新与实践价值:互联网时代电视评价体系的建构》等大作。

关于媒介生存状态问题的研究,有张志安先生的《媒介环境与组织控制——调查记者的媒介角色认知与影响因素》,夏倩芳先生的《"挣工分"的政治:绩效制度下的产品、劳动与新闻人》等大作。

还有一些学者潜心多年,深入探究,推出新作。如赵玉明先生关于江西苏区口语广播,倪延年先生关于民国史研究的视角、难点、原则,周鸿铎先生关于传媒经济发展历程,雷跃捷先生关于广电媒体公信力的受众认知,刘京林先生关于传播心理,杨燕先生关于戏曲传播,舒咏平先生关于广告公信力评估,申启武先生的广播研究等。

还有一些学者或关注前沿,或独辟蹊径,贡献出全新的视角、领域与方法。如朱羽君先生等关于美国大选报道策略,朱虹、尹鸿等先生关于制播分离,喻国明、葛岩先生关于认知神经学用于传播研究,芮必峰先生关于"学习运动",张君昌先生关于"慢运动传播",闵惠泉先生关于新媒体的哲学思考,刘利群先生关于媒介与女性,隋岩先生关于传播符号,钟瑛、匡文波、沈浩等先生关于大数据,王四新先生关于"表达自由",支庭荣先生关于传媒管理等。

此外,来自美国的丹·席勒、斯蒂芬,芬兰的卡拉,加拿大的赵月枝,中国台湾的郑贞铭等著名学者分别对互联网的政治经济学、社交媒体、世界传播秩序、中国传播学研究、资讯社会等领域发表了各自的高论。

收入本套文丛的一册《年度对话》虽然与其他各册在时间节点和体例上略有不同,但在回应时代呼唤、回应现实需求、回应理论创新几个方面,与其他几册的立意完全一致,所以此次也编进文丛之中。"年度对话"是从2004年启动的特别策划,每年开年第一期,由本人代表《现代传播》,邀请在业界有重要影响的领军人物或专家,就过去一年传媒发展的成就与问题做一扫描,也对未来一年走势进行预测,给予展望。来自国家广电总局、中国文联、中国社会科学院、中央电视台、中国国际广播电台、中央新影集团、凤凰卫视等传媒管理机构和运行机构的相关领导、专家应邀前来担任对话嘉宾,留下了影响很大的十多个年度对话,成为存留传媒发展进程的重要记录。先后参加年度对话的嘉宾有刘春、汪文斌、王甫、吴涛、梁晓涛、靳智伟、高峰、徐舫州、朱虹、王云鹏、时统宇、仲呈祥、刘文、苗棣、高长力、方兴东等先生。

在本套文丛即将推出之际,我代表编辑部对文章入选本套丛书的各位学者,以及《现代传播》的其他作者多年来对刊物的大力支持表示诚挚的感谢!

本套文丛也是《现代传播》自身历史发展的重要记忆留存。1998年为纪念《现代传播》即将创刊20周年,由1991~1997年间担任学报负责人的朱光烈先生创意并作为总主编,推出了3卷本的第一套"《现代传播》文丛",分别是:《生存之镜》(姜依文主编)、《尴尬与超越》(李立主编)、《走近神圣》(闵惠泉主编)。2008年由本人作为总主编,我们又推出1998~2008的第二套"《现代传播》文丛"。这第二套文丛就基本上按照十年间相对比较稳定的专栏为单位,进行文章的选编,分别是:《新闻学十年(1998~2008):多元与分化》(张毓强主编)、《传播学十年(1998~2008):阐释与建构》(张毓强主编)、《传播文化:全球化与本土化》(张国涛主编)、《传媒观察:危机与转机》(张国涛主编)、《传播艺术与艺术传播》(李立主编)、《媒介经营管理的理念与实践》(潘可武主编)、《中国传媒经典个案(1998~2008)》(赵均主编)、《广播电视名家访谈》(杨乘虎主编)。近五年来,《现代传播》保持了2006年入选教育部"高校哲学社会科学名刊建设工程"之后的良好状态,连续多年被评为"全国高校社科名刊",并入选"国家社科基金资助期刊"。本文丛的编纂也是对这些鼓励的汇报吧!

令我特别高兴的是,经过这些年的历练,我们《现代传播》编辑部这支编辑队伍茁壮成长,逐渐成熟起来!这就是本套文丛各卷主编,我们《现代传播》编辑部团队的主要成员:李立、赵均、张国涛、潘可武、张毓强(特约)、刘俊老师,以及我们的编务张惠云老师,还有长期为我们刊物做版式设计的特约美编卜希霆老师、做英文翻译的麻争旗老师,都默默地为刊物作出了不可磨灭的贡献,在文丛即将推出之时,我要向他们表示诚挚的感谢!

  本套文丛的编辑基于《现代传播》这份期刊,而这份期刊的发展离不开中宣部、教育部、国家新闻出版广电总局、北京市新闻出版局等上级领导机构的大力支持,尤其是中宣部国家社科规划办、教育部社科司、广电总局宣管司、《新华文摘》杂志社等单位的多年厚爱,离不开全国高等学校文科学报研究会、北京市社会科学学报研究会等的热心帮助,更离不开中国传媒大学党委与行政的正确领导和着力扶持!在此,我要代表编辑部向长期关心、支持、鼓励我们的上级领导部门、兄弟期刊和学校表示诚挚的感谢!

  最后我还要向中国传媒大学出版社领导,特别是李水仙老师为本套文丛顺利出版所付出的辛勤劳动表示诚挚的感谢!

  是为序。

2015年2月1日凌晨于波士顿

作者简介

闵惠泉 中国传媒大学教授。北大哲学系毕业,哲学硕士;中国传媒大学国际新闻专业毕业,文学博士。

长期从事哲学、传播学等方面的教学与研究,以及图书评论和编辑出版实务,具有较丰富的科研、教学和出版工作经验。

著有:《未来学》《科技文明》《边走边读》《跨文化传播(第六版)》(合译)等。曾在《人民日报》《中国教育报》《中国图书商报》《中华读书报》《中国文化报》《中国社会科学报》等报纸和《新华文摘》《现代传播》《博览群书》《中国出版》等期刊上发表40余篇文章。

陈正辉 上海外国语大学教授、广告学系主任、数字媒体与营销研究中心主任,旅德访问学者。兼任中国广告教育研究会副会长,中国广告协会学术委员会委员,中央电视台广告策略顾问,中国邮政直邮营销顾问。国家级广告评审和广告企业资质评审专家。

主持完成了国家社会科学基金项目、教育部委托研究项目、江苏省哲学社会科学基金项目等各类研究项目十余项。近年来在各类专业和学术刊物上发表研究论文70余篇,出版《广告传播的社会责任和伦理规范》《广告伦理学》等专著。主要研究方向:广告策划与创意、广告经营与管理、数字媒体与营销、广告伦理学等。

时统宇 中国社会科学院新闻与传播研究所研究员,兼任中国广播电视协会学术委员会委员,广播电视政府奖评委。

著有《电视影响评析》《电视批评理论研究》《消息写作》《收视率导向研究》(合著)、《电视知识分子》(合著)等。同时在多家电视台担任新闻专题类节目评论员。

杨先顺　暨南大学新闻与传播学院教授、学院党委书记兼副院长,暨南大学广告学专业负责人、博士生导师。任中国广告协会学术委员会委员,中国广告教育研究会常务理事,中国高等教育学会广告教育专业委员会常务理事。

　　主要研究领域为广告学和逻辑学,从事逻辑学、广告文案写作、广告传播理论研究等课程的教学工作。2010年获第六届广东省教学成果奖一等奖,2011年获评为暨南大学教学名师,2014年获第七届广东省教学成果奖一等奖。曾主持多项省部级课题和横向课题,发表学术论文50余篇,著有《广告文案写作原理与技巧》一书。

荆学民　全国优秀教师。中国传媒大学政治传播研究所所长、教授,博士生导师;中国传媒大学"优秀创新团队"学术带头人;北京交通大学兼职教授、博导;南开大学当代中国问题研究院学术委员;中国青年政治学院政治传播研究中心学术委员;国家社科基金重大项目《中国特色政治传播理论与策略体系研究》首席专家。

　　主持并完成多项国家社科、教育部、北京市等基金项目。出版著作《人类信仰论》《当代中国社会信仰论》《社会转型与信仰重建》《政治传播活动论》等多部学术专著。在《中国社会科学》《求是》《哲学研究》《光明日报》《文艺研究》《教学与研究》《马克思主义研究》《现代传播》等权威刊物共发表学术论文140多篇。

李彦冰　北京联合大学应用文理学院新闻与传播系讲师。著有《政治传播视野中的中国国家形象构建》一书。在《现代传播》《国际新闻界》《新闻爱好者》《青海社会科学》等刊物发表文章20余篇,其中被人大复印资料《新闻与传播》全文转载两篇。

逄增玉 中国传媒大学文法学部副部长,汉语国际教育学院院长暨孔子学院处处长,文学院教授、博士生导师。

发表论文160余篇,CSSCI刊物论文70余篇,被转载引用70余篇,出版个人著作6部,合著4部。主持完成国家与教育部社科基金、国际合作项目等16项,获得国务院特殊贡献津贴、中宣部精神产品"五个一工程"奖、教育部人文社会科学优秀成果奖、中国文联优秀成果奖等。兼任中国现代文学研究会常务理事、教育部中国语言文学学科教学指导委员会委员、东亚汉学研究会理事等。

薛国林 暨南大学新闻与传播学院教授、博士生导师。

主持《报纸副刊文化与社会主义精神文明建设》《正面人物宣传报道的社会效果研究》两项国家社科基金项目。出版著作有《当代新闻写作》《中国报纸专副刊文化》《形象塑造与社会认同》《绿色传播与生态文明》《新闻报道学》《新闻写作》《政务微博的16个要诀》等。

发表学术论文《报纸专副刊的改革与管理》《舆论引导与舆论监督的关系新解——马克思主义舆论观当代价值与实践发展诠释》等50余篇。

黄会林 北京师范大学资深教授、博士生导师,中国文化国际传播研究院院长,北京文化创意研究中心主任。北京师范大学艺术与传媒学院首任院长。

多年致力于中国现代戏剧和中国民族化影视理论研究。发表影视、戏剧、文学、文化领域著作、文章约550万字;合作创作电影、话剧、小说、电视片、报告文学等约220万字;编集或主编出版1260余万字;共约2030万字。承担国家级、省部级重大、重点科研项目及各种横向科研项目十余项。

担任的重要社会职务有:国家教育部艺术教育委员会常务委员、中国高教学会影视教育专业委员会会长、北京文艺评论家协会副主席、中国话剧历史及理论研究会副会长等。担任多种国家级重要影视奖项评主委。

张鸿声 河南开封人,1963年11月生。中国传媒大学文学院教授、博士生导师。中国作家协会会员,中国现代文学研究会理事,中国当代文学研究会理事,中国鲁迅研究会理事,中国老舍研究会常务理事。

主持多项国家社科基金项目,出版《都市文化与中国现代都市小说》《中国新文学中的文化精神》《文学中的上海想象》等个人学术专著四部,合著《当代历史文学生产体制和历史观问题研究》《西方自然主义与20世纪中国文学》等六部。在《文学评论》等刊物发表论文百余篇,多篇被《人大复印资料》《新华文摘》全文复印或转载。

吴学夫 中国传媒大学广告学院设计系主任、中国传媒大学艺术设计研究中心主任、教授。教育部高等学校教学指导委员会委员(设计学)、北京国际设计周特聘专家、中国版画家协会会员。

出版著作有《设计思维训练》《数字化与现代艺术》《想·做·设计》。主编图书有《中国东西》《中国房子》。负责多项科研项目,如"十一五"重点学科建设项目子课题"艺术跨界传播与广告实务研究"、大型横向课题"中国式原创力推广计划"等。

黄升民 广东佛冈人。中国传媒大学广告学院院长、教授、博士生导师。国务院新闻传播学科评议组成员。中国广告协会学术委员会常务委员。中国广告主协会专家委员会常务委员。《媒介》杂志总编、《市场观察—广告主》杂志总编。

1978年至1982年,就读于北京广播学院新闻系编采专业。1982年毕业分配到中央电视台专题部工作。1986年到日本自费留学,主攻传播学、广告学、媒介产业等,1989年4月毕业于日本一桥大学研究生院,获社会学硕士学位。1990年底回国,在北京广播学院任教。

代表著作有《中国广告活动实证分析》《广告观——一个广告学者的视点》《新广告观》《史与时间》。

王锡苓 中国传媒大学新闻与传播学部新闻学院民意与传播研究所所长,教授,博士生导师。

出版著作:《传播学研究方法》《互联网与欠发达地区社会发展研究》《传播研究方法》。其中《传播研究方法》2011年被评为"北京市精品教材"。

有多篇论文发表在《现代传播》《新闻大学》《中国广播电视学刊》《国际新闻界》等学术刊物上。其中论文"'社会营销'与社会发展研究:山东寿光农村网络应用实证研究》获第11届全国广播电视学术论文奖二等奖。

贾磊磊 中国艺术研究院副院长、研究员、博士生导师,兼研究生院电影电视系主任。曾任中国艺术研究院院长助理,文化发展战略研究中心主任,影视研究所副所长。国务院颁发政府特殊津贴专家,国家广播电视电影总局电影审查委员会委员,国家新闻出版总署进口音像制品审查委员会委员,国家扶持动漫产业发展部际联席会议专家委员会委员,北京大学、南京大学、北京电影学院、南京艺术学院、郑州大学、对外经贸大学兼职教授。中国电影家协会理论评论工作委员会副主任,中国电影评论学会常务理事。

主持多项国家级、省部级项目。出版学术专著《电影语言学导论》《武之舞——中国武侠电影的形态与神魂》《中国武侠电影史》《当代中国电影史》《什么是好电影》《武舞神话——中国武侠电影纵横》等。

蒋建国 1970年出生,湖南东安人。暨南大学新闻与传播学院教授、博士生导师。入选教育部"新世纪优秀人才支持计划"、广东省"千百十工程",兼任中国新闻史学会外国新闻传播史研究委员会副会长。

主要从事新闻传播史、消费文化与媒介文化等方面的教学和研究工作。已出版学术专著五部,在《新闻与传播研究》《马克思主义研究》《学术月刊》《现代传播》《新闻大学》《韩国学论丛》(韩国)等学术期刊发表论文90余篇(其中CSSCI期刊论文50余篇),多篇论文被《新华文摘》《人大复印资料》全文转载,主持国家社科基金重点项目和青年项目各一项、省部级项目七项、广州市社科项目五项。

叶皓 研究生学历,博士学位,研究员职称。曾任中共南京市委常委、市委宣传部长,外交部港澳台司副司长(正局级),现任中华人民共和国驻阿尔巴尼亚大使;南京大学政府新闻学研究所名誉所长,南京大学特聘教授,研究生导师。

著有《西方国家权力制约论》《政府新闻学——政府应对媒体的新学问》《政府新闻学案例——政府应对媒体的新方法》《突发事件的舆论引导》等。发表学术论文80余篇。近年来,专心于与媒体应对有关的政治学、新闻学、公共关系学等边缘交叉性学科问题的研究。

胡翼青 江苏无锡人。南京大学新闻传播学院副教授、博士生导师,南京大学金陵学院传媒学院副院长。主要学术兼职有:中国新闻传播思想史学会秘书长,中国外国新闻史学会常务理事,中国传播学会理事、人际传播委员会秘书长,浙江大学、深圳大学等多家传播学术机构兼职研究员。主要研究方向:传播理论、传播思想史与传播社会学、新闻传播实务,著有《美国传播学科的奠定:1922～1949》《中国传播学三十年:1978～2008》《再度发言:论美国社会学芝加哥学派传播思想》《传播学:学科危机与范式革命》等多部学术专著,在《新闻与传播研究》《现代传播》《国际新闻界》《新闻大学》等CSSCI来源期刊上发表论文50多篇。

崔屹平 中央电视台海外传播中心副主任。主要社会兼职:中国电视艺术家协会电视纪录片协会学术委员会副会长,中国广播电视协会电视纪录片专业委员会副会长。

曾参与创作大型纪录片《望长城》《毛泽东》《布达拉宫》等,联合编著有《记忆:二十余位名人最精彩的一年》,著有《媒体资产管理理论与实务》。

李 宇 湖南长沙人,北京大学传播学博士。主要研究方向为国际传播和跨文化传播。2002年进入中央电视台,从事对外新闻和国际传播相关业务。在国内主要学术期刊和重大学术会议发表论文百余篇,出版专著七部。担任国家社科基金重大项目"我国对外传播文化软实力研究"课题组子课题负责人,并参与国家新闻出版广电总局、文化部等多个部级课题研究。

杜 彩 江苏赣榆人。中国传媒大学文法学部文学院副教授。

出版著作有《现实主义与现代主义的辩证法》。主要论文有《电影娱乐主义时代的意识形态批评重建》《新历史主义"历史若文学"的辩证分析——兼论目前历史题材的电视艺术创作》《论"文化工业"批判理论的结构复杂性——以电影工业、电视大众文化为例》《论文化事业、文化产业与大众文化建设》等。其中多篇论文被《新华文摘》摘要转载、人大复印资料全文转载,并多次获中国电视"金鹰奖""星光奖"电视艺术论文奖。

隋　岩　辽宁省大连市人。中国传媒大学新闻传播学部电视学院教授,博士生导师。入选"国家百千万人才工程"和教育部新世纪优秀人才支持计划,被人事部等授予"有突出贡献中青年专家"。

出版著作有《符号中国》《国际危机传播》《当代中国电视文化格局》等,发表论文70多篇,50多篇被CSSCI收录。主持国家社科项目一项,完成多项省部级科研项目。

近十年科研工作经历三个阶段:媒介文化系列研究、符号传播理论系列研究、群体传播系列研究。

陈圣来　上海社会科学院研究员、教授,北京大学、复旦大学特约研究员,美国加州州立大学奇科分校荣誉教授、美国纽约理工大学特聘国际咨询专家、韩国国乐教育国际顾问,上海师范大学、西南大学、复旦大学视觉学院等客座教授。历任东方广播电台台长、总编辑。中国上海国际艺术节中心总裁。2010年当选为亚洲艺术节联盟主席,2011年6月任上海社会科学院文学研究所所长(正厅级)。2013年兼任国家对外文化交流研究基地主任。

著有《生命的诱惑》《广播沉思录》《晨曲短论》《品味艺术》《艺术节与城市文化》等。

葛　岩　上海交通大学人文艺术研究院认知与行为实验室主任,媒体与设计学院双聘教授。获西北大学中国语言文学系文学学士(1982),中国艺术研究院研究生部美术理论硕士(1985),匹兹堡大学(University of Pittsburgh)艺术及建筑历史系艺术考古硕士(MA,1989)和博士(PHD,1997),信息科学及电讯工程系信息科学硕士(MS,1997)。

沈　浩　1963年出生,传播学博士,教授。现任职于中国传媒大学新闻学院,调查统计研究所所长。拥有20多年的统计和数据分析经验,精通各种统计分析技术,擅长传播研究方法、数据挖掘、社会网络分析、数据可视化、多变量数据分析、市场研究定量模型等。先后出版《调查研究中的统计分析法》《Excel高级应用与分析》《数据展现的艺术》等著作和多篇学术论文。

龙　耘　中国传媒大学教授,博士生导师。普通高等学校人文社科重点研究基地——中国传媒大学广播电视研究中心副主任。国家留学基金委项目评审专家。

2002年毕业于复旦大学,获博士学位。2003~2004年韩国高丽大学言论学部客座教授,2009~2010年美国宾夕法尼亚大学安南堡传播学院全球传播研究中心访问学者。

出版《电视与暴力:中国媒介涵化效果的实证研究》《理解电视——受众解读的心理学》(译著)、《访谈的艺术》(中方作者)、《大汇流:整合媒介、信息与传播》(主译)等著作。发表论文多篇。

孙宜君　江苏淮安市人。南京理工大学设计艺术与传播学院教授、传播与传媒发展研究中心主任。兼任中国高校影视学会理事、中国传播学会理事、中国广播电视学与新媒体研究会常务理事、中国江苏省传媒艺术研究会常务理事等。

曾在《现代传播》《中国电视》等期刊发表论文80多篇,有多篇被人大复印报刊资料等转载。出版著作《影视艺术鉴赏学》《文艺传播学》《影视艺术概论》《广播电视学引论》等六部。曾主持与承担《媒体融合趋势下中国电视传播研究》《江苏形象传播问题研究》等省部级科研项目六项。参加国家社科基金课题一项;主持或承担市、校级科研项目十余项。

葛志宏　江苏徐州人。南京理工大学外国语学院教授、外国文化与翻译研究所所长。曾赴英国伯明翰大学与美国纽约城市大学访学。研究方向:跨文化交际、商务与管理沟通、文化与翻译。

曾在国内外期刊发表学术论文近30篇、发表译文10多篇,出版译著《万花筒》《南希·里根秘史》《商务沟通》《管理沟通》《管理沟通理论与实践》等十部。

曾参加国家自然科学基金项目一项、主持市、校级科研课题九项。指导国家大学生科研训练项目两项。

张显龙　湖南张家界人。北京大学光华管理学院高级管理人员,工商管理硕士、博士后,中国信息安全杂志社副社长、理事会秘书长,中国信息安全测评中心副研究员。

出版著作有:《全球视野下的中国信息安全战略》《中国网络安全战略》。

目 录

新媒介文化环境与人的生存状态断想　　　　　　　　　　　闵惠泉 / 1

"人肉搜索"的伦理思考　　　　　　　　　　　　　　　　陈正辉 / 9

电子复制时代的知识分子　　　　　　　　　　　　　时统宇　吕　强 / 21

网络传播的后现代伦理审思　　　　　　　　　　　杨先顺　邱湘敏 / 31

全球化背景下中国政治传播主体意识研究　　　　　荆学民　李彦冰 / 40

中国文化跨语际传播中的价值定向与方法论问题　　逄增玉　孙晓平 / 55

平衡在国家与社会之间
　　——论中国传媒的身份危机　　　　　　　　　薛国林　李志敏 / 66

"第三极电影文化"构想　　　　　　　　　　　　　黄会林　高永亮 / 75

现代书刊中的上海城市形象讨论与传布　　　　　　　　　　张鸿声 / 84

大国图腾：承载六十年国家理想的公共图像　　　　吴学夫　黄升民 / 97

农民工的自我赋权与影响：以北京朝阳区皮村为个案　王锡苓　汪　舒　苑　婧 / 114

全球化语境中的跨文化表达
　　——论非文字类文化符号的传播效应　　　　　　　　　贾磊磊 / 126

消费主义文化传播、仪式缺失与社会信仰危机　　　　　　蒋建国 / 135

公共外交与国际传播　　　　　　　　　　　　　　　　　　叶　皓 / 146

超越功能主义意识形态：再论传播社会功能研究　　　　　胡翼青 / 164

二十年来中国电视对外传播理念嬗变初探
　　——以中央电视台为例　　　　　　　　　　　崔屹平　李　宇 / 173

电视文化的意识形态建构功能刍议
　　——兼论电视作为"视听的共同体"　　　　　　　　　　杜　彩 / 181

论群体传播时代个人情绪的社会化传播　　　　　隋　岩　李　燕 / 191

文化强国与中美之梦　　　　　　　　　　　　　　　　陈圣来 / 203

态度的神经表征与变化机制
　　——社会神经学进路及其对传播研究的启示
　　　　　　　　　　葛　岩　秦裕林　何俊涛　冯竹青 / 215

大数据助力社会科学研究：挑战与创新　　　　　沈　浩　黄晓兰 / 226

中国媒介治理中的泛道德主义：成因与影响　　　龙　耘　赵春光 / 237

论新媒体语境下跨文化传播伦理困境与建构原则　孙宜君　葛志宏 / 248

网络信息时代我国意识形态控制力体系的构建　　　　　张显龙 / 259

后　记　　　　　　　　　　　　　　　　　　　　　　　　 / 266

新媒介文化环境与人的生存状态断想*

◆ 闵惠泉

不论是否愿意,人们已经生活在一个"符号世界在形式与内容上发生了变化"的新的媒介文化环境里,并且在不知不觉中改变着自己的生存状态与思维方式。在这里仅就几个一直在想的问题谈些浅见,以就教于感兴趣的读者和方家。

一、人的重新动物化

尽管脱胎于动物的人类,并不是很愿意与动物相提并论;尽管在承认自己是动物时,也往往标榜人类是灵长类即最高级的动物。但是人类自身的动物性,以及对动物的学习和模仿却从未停止过。说新媒介文化时代人在某种程度上在重新动物化,未必故弄玄虚。

为什么说人在重新动物化?我们首先可以从历史的角度看这个问题。根据德国学者斯宾格勒的看法,从一定意义上讲,人类发展史就是一部从"动物变成植物"[①]的历史。人首先是动物,并且作为一个游走的动物不知奔波与迁徙了多少万年,直到最近一万年即第一次社会大分工,人类才从行走着的采集者、游猎者,转向食物的生产者。说人变成了植物,是因为植物是根植于土地的,人从动物到植物,意味着移动范围与频率已经大大地减少甚至停滞。这便导致了由农耕引发的定居,原始部落、村庄、城市的建立以及文字与文明的产生。美国著名历史学家斯塔夫里阿诺斯在谈到人类从食物的采集者,到食物的生产者时认为,人类的历史由此

---

* 原载于《现代传播》2009 年第 3 期。

发生了逆转:由改变自身的基因以适应环境,向改变环境以适应基因的方向转变。②

但是,不论是斯宾格勒,还是斯塔夫里阿诺斯,都没有接着说下去,人类的历史同时又是一部由植物再到动物的历史,准确说是具有植物性的动物史,当然这一次绝非简单地回归。为什么这么说?因为从动物的一个最本质的特性即移动性来看,可以说人们从来没有像现在这样如此大规模、如此频繁、如此迅速地在现实的物理空间和虚拟的精神空间里进行"移动"。人类的移动性与移动能力,以及他们心中不断涌动的强烈的、新的移动愿望,显然超过了迄今地球上存在的所有动物。

此外,动物还有另一个最本质的特性即当下性。我们同样可以说人从来没有像现在这样更关注当下的意义。这一方面表现为在本能的、当下的追求与压力增大的同时,实用主义和消费主义大肆泛滥,而理想主义、形而上学层面的追求已经明显淡化了。

另一方面人的重新动物化又表现为在新的媒介文化生存环境下,人的敏感化与感性化。比如,通过因特网连接的电脑,几乎"地球人"都有的、24小时不关的手机以及可以随时为你准确定位的GPS。这使现代人已经越来越不需要经过"中介",不需要通过"等待"和"延时",而像动物一样敏感地随时准备对外来的刺激和信息作出反应或者是不得不作出反应。同时有了手机、网络等即时的、全天候的话语平台,人类也真正成了生物学上最便于说,又最能说的"口语动物"。

此外,现代人也越来越感性化和娱乐化了。默多克这个传媒大鳄算是看透了人性,他曾说,没有人会拒绝有趣和刺激的东西,连上帝也不会。③不过时下,人们对"有趣"和"刺激"的定义和喜好无疑已经在新的媒介文化环境的刺激下不断地快速"升级"。人成了尼尔·波兹曼(也有人译为"尼尔·波斯曼")说的那类"娱乐至死"的动物。

而从生态学的角度看,这种负面性则表现为现代人在快速、广泛的移动中,在对环境的革命性改造中,也在加速并扩散对环境的污染和破坏。难怪美国昆虫学家、社会生物学家爱德华·威尔逊会说出人的智能"对生物界是一场灾难"④这样的话。确实,人是迄今唯一会给自然环境(也包括人自身)带来致命危害的动物,所以从这种意义上讲,人不如动物,甚至低于动物。

那么,从这个角度看,人在重新动物化过程中倘若真正把自己放到"动物的位置",认同彼此都具有同等的生存权,或许还有助于自然界的生态平衡、有助于提高环境意识和对其他动物的关爱。因为用恩格斯的话说,人类连同他的血肉本来就是自然界的一部分。不过我国著名哲学家朱德生先生提醒笔者注意,在强调保护环境、保护动物的同时,不要忘了人类自身恰恰也是最需要保护的,这两者并不是对立的。需要研究的问题是究竟怎么做才是对人真正的保护及其合理尺度。

由此笔者认为,人的重新动物化既有积极的一面,又有其负面性。问题的关键是人类究竟要把自己变成什么样的动物?

二、学习逻辑与范式的革命

学习作为一种认识世界的活动,也是一种生存的状态。那么究竟什么是学习?自从有文字和书籍以来,特别是自从印刷文明兴起以来,学习即求知便真正与看书、读书和去学校上学等"书本学习"联系在一起。这种对学习角色的定位,近几百年来几乎没有实质性地改变。但是这都是书本意义上的求知学习。然而,在新媒介生态环境下,有必要重新定义学习、学习过程和学习模式。

笔者认为每一种新传播媒介的出现,都会在传统学习的链条中增加新的元素、对象与环节,都会修正甚至改变原有的学习逻辑即相应的知识、态度与习惯。另外,由于不同时代的人群,往往接触的是不同的媒介对象、学习对象,因此他们的学习过程或学习逻辑也往往是不一样的。比如,根据历史的线索和新媒介出现的顺序,就可以做如下三种学习模式的描述:

A. 先读书学习、先上学、先有文化,再看电视、再打手机、再上网。

在模式A中,学习的顺序之所以是这样,很大程度上是人们不得不这样。因为电视、手机、网络都是在这个群体开始学习后、已经成人并具有一定文化基础之后(通俗地说是"懂事"和经过了教化之后)才陆续出现的。

B. 一边读书学习、一边上学、一边文化着,一边看电视、一边打手机、一边上网。

在模式B中,电视、手机、网络是这个群体成长与学习和经历教化过程的"伴生物",他们的学习对象、学习顺序和学习逻辑因此具有了强烈跳跃性与交互性。

C. 先看电视、先打手机、先上网,再读书学习、再上学、再有文化。

模式C就比较有意思了。因为在这个群体还没有接触、进入传统意义的学习对象、学习顺序和学习逻辑之前,在文字和书本作为认知和文化构建的符号对象和基础之前,电视、手机、网络这一类屏幕型的对象,已经成为他们认知、学习和接受社会教化的"先在"对象,即场所和工具了。

在我国一个城市居民信息化调查中,已经有四五岁的孩子成为"网民",甚至有的孩子才两个月就被家长抱到电脑前"上网"了。这已经表示现在出生的和将要出生的 21 世纪"新人类"其认知、学习的对象恰恰是首先从看电视,特别是接触手机、网络等新媒介开始的。尼尔·波兹曼当年感慨,由于电视的出现,文字、学校和羞耻心变得一文不值。如今又加上了让人又可爱又可气的手机、网络,估计这会使尼尔·波兹曼更坚信自己的想法。不过我们恐怕不能局限于从道德层面来看这类问题,从人类传统的学习对象、学习逻辑与学习模式被颠覆这个角度看,眼前的这些变革,确实是一个具有革命意义的"学习范式的转换",是人类历史上最为深刻的学习革命。摆脱前者的学习,或者说被一定程度边缘化了的传统书本的求知学习,并不表明人们不学习了,只是表明学习对象、学习的逻辑与顺序变化了、多样性了。

当处于模式 A 和 B 中的群体"检讨"自己没有好好学习,或者当模式 A 中的家长抱怨自己的子女即那些处于模式 B,尤其是 C 中的群体,没有学习、没有好好学习并催促他们赶快学习时,实际上,是没有正视不同时代的人,毕竟是通过不同的媒介工具、不同的学习方式在学习,又是从中学习着不同的东西这一现实。时代不同了,一方面人们的求知渠道与工具在变化着。另一方面,也引发出一个究竟要学习什么,究竟要追求哪种知识才是有意义和有价值的等新问题。

在新的媒介文化时代,在无所不有、无时不有,且无所不知的网络上,在一般性的文本知识性答案可以"超级链接""点之即来"的文化生态环境中,那种和传统的学习逻辑相联系的、令人羡慕的"学富五车"与"百科全书"式的学者、那些特别会背诵与考试的学生(他们往往被看作是学习的榜样),其存在的价值和意义已经越来越不重要了。这也不难理解为什么今天许多教师和家长不仅感到自己似乎没有什么可以向晚辈炫耀的,而且发现自己甚至不得不向学生和子女学习了。因此一味地"向后看"式地作对比,老是把学习完全和书本、看书以及和某类求知联系在一起的那种学习对象、学习模式和学习逻辑当作"正宗";把那种在乔伊斯描述的"'a—b—c—d'的线性文本的分类思维中成长"⑤并养成的学习与求知习惯和态度当作"正宗",这不由得让人联想起古希腊的哲人苏格拉底当年面对书籍文本文化的出现,曾指责它失去了口语文化、口语学习模式的旨趣和魅力,进而连连抱怨是多么的相似。

这里需要提及的是:这种与书本联系起来的、线性的循序渐进式的学习,其实只是人类漫长的学习史上相当晚近才出现的一种现象、一个片段。而现在的学习活动和学习的对象本身都已经相当碎片化了。学习越来越成为如何在移动中利用碎片的时间、在碎片中的搜索、对碎片进行聚集、整合并生成新知的一种过程和能力。

我们是不是也有理由说,在不同的媒介文化与符号环境下的人,其生活方式、思维方式以及学习逻辑具有某种程度的不可比性,我们今天对于出现在眼前的媒介文化大变革,以及它对学习逻辑与方式乃至心态持续而深远的影响是不是还缺乏深切的感知?

三、新媒介文化时代的敬畏与自律

康德当年曾经说过:令人赞叹和敬畏的是头顶上的星空和心中的道德律。

今天从媒介与知识生态的角度,我们或许可以借用一下康德的说法,把它改写为:令人赞叹和敬畏的是网络和信息的自律。网络这个无形的、无限的空间太不可思议、太神奇了。

然而,是不是也应当有信息、知识等在道德层面的自律和敬畏问题?比如倘若没有了学术良知和政治道德方面的自律和敬畏,那不就如拉贝莱所说,是灵魂和社会的毁灭吗⑥?倘若一个陈冠希式的艳照门,就招来几千万的点击量,不也在一定程度上凸显了个体生活道德自律的缺失吗?

尼尔·波兹曼主张:应当"限制信息的准入量"。他认为宗教、国家、法庭、学校、家庭等就是例证。⑦这些都是限制、筛选信息准入的单位,不论从主观上还是客观上,是在为人们提供一种"免疫系统"。当然,限制和免疫,既应当是组织或制度性行为,又应当是个人的行为,因为人类是唯一心中可以装有道德戒律,应当学会约束也应当约束自身的动物。在面对信息泛滥的环境时,中国哲学中那个古老的关于风动还是心动的问题,仍有隐喻的意义。可惜在尼尔·波兹曼看来,"抵御信息泛滥的防线崩溃"⑧了。

其实,不论是在信息数量与质量层面,还是在伦理道德层面,面对信息与媒介的自律问题,对于言论、书刊、广播以及电视,可以说历来都有。只是对于被称为"失控的野兽"网络,则是空前凸显的问题。媒介的现代性和科技含量,明显地与传递它、限制和控制它的难度成正比。因为网络太方便了,知识、智慧创新的高成本与网络上知识、智慧复制与传递的低成本,甚至零成本,使当今的个人与群体面对网络的自律和控制的难度与成本,远远超过了迄今为止人类历史上所出现过的任何一种媒介。因此不要说是缺乏自制力的孩子,就是成年人,一旦上网也很少有"直奔主题",而根本就"目不斜视",不顺便溜达"闲逛"一下的。

在一定意义上,现在的所有的人都是新媒介文化环境的参与者、学生和看客。然而,同以往人类的重大发明相比,网络、手机等新媒介的发明已经远远超过了工具的意义。它广泛且深刻地改变了人类的生存环境与生存方式,并不排除的是,在不知不觉的世代更迭中也在改变着人类的自身精神气质与基因。

四、智慧生成中的"大数法则"

自从人们进入了网络生活,特别是随着网络即时聊天、博客、播客、晒客等的兴起,已经彻底改变了传统的信息与知识供应的链条,改变了信息与知识供应的稀缺状态。让人感触很深的一点是,时下信息、知识、思想、智慧实现了大聚集、大碰撞、大交流,即人类社会第一次有可能使天文数量级的信息、思想、观点等被发现、被传播,当然这里面从来就不乏糟粕。

网络等新的媒介平台,作为一种新的"公共领域"、话语环境,也在为生成新的知识与智慧创造着条件。麦克卢汉当年在讲到大众参与的作用和影响时说过:当你同时和几百万人打交道时,总有一人能够在感知上穿透你手里的问题,且不费吹灰之力。8位科学家奋战50年解决不了的问题,1000万人考虑10分钟就有可能解决。⑨想来,麦克卢汉在这里是以解决科学问题做一个比喻,讲的是智慧生成中的"大数法则"。假如他生活在互联网等新媒介时代,感知一下在手机、网络、博客、MSN等几百万、几千万甚至上亿人次参与的互动媒介中,相信他一定会兴奋不已,因为它们确实提供了诸多领域中的问题,包括政治问题解决的可能、途径与方案。

在这个世界传统的信息与知识的供应链中,在传统的出版和发表的观念与逻辑中,没有出版或发表(播出)的信息、知识,对于社会和他人来说就是不足为据、就是不存在、就是无。于是我们的身边曾经有多少未曾知晓的、隐形的知识、图像、思想、智慧胎死腹中或昙花一现或烟消云散;有多少未曾知晓的、隐形的阐释和思考、有多少为自己和为他人倾诉的情感以及为他人留下的眼泪?现在好了,有了博客、晒客、贴吧,即有了可以把自己的一切放到网络上的媒介环境,有了 Google 和"百度"等越来越强大、越来越精确的搜索引擎和 YouTube、Facebook 之类的视频网站,人们才得以从发生在身边的、"天文数字级"的不曾知晓的信息、知识、思想、智慧、情感和眼泪中获知了和拯救出了更多更多,并在不经意中影响着、打动着别人,或深深地被影响或被打动着。个体的感觉、个体的思想和个体的生命,从来没有像现在这样得到彰显、传播和延续。中国古人追求的言论与思想不朽(指被肯定、被传承)这一最高境界,在网络上,至少在形式上(即只要没有人刻意删除就永远存在),已经得到了充分的体现。这是不是意味着新的媒介文化与符号环境,正在为个体和整个社会,创造了一个可以越来越聪明的条件?再次重塑一个"崭新的和普遍的自我观念"[10]?

结　语

尼尔·波兹曼曾经讲到,印刷术产生之后,西方文化经历了 200 年才适应了这一新的信息环境,才产生了一批具有革命意义的发现、发明和理论。[11]这种时间差究竟意味着什么?或许值得人们深思。我们今天实际上还处于以网络、手机等新媒介文化环境的初始阶段,随着知识和科技的互动激荡,未来在物质层面会生成什么新玩意、新产品?在精神层面会产生什么新的思想和理念?的确难以预测。我们既不能指望在新的媒介文化环境中成长的一代又一代"新人类"会与他们的父辈或祖先有相同的思维方式与学习逻辑和方式,我们现在也无法对未来做出准确与清晰的判断。

"人类一思考,上帝就发笑"。目光如炬的斯塔夫里阿诺斯在《全球通史》中曾经认为,人类面临的深刻矛盾是:人类知识增长的速度已经远远超过了人类运用知识的智慧[12]。看来我们应当不时地提醒自己注意这一点,或许我们应有足够的理智和耐心,期盼在新的媒介文化环境下,在上帝的笑声中一定会涌现出越来越多的新知与智慧。

(北京大学哲学系朱德生教授对本文提出过一些宝贵意见,特此鸣谢。)

注释:

① 〔德〕奥斯瓦尔德·斯宾格勒:《西方的没落》(第一卷),张兰平译,上海三联书店 2006 年版,第 78 页。

②⑫　参见〔美〕斯塔夫里阿诺斯:《全球通史》(上),吴象婴等译,北京大学出版社2005年第7版,第5、7页。
③　默多克、刘长乐:《东西论剑:东西方传媒大亨的对话》,北京出版社2006年版,第九章题记。
④⑤　〔美〕保罗·莱文森:《莱文森精粹》,何道宽译,中国人民大学出版社2007年版,第126、232页。
⑥　参见〔法〕路易斯·博洛尔:《政治的罪恶》,蒋庆译,改革出版社1999年版,第320页。
⑦⑧⑪　〔美〕尼尔·波兹曼:《技术垄断:文化向技术投降》,何道宽译,北京大学出版社2007年版,第43、45、38页。
⑨　参见〔加〕马歇尔·麦克卢汉等:《麦克卢汉如是说:理解我》,何道宽译,中国人民大学出版社2004年版,第58页。
⑩　〔美〕尼尔·波兹曼:《童年的消逝》,吴燕莛译,广西师范大学出版社2004年版,第142页。

"人肉搜索"的伦理思考

◆ 陈正辉

在过去的一年中,因搭上了"人肉搜索"的快车而得到深度关注的事件层出不穷。从一句无心插柳红遍网络的"很黄很暴力"到为演艺界带来冰雪之灾的"艳照门",从"周老虎"到"范跑跑",从四川地震中借助网络披露的感人至深的故事到林嘉祥事件的曝光,"人肉搜索"似乎一时间成了道德裁判者手中的尚方宝剑和还原假恶丑的照妖镜。个人隐私在"人肉搜索"下无处遁形,凡遭搜索之人,不论迎接的是鲜花掌声还是攻击谩骂,他们的正常生活均受到了严重侵扰。

一、"人肉搜索"的产生机制

2001年,有网民在猫扑网贴出一张美女照片,并声称该女子是自己的女朋友。可是,立时就有明眼人指出,此照片女主人的真实身份是微软公司的女代言人陈自瑶,并贴出了她的大部分个人资料。这个事件为该网站赚取了极高的人气和点击量,并且网民自己也在过程中发掘了之前没有注意过的潜力——搜索。从此,一个真正意义上的、被人称为"人肉搜索"的互联网搜索行动诞生了。

(一)"人肉搜索"的受众基础

"人肉搜索"从受众心理学的角度分析,主要有以下两点:

---

* 原载于《现代传播》2009年第5期。

1. 受众的窥私欲

这是信息发布者和信息接受者双方共有的心理特征。据调查,相当一部分人打探他人的隐私,既满足了自己的窥私欲,又在满足其他网民窥私欲的过程中为自己确立了在网民中的地位。因而,对他人隐私的打探成为一部分网民竞相追逐的目标。窥私欲是人肉搜索的受众心理基础。即使是出于道德审判目的的人肉搜索,它所依赖的心理基础仍旧是窥私欲。在人肉搜索的过程中,会面对大量的搜索信息,参与的人员需要对这些信息进行提纯和筛选。通过种种信息来找到确切相关的真实资料,这过程即是对他人隐私的挖掘、组织、分析。人们在人肉搜索的过程中,通过对陌生人信息的检索,满足了自己的好奇心和窥私欲。

2. "虚拟我"的消解

生活在现实世界的每个人都有自己的确切身份,都有自己的"自我感受",这就是"主我"的身份。同时,我们生活在一个客观的世界里,在与别人打交道的过程中,他人会对"我"产生印象和评价,这就是"客我"。"客我"因"我"的言行举止而差别,也因"客体"不同而感受不同。我们大多数人都有着自尊和虚荣,都希望"主我"和"客我"统一,这也像一只无形的手控制着我们的言行。互联网的出现,给我们营造了一个虚拟世界。虚拟性是网络的显著特征,网络的虚拟性为网民提供了"主我""客我"之外的第三重身份——"虚拟我"。"虚拟我"使网民在网上可以随意发布信息,而不需要对信息负责,这满足了许多人逃避现实责任的愿望。但也使得人们置身于信息的汪洋中,却因无法验证信息的真假而无所适从,从而导致人们陷入信息的极大丰富与无从选择的矛盾怪圈。因此,当网络发展到一定阶段时,人们迫切希望能有一种"化虚拟为现实"的神奇妙方,"人肉搜索"便在这一背景下应运而生。在众多网民的合力搜索下,一些隐身网络的符号化人物显现真身,一些本属于隐私的东西也公布于众,"人肉搜索"导致"虚拟我"的消解。这一方面带给网民们网络回归现实的快慰,另一方面也让不少人感受到难以承受的现实之痛。

(二)"人肉搜索"的传播基础

网络媒介的传播控制似乎已经远远超出了拉斯韦尔提出的"5W 传播模式"[①],传播者与受众角色的高比率重合,人际传播随时可以转化并扩大为大众传播。任何一个网民都可以成为信息的接受者、发布者和传播者,互联网成为人们思想交汇、争锋、最后汇聚的领域。日常生活中看似平常的一件小事、一句不经意的话,或者一个普通网民的帖文,甚至个别网民的"炒作",经过网络裂变式的传播、催化和放大,很容易演变成大的社会事件,甚至政治性问题。这就为"人肉搜索"形式的出现和蔓延,打下了坚实的传播基础。这里也主要说两点:

1. 沉默的螺旋的强大威力

"沉默的螺旋"是由伊丽莎白·诺埃尔·纽曼提出来的,认为个人的意见在很大程度上依赖于他人的想法,如果看到自己赞同的观点,并且受到广泛欢迎,就会积极参与进来,这类观点就越发大胆地发表和扩散;而发觉某一观点无人或很少有人理会甚至还遭到攻击,即使自己赞同它,也会保持沉默。意见一方的沉默造成另一方意见的增势,如此循环往复,便形成一方的声音越来越强大,另一方越来越沉默下去的螺旋发展过程,形成"沉默的螺旋"。网络能通过以下三种方式影响"沉默的螺旋":确定主导意见;增强意见影响力;维护某种意见的公众性。"人肉搜索"就是通过网络这个庞大的交互平台,由某位网友发起搜索来确定主导意见,然后 N 多网友发帖、跟帖来增强其影响力,最后,大量网民来挖掘和搜索,就某个人或某件事产生某种公众性的意见,即舆论,这也就是"沉默的螺旋"的运转过程。舆论往往能够通过"沉默的螺旋"效应把受众吸纳进来,从而在一定程度上推动了"人肉搜索"的发展壮大。

2. 传播中"集合行为"的显现

集合行为,指不受现有社会规范控制的、人数众多的、自发的和无组织的行为。"集合行为"在群体传播中,有一种非常态的群体行为,它的产生条件是现实生存中的结构性压力,以及正常的社会传播系统功能减弱,非常态的传播机制活跃,同时又缺乏相关法律规制的结果。如某一突发性事件,引起了网民的极大关注,这其中不乏违背常理的事件,激愤的网民往往以激烈的词汇发表意见,甚至使用暴力语言。此时如未能及时删除相关帖子,在遭遇网络强大的传播能力后,事情可能出现难以预料的结果。"人肉搜索"就是在传播中时常演变成"集合行为",一种大规模的无组织行为,极有可能对现存社会生活秩序带来某种破坏作用。当然,在社会变革过程中,对于冲破陈旧规制,探索建立新型的社会关系和规范方面,"集合行为"也具有积极的作用。

(三)"人肉搜索"的社会基础

艾瑞咨询认为,目前网络总动员式的人肉搜索,主要源自于广大网民的好奇和炫耀心理,是一种群体参与的自发组织的网络狂欢。从众多人肉搜索案例中不难看出,被关注的事情有以下特点:在道德或者伦理方面有违常理,但并不违法;或者有违法行为,但短期内不能得到有效解决。在这样的情况下,网民基于同样的伦理道德、价值体系,对人肉搜索对象进行道德审判。② 因此,人肉搜索的最初动机大都出于维护道德,也正是基于此,才有众多网民的热情参与。

1. 信息不畅,"人肉搜索"弥补现实缺憾

在现实生活中,人们往往面临申冤无门、投诉无果、检举揭发无人受理的处境。更有甚者,在受到伤害、举报当事人后,反遭报复和人身威胁,不但要付出时间的成本,还要承担遭迫害的风险,这样的例子不胜枚举。无法通过正常渠道反馈意见,又不愿忍气吞声,民众自然会寻求其他途径。网络的兴起给人们提供了自由交流的空间,而"人肉搜索"就成了舆论监督公共事务,维护自身知情权的利器。"华南虎"事件,在全国闹得沸沸扬扬,而正当事件愈演愈烈之际,有人在色影无忌论坛发表了质疑"虎照"真伪的帖子。网民们纷纷从各个角度对虎照进行分析,最终揭穿了"华南虎照片事件"的骗局,周正龙受到法律惩处,"虎照事件"的策划者和参与人纷纷落马,或开除公职,或接受党纪国法处理。

在涉及公共事务的案例中,人肉搜索对于贪污腐败的打击力量最令人称奇。一篇名为"北京来的高官"的帖子,披露了高官在深圳市南山区新梅园酒楼猥亵一名11岁女童,并与其父母发生纠纷的情节,引起了网民的广泛关注。网友们在网络上展开了"人肉搜索",将该男子锁定为深圳海事局党组书记、副局长林嘉祥。此案经深圳警方调查后,公布结果称林嘉祥涉嫌猥亵罪不成立,属酒后行为失当,但终究林嘉祥还是被撤销了党内外职务。林嘉祥的狂傲虽然与喝酒有关,但这种狂傲绝非一日之功,它反映出的是对领导干部监督的缺位。试想,如果没有网民的群情激愤,没有人肉搜索的强大震慑,林嘉祥事件又会是怎样的结局?

2. 道德敏感,"人肉搜索"激发网民热情

"人肉搜索"原本只是一种方法,一种传播信息、获得知识的方法,"一人提问、八方回应,一石激起千层浪,一声呼唤惊醒万颗真心",这是人们最初对于人肉搜索的描述。从一些典型的人肉搜索案例中我们不难发现,人肉搜索的起点往往非常无私,但是在网民的力推下却走上了一条更为意义深远的道路。人们通过人肉搜索,有力地表达了对于道德、社会正义的维护。在猫扑论坛上,有这样一段话:"人肉搜索是颠覆传统搜索引擎的一种团体性力量,人肉搜索发起于猫扑,发扬于猫

扑,从网络虐猫事件、'铜须门'事件,网络上热门的人肉搜索事件均起源于猫扑。大量人肉网友团结一致,为求结果不辞劳苦,在最短时间内揭露背后真相。"③后来的一些事实也表明,只有那些能够诉诸道德的新闻事件才能导致大规模的人肉搜索。

  虽然当今社会工业化严重地冲击着传统乡土秩序,人们不断经历价值观、道德观的重塑,但当家庭伦理、尊老爱幼、不偷窃、不欺瞒等传统伦理规范被破坏时,中国人心中的文化基因还是会被激活,会不由自主地谴责不道德的行为,维护正义。甚至于对曝光隐私这一做法,也有其社会根源,一位学者将其归结为"示众文化"的影响,认为这是一种建立在轻视个人权益基础上对私权的侵犯,是一种建立在倚重人治传统上的非法治惯性。也正是这种惯性导致网民们强烈的道德需求,稍有不慎就会引发网上的人身攻击行为,并且会在虚拟社会里急剧升温而走向网络暴力和侵权伤害。"人肉搜索"伴随的结果一定是公开某人的详细信息,其中必然涉及个人隐私权问题。

  3. 匿名隐身,"人肉搜索"掀起网络风暴

  匿名给了我们黑色的保护衣,我们却穿着它去扒别人的外衣。匿名发帖正如用笔名发表文章,在文章的反馈不辨好坏之前,可以藏在假名字后面不显山水。"人肉搜索"关注的话题或事件多发生在论坛、博客或者播客等原创内容区域,而在这些区域中,话题的提供者常常处于匿名和隐身状态,因为匿名,话从口出时就变得尖刻、粗鲁、无所顾忌、底气倍增,而传统大众传播中"信息把关人"的作用却被大大弱化,甚至出现缺失现象,这也是造成"人肉搜索"时而天使时而魔鬼的主要原因。

  网络匿名表达本是以个人隐私信息得到最充分的保护为前提,以实现人人平等、自由、民主地沟通为目的的,但是网民利用"人肉搜索"这一利刃,却造成了强势话语权力对弱势话语权力的剥夺,以集体语言暴力制造了某种不平等。肇事者可以躲在大量匿名网民之中任意散布别人的隐私,法律却无能为力。一旦发生侵权、违法行为,责任只能由论坛管理员、网站开办者来承担,发帖者很难被追究责任。④在大多数带有道德审判的人肉搜索事件中,网友们在对论坛发布内容不加查实的前提下,就开始了对当事人的大规模曝光行动和道德讨伐。如果说维护正义与传统道德是最主要的心理动机的话,那么窥淫、窥私、仇富等病态心理也起到了推波助澜的作用。"人肉搜索"给了那些打着正义的旗号寻求刺激的人极大的满足。造

假、传谣、起哄、攻讦、谩骂等不文明行为屡见网络,身份不明的搜索者躲在暗中向标靶射出支支毒箭,理性的声音被疯狂的呼号逐渐淹没。

4. 责任模糊,"人肉搜索"触碰伦理底线

虽然现在的"人肉搜索"已告别了早期需要奖励才能调动热情的时期,但是仍保留了基于网络社区构成意见群体的特点。就大众传播的公共性而言,是"网络正义"还是"网络暴力",已经成为一个极其严肃的问题摆在我们面前。有学者认为,相对于虚幻的道德立场,更多的参与者怀着一种唯恐天下不乱的看客心理,从被捕猎物的痛苦中寻找快感。一旦造成不良影响,到了追究责任的时候,提供信息者往往就遁形了。

最先设置"人肉搜索"板块的"猫扑网"在其公告栏上说明:"MOPPER之间从来都是互相帮助的,赏金猎人也是好传统。虐猫女、色情武校都在热心 MOPPER 们的帮助下一一现形。任何人都可以请求'人肉搜索'引擎的帮助,这里你可以提出任何问题,请求任何帮助。我们不保证你能得到你想要的答案和帮助,但是能保证你得到完全不同的答案和获得最快乐的帮助。"由此可以看到,网络媒体的有意识引导,使得事件的发起者与参与者以维护道德与正义为由确立了自身行为的合法性。然而,"道德衡量"标准的缺乏和法律的缺席常常导致"人肉搜索"运用不当,引发大规模的"以暴制暴"行为,危害了当事人的合法权益。反"人肉搜索"第一案(即姜岩事件)的主角王某,在其和第三者的个人资料被公开之后,不断收到恐吓邮件,在网上被通缉、追杀、围攻、威胁。甚至有网友聚集在他单位门口找他算账,导致他被单位辞退。他不堪忍受,将刊载其妻个人博客的天涯社区等三家网站管理员告上法庭。这正是由"人肉搜索"失控而引发网络暴力和现实暴力的真实写照。所以,如何有效界定"人肉搜索"中的侵权主体,并追究其法律责任,成为规范网络搜索必须探讨的课题。

二、"人肉搜索"的善恶之辩

"人肉搜索"是一把双刃剑,一方面,它可能会发挥正面的舆论监督作用,在对新闻当事人进行道德审判的同时,唤起大众的道德良知并形成道德约束,弘扬网络正气,彰显网络正义;另一方面,由于缺乏有效的引导和监管,一盘散沙的网民,一旦聚沙成山,可能形成压垮一切的力量,这股力量一旦失控和异化,将会突破法律

和道德底线,引发不正当的行为,给当事人带来巨大的伤害。目前有人大代表提出立法追究人肉搜索者的刑事责任。徐州曾在 2009 年 1 月立法通过禁止"人肉搜索",但遭逾九成网民反对。一场关于"人肉搜索"究竟是网络正义还是网络暴力的讨论热烈地开展起来。"人肉搜索"究竟是侵犯隐私权还是维护知情权,目前存在两种相互对立的观点。

持反对态度的人认为,网友往往以"道德捍卫者"的形象出现,用发布网络追杀令、通缉令等行为实现现实社会中不可能实现的"正义感、泄愤欲"。谁一旦成为"人肉搜索"的目标,所有隐私信息都可能被公开。网络的匿名性给了许多狂热的卫道士及煽风点火、恶意炒作之徒以可乘之机,在无须面对面、不必承担法律责任的情况下对他人实施诽谤、谩骂,散播个人隐私,更有甚者发展到现实生活中的电话骚扰、人身攻击。上面提到的 2006 年的"铜须门"事件,让"网络暴民"的称号为世人所知。2006 年 4 月,名为"锋刃透骨寒"的魔兽玩家在"天涯"论坛发帖声称,自己的妻子"幽月儿"与网名为"铜须"的男子有偷情行为,并把妻子与"铜须"的聊天记录公之于众。由此,一场网络事件,终于演变成一场大规模的社会讨伐。最终,当事人在现实世界中遭到严重的骚扰,不得不退学,封闭在家中躲避恐吓袭击。我们好奇那些对当事人个人隐私做深入挖掘的网民,可否想过搜索发起人提供的事件或许有假? 那个被置于"人肉"案板上的当事人或许有冤? 针对此事,《纽约时报》《国际先驱论坛报》和《南德意志报》等欧美报纸,相继刊发报道,质疑中国网民的做法是对个人权利(隐私权、情感和生活方式选择权等)的严重侵犯。

持肯定观点的人认为"人肉搜索"的积极功能表现为:首先,个人情绪的平衡器。人们在现实社会中压抑个性,情绪抑郁。网络虚拟社会给个体提供了一个相对自由表达的平台,人们可以以一个本真的自我在这个社会中存在,使现实社会积聚起来的不满得以释放,有利于个体身心的发展。其次,社会的安全阀⑤。"人肉搜索"现象的出现,有利于网络社会的德治与现实社会法治的结合。通常情况下,来自社会的道德监督的声音比较微弱,道德一向都以自律来发挥作用,然而这两种方式的效果都较差。有了"人肉搜索","道德法庭"就有了基地,在道德世界中就有了进行惩恶、扬善、扶弱等的机制,这样就能使德治和法治双管齐下,使得社会更加稳定。另一方面"人肉搜索"也有利于新的主导性伦理道德观的建立。"人肉搜索"的过程是多元伦理道德观矛盾冲突的过程,通过彼此的博弈能够引导社会主体在观念选择上达成共识,从而使伦理世界结束混乱重新走向有序。

对于"人肉搜索"的善恶之辩和褒贬不一的评价,让人联想到人类科技文明的一大成果——核能的利用。人类曾遭遇冷战期间的核威胁,而遭受核武器袭击的地区的人们至今仍走不出恐惧的阴影。可就是这被视为万恶之源的核能,在今天却有着新的用武之地,一座座核电站的建立,大型粒子对撞机的试验正如火如荼地开展,这些都为面临能源危机的人类带来了新的希望。可以说,科技本身并没有错,错的是那些将其用于不正当目的的人。

三、"人肉搜索"的伦理规范

"人肉搜索"发端于网络互助,却引发出"网络正义"还是"网络暴力"的善恶之辩,这是网络功能的延伸,是搜索机制的发展,也是人性本能的展现。这场辩论仍将继续下去,且不能简单地用"是"或"否"来了断。网络已经成为人们生活的一部分,网络搜索也已成为许多人的思维习惯和行为方式,"人肉搜索"突破了机器搜索的局限,把信息获取和道德呈现紧紧地联系在一起。于是,加强网络环境的整治,强化"人肉搜索"机制的管理,制定网络传播的伦理规范就被迫切地提到社会综合治理的高度。

(一)"人肉搜索"应以尊重他人的隐私权为原则

隐私权是指公民享有的私人生活安宁和私人信息受到法律保护,不被他人非法侵扰、知悉、搜集、利用、公开等的一种人格权。⑥阿伦·维斯汀在《隐私和自由》一书中,把隐私定义为人们控制有关自己的信息的传播的权利。在网络上,最容易被侵犯的就是私人信息,如个人的自然情况、社会与政治背景、生活经历和习惯、个人财产、信用情况和家庭基本情况等。在通常情况下,这些信息的透露并不一定会导致对当事人的伤害,倒是可能会被一些精明的商人或无孔不入的广告商利用,达到一些商业性目的。只要当事人有足够的防备意识,并不至于造成多大的损失。但"人肉搜索"往往伴随着某人信息的全面公开,使个人隐私权受到侵犯。"人肉搜索"可能侵犯的隐私权类型有生活安宁权、私人信息和私生活秘密权、空间隐私权等。群情激愤的网民,会根据已有的信息口诛笔伐、发掘更多的信息。更有甚者,从网上追到网下,从虚拟世界追到现实社会,从资料搜索发展到网上通缉、追杀,形成对当事人的全方位的围追堵截,给当事人带来巨大的伤害。如自杀白领的"姜岩事件"就是最为典型的案例。在"姜岩事件"的整个过程中,许多愤慨的网民并不完全清楚事件的来龙去脉;许多一心主张正义的人,却在从事着违法的行为,对事件相关的所有成员都造成了伤害,却也于事无补。再说这位6月18日在《焦点访谈》节目中现身说法而遭"人肉搜索"的大学生,暂且不说他说的是真话还是托词,也不来追究他有没有资格说话,更不来评论他说话的对错,但我们可以感受到他在被"人肉搜索"后的处境,他所经受的谩骂和骚扰。有网民对这样的"人肉搜索"表示担忧,在这位大学生就读的武汉某大学的论坛"浓情中南"上尤为如此。"我觉得,我们可以嘲笑他的单纯,很傻很天真,甚至可以说他为了某些现实中的利益关系而抛弃了自己新闻人的理想,但是请不要波及他的家人女友,他们是无辜的。"⑦目前,他和女友都已删除了自己的博客,注销了开心网和校内网的账号,更换了手机号码。因此,我们希望"人肉搜索"回归到发起者的本意上,即使在发挥"惩恶扬善"的功能时,也要以尊重他人的隐私权为原则,不要使"人肉搜索"成为"泄愤"的手段和渠道,善良的网民更不要成为恶意中伤者的帮凶。

(二)"人肉搜索"应以提高网民的媒介素养为前提

"媒介素养"是指人们面对媒体各种信息时的选择、理解、质疑、评估、创造和生产以及思辨和反应的能力。具体说来,一个生活在现代社会的公民,必须能够主动获取信息,正确理解信息,批判地思考信息,让信息为己所用。在信息的海洋中,如何去认识、识别、取舍、利用、反馈和生产媒介信息,成为人们必备的社会素养。网络的互动性模糊了网络传播中传受双方的界限,很多网民成为信息的原创或转发者,"人肉搜索"也正是依靠网民的这种传播力量而发展壮大。但是很多网民的媒介素养较低,对信息的真实度不加判断,对传播信息造成的后果不予考虑,这就造成了网络虚假信息泛滥、"人肉搜索"事件常常害人不浅的现状。据CNNIC2009年1月13日发布的《第23次中国互联网络发展状况统计报告》,截至2008年年底,中国网民规模达到2.98亿人,其中10~19岁网民所占比重增大,成为当年中国互联网最大的用户群体。从网民的学历上看,高中、初中学历所占比重继续提升。⑧这些年轻的、低学历的群体,所接受的媒介素养教育甚少,彼此间的暗示与感染情绪强烈,都希望自己能够成为捍卫正义、维持秩序的"网络警察",一旦论坛中的意见领袖发出网络追杀令,就会形成声势浩大、一呼百应的局势。此时,一些极端偏激的言论也容易被成员接受,这就可能酿成对搜索对象的严重伤害。为此,加强网民的媒介素养教育,使其与我国的媒介尤其是网络发展的速度相适应,是正确实施"人肉搜索"的基本前提。

(三)"人肉搜索"应以加强网站的监督管理为基础

"人肉搜索"的基本条件是有网络社区或论坛的网站支撑。虽然网站管理者并不一定是"人肉搜索"的发起者,但是在"人肉"泛滥并演变为对他人侵犯隐私乃至人身攻击的过程中,网站具有难以推卸的责任。尽管目前无论从技术上还是法律法规上来讲,追溯搜索者的责任都很困难,但是加强对网站的监督管理、加强网站的自律都能从一定程度上遏制"人肉搜索"走向极端,从而保护上网者的信息安全。因而,无论是网络信息的传播者,还是网络信息的接受者都应强化"把关意识",共同构建健康的网络环境。"把关人"概念是由美国社会心理学家库尔特·卢因最早提出的,这个概念主要用来说明在大众传播领域,传播过程中的每一个阶段都有"把关人"在决定着信息的重点所在,掌握着解释信息的权利,决定信息是否最终流向读者,直接影响着传播效果。传统媒介中的信息经过记者、编辑层层把关,呈现在受众面前时,显得相对理性。而网络传播中的论坛、博客等原创信息更趋感性,属于网民的自然流露,人们可以以匿名状态发泄内心深处的种种原始情感。所以当一条信息刚刚出现在互联网上时,网络编辑、"斑竹"等"把关人"在信息传播中的作用至关重要。把关工作可以从以下方面开展:

首先,政府和信息管理部门应当责成网站建立保护上网者个人信息安全的行为规范,明确自身的义务和责任,如在服务条款中严格界定属于威胁、中伤、诽谤、猥亵或者是其他有悖于社会道德和违反法律的行为,网站有义务在"人肉搜索"出现上述行为时,及时主动地删除或屏蔽相关信息并制止信息的进一步传递等等。其次,网站应该对网络编辑自身素质提出更高的要求,提高网络编辑的道德文化素养、政治判断力和新闻敏感度,将文明、理性、有序的论坛氛围作为考核网络编辑的一个标准。再次,网站应与非网站工作人员的论坛版主、管理员等明确双方的权利和义务,掌握版主的真实身份资料。因为一旦成为论坛的版主,他/她就享有了一般人所不享有的信息审阅和处理权,那么也应有义务保护网友的隐私权不受侵犯、有责任阻止版内成员侵犯他人隐私或者诽谤中伤他人,与网站共同承担违法行为的后果。最后,相关网络传播政策法律的出台也有助于明确网站权限,约束网站和网民的传播行为,并为侵犯隐私权的案件提供法律依据。

(四)"人肉搜索"应以维护社会的和谐发展为目标

"人肉搜索"之所以成为一柄双刃剑,原因在于其在公私两个领域所发挥出的不同作用——在公共权力监督仍不充分的当下,"人肉搜索"不失为反腐利器,对公共信息的公开化、透明化有积极的促进作用;而在个人隐私保护尚不完备的背景中,"人肉搜索"又往往会对公民的个人权益造成侵害。因此,我们应当利用技术、法律和伦理规范等手段,着力弘扬"人肉搜索"的正面效应,尽量减小其负面影响,从而促进社会的和谐发展。网络伦理规范既可以制约人们利用网络传播、获取和利用信息的行为方式,又可以作为评判网络用户行为的道德依据,尤其在目前相关配套法律滞后的情况下,道德和伦理更能体现出其作用。因而要大力开展网络伦理教育,使网络用户充分认识到网络是现代社会人们获取各种资讯的基础设施,维护网络的正常秩序符合大家的共同利益。每一个网络用户不仅要恪守现实生活中的社会公德,也要遵循网络社会的伦理道德,明白自己的网络行为所担负的社会责任。目前,尽管存在一些网民自发提出的公约或网站制定的行为规范,但是,它们的接受程度和约束力强度却令人担忧。在全社会对网络隐私权认识尚不充分、侵权行为比比皆是而又屡禁不止的情况下,若干个自发的公约或规范其影响力是十分有限的,更何况它们并不具备法律效力。网络是对所有人开放的,因为各种需求,我们每个人的个人信息都可能存放在某个特定的网络空间中,当然它并非共享,滥用就是侵权;而把属于个人隐私的信息置于公共的互联网络上,更是对他人权利的践踏。因而,在网络互联的今天,个人信息的保护比以往任何时候都迫切。网络世界不仅要有自律,也要有他律。西方社会是从立法、行业自律和社会第三方认证等方面加以防范的,但至今我国还没有一部专门的、系统的、全面的关于个人隐私权保护的法律。至于发起"网络追杀",侵犯了何种权利、适用于哪条法律,更是难以界定。值得欣慰的是从 2003 年起,国务院就着手起草《个人信息保护法》,经过数年的调查研究和专家论证,可望在不久的将来能颁布实施,这将把对个人信息的保护提到法制的高度,也将从根本上规范"人肉搜索"行为。

结 语

2008 年 6 月,中国青年报社会调查中心对 2491 名公众的一项调查显示,近五成(47.3%)公众认为"人肉搜索"是不是网络暴力要"视情况而定",近八成(79.9%)公众认为应该更好地规范"人肉搜索",这说明有半数的网民能客观地看待"人肉搜索"现象;而近八成的网民担心"人肉搜索"走偏。我们相信,随着网络技术的发展,网站管理水平的提高,网民整体素质的上升,以及网络法制规则的完善和网络自律的加强,"人肉搜索"会进一步发挥网络互助工具和社会监督公器的双重作用。我们期盼,既能充分保障个人隐私资料不受侵害,又能极大避免网络事业的发展受到抑制的,最妥善、最完备、最适合我国国情与未来网络事业发展需要的法律规则,特别是《个人信息保护法》,尽快出台。

注释:

① "5W传播模式":1948年,美国学者哈罗德·拉斯韦尔提出了经典的"拉斯韦尔模式",即传播中回答五个问题:谁(传播者),说了什么(信息),通过什么渠道(媒体),对谁(接收者),取得什么效果(效果)。这个模式简明而清晰,是传播过程模式中的经典。见〔美〕哈罗德·拉斯韦尔的《社会传播的结构与功能》(Lasswell, Harold D., *The Structure and Function of Communication in Society*, 1948)。

② 艾瑞咨询:《加强引导人肉搜索积极作用凸显》,搜狐IT,http://it.sohu.com/20080805/n258611759.shtml。

③ 李颖:《人肉搜索约束道德还是纵容粗暴?》,《广州日报》2008年6月26日。

④ 张笑、张国荣:《从"人肉搜索"谈网络传播的"把关意识"》,《中国集体经济》2008年第7期。

⑤ 路小超:《从伦理道德视角解析"人肉搜索"现象》,《消费导刊》(理论版)2008年第21期。

⑥ 张新宝:《隐私权的法律保护》,群众出版社1998年版,第16～17页。

⑦ 《〈焦点访谈〉访自家实习生遭质疑 心神不宁成流行语》,《扬子晚报》2009年6月21日。

⑧ 中国互联网络信息中心:《第23次中国互联网络发展状况统计报告》,http://tech.sina.com.cn/focus/cnnic23/index.shtml。

电子复制时代的知识分子[*]

◆ 时统宇　吕　强

正如一切已经消亡或依然存在的传播媒介，电视也必然要按照其自身的面目和内在的机制再造包括知识分子文化在内的人类文化传统。虽然由于新媒介勃兴的时间间隔大为缩短，面对网络社会的崛起，电视迅速成为传统媒介。不过，敏感如法国社会学家布尔迪厄等人还是感受到了业已置入电视文化生产的经济逻辑。面对以电视为代表的电子复制时代，知识分子在审视"上电视，还是不上电视"这一问题时，所持有的是充溢着断裂性和焦虑感的复杂态度。就以因《关于电视》而成为"电视知识分子"这一论题不可忽略之人的布尔迪厄为例，一方面，他将电视逐出文化领域的精神勇气和细密分析无疑让人有"高山仰止"之感，"在电视上通常是谈不出什么大事的"[①]俨然成了知识分子对电视的总判词；另一方面，他毕竟是在电视上完成这一批判的，而在电视上批判电视这种行为本身就将布尔迪厄批判的锋芒置于一种悖论之中。而这一悖论本身所反映的却是东西方知识分子文化传统在进行传播媒介批判时所面临的总的理论困境。

当然，尽管以其所具有的强大的文化资本为后盾，布尔迪厄在那一刻"控制着**生产工具**（黑体为原文所有——笔者注）"[②]，他从电视台那里争取到了至少在他看来是足够的言说自由，使其就论题所及的内容得以不受束缚地展开。不过，与布氏的其他作品相比，《关于电视》的表达显然是有所区别的。换句话说，布尔迪厄的《关于电视》本身就是电子复制时代的一个典型的知识分子文本，这一文本所呈现出的对"电视表达"模式的妥协和俯就是不应忽略的。

---

[*] 原载于《现代传播》2009 年第 6 期。

一、对传播媒介的疑虑

布尔迪厄在《关于电视》中所集中表达的对电视这种传播媒介的不适感,体现出知识分子对借助技术手段表达思想的疑虑,这种疑虑在东西方知识分子传统那里都可以找到与所处时代的技术发展手段相应的论述。从口语、文字开始,传播媒介就遭遇到知识分子的挞伐,布氏对电视的反思只是这种传统在电子复制时代的又一呈现罢了。

《老子》开篇即是"道可道,非常'道';名可名,非常'名'"③,使"道"和"名",与言说和称谓的界限泾渭分明。钱钟书先生亦尝言:"《老子》开宗明义,勿外斯意。心行处灭,言语道断也。"④而在西方文化语境中,与中国文化语境中的道相类似的逻各斯,则与言语密切相关:"λόγος[逻各斯],即陈述,是根据有声的说话现象而得到表象。"⑤钱钟书先生亦认为:"古希腊文'道'(logos)兼'理'(ratio)与'言'(oratio)两义,可以相参,近世且有谓相传'人乃具理性之动物'本意为'人乃能言语之动物'。"⑥另外,儒家文化谱系中亦有"仲尼曰:'志有之,言以足志,文以足言。不言谁知其志?言而无文,行而不远'"⑦,"人之所以为人者,言也。人而不能言,何以为人?"⑧与西方文化传统之论述相辉映。

而这种言语与思想的复杂关系,钱钟书先生尝言:"聊举荦荦大者,以见责备语文,实繁有徒。要莫过于神秘宗者。彼法中人充类至尽,矫枉过正,以为至理妙道非言可喻,副墨洛诵乃守株待兔、刻舟求剑耳。"⑨

若极而言之,古希腊思想家苏格拉底就曾对人的视觉和听觉以及人的其他感觉的可靠性进行了质疑,认为"一个人观察事物的时候,尽量单凭理智,思想里不掺和任何感觉,只运用单纯的、绝对的理智,从每件事物中寻找单纯、绝对的实质,尽量撇开视觉、听觉——一句话,撇开整个肉体,因为他觉得灵魂有肉体陪伴,肉体就扰乱了灵魂,阻碍灵魂去寻求真实的智慧了"⑩。

针对语言和文字作为表达人类思想情感的工具之明显缺陷,苏格拉底曾直接借古埃及法老塔穆斯之口对文字做了悲观的评价,文字"会使学会文字的人们善忘,因为他们就不再努力记忆了。他们就信任书文,只凭外在符号再认,并非凭内在的脑力回忆",所以,文字"只能医再认,不能医记忆"。至于借助文字而施行的教育,对学生而言,"只是真实界的形似,而不是真实界的本身。因为借助文字的帮助,他们可无须教练就可以吞下许多知识,好像无所不知,而实际上却一无所知。还不仅此,他们会讨人厌,因为自以为聪明而实在是不聪明"。⑪

苏格拉底所论文字、书籍的限制和流弊不难理解,朱光潜先生将苏格拉底的看法概括为:"书籍使人不肯自己思索,强不知以为知,而且可以滋生误解。所以大思想家不把自己的思想写在纸上,而把它写在心灵里,自己的心灵里和弟子们的心灵里。所以依苏格拉底的看法,文章实在有三种,头一种是在心灵中孕育的思想,这是一个作家的最伟大的部分;其次是说出来的文章,还不失为活思想的活影像;最后是写出来的文章,只是活思想的死影像。文字意本在传达,凭笔传不如凭口传和人格感化。至于诡辩家的修辞伎俩是渺小不足道的。"⑫

德国社会学家西美尔则进一步揭示出非语言符号对思想传播的重要意义:"书面文字的表达起初似乎是更为可靠的表达,似乎是唯一的、'万无一失'的表达。不过,书写的东西的特权纯粹是一种缺陷的后果:它缺乏声调和突出强调的、动作的和表情的种种伴随现象,对于说出来的话语,这些伴随现象同样既是变得含混不清又是变得清晰明确的一个源泉。"⑬

对语言文字之利弊,钱钟书先生将其所见之批评概括如下:"语言文字为人生日用之所必须,著书立说尤寓托焉而不得须臾或离者也。顾求全责善,啧有烦言。作者每病其传情、说理、状物、述事,未能无欠无余,恰如人意中之所欲出。务致密则苦其粗疏,钩深賾又嫌其浮泛;怪其粘着欠灵活者有之,恶其暧昧不清明者有之。立言之人句酌字斟、慎择精研,而受言之人往往不获尽解,且易曲解而滋误解。"⑭而钱钟书先生对因语言文字有弊端便欲废弃之观点的批评颇为中肯:"《易·系辞》上曰:'书不尽言,言不尽意',最切事入情。道、释二氏以书与言之不能尽,乃欲并书与言而俱废之,似斩首以疗头风矣。"⑮或者像奥地利哲学家维特根斯坦所说的:"当我用语言来思想时,除了语言表达式以外并没有什么'意义'呈现于我的心灵之中:语言自身就是思想的载体。"⑯当然,对语言文字的深入思索也并非故弄玄虚的无根之谈,人们之所以对其在思想传播过程中的意义聚讼纷纭,盖源于对人类心灵经验的深刻追问。亚里士多德在其《解释篇》中写道:"口语是心灵的经验的符号,而文字则是口语的符号。正如所有的人的书法并不是相同的,同样地,所有的人也并不是有相同的谈话的声音;但这些声音所直接标志的心灵的经验,则对于一切人都是一样的,正如我们的经验所反映的那些东西对于一切人也是一样的。"⑰海德格尔认为,亚里士多德的这几句话构成了一个经典的段落,它让我们看到了作为口语所具有的结构:字母乃是声音的符号,声音乃是心灵的经验的符号,心灵的经验乃是事物的符号。符号关系构成了这个结构的支柱。[18]而法国哲学家德里达对亚里士多德的"口语是心灵的经验的符号,而文字则是口语的符号"一句则理解为:口语,第一符号的创造者(着重号为原文所有——笔者注),与心灵有着本质的直接贴近的关系。作为第一能指的创造者,它不只是普普通通的简单能指。它表达了"心灵的经验",而心灵的经验本身则反映或映照出它与事物的自然相似性。在存在与心灵之间、事物与情感之间,存在着表达或自然指称关系;心灵与逻各斯之间存在着约定的符号化关系。最初的约定与自然的普遍的指称秩序直接相关,这种约定成了口语。书面语言则将约定固定下来并使它们相关联。[19]随着人类精神世界的不断拓展与深化,口语与文字更是一种相互依存的关系。也许可以这样理解,文字已经继口语之后改写了人类文化基因的密码,种种对文字的批判更是那已经消逝了的口语传统在全新时代的袅袅余音。不过,对语言文字有效性的追问本身无疑体现了对传播媒介有效性的追问,但倘若要求传播媒介"纯而又纯"地传递思想的真谛,那显然是一个"不可能完成的任务"。提出这项任务本身就是根本否定了思想的表达,直至取消了思想本身。我们也可以这样说,透过传播媒介的思想表达与思想本身的差别是这样的关系:思想的表达并不无条件地直接就是思想,而思想也不直接就是它自己的表达。

二、知识分子的文化镜像

当知识分子的言说进入大众传播时代,其面目与口语或文字时代迥然不同。同"面对面互动"和以书信、电话、电报等为代表的"媒介互动"相区别,英国学者约翰·汤普森将书籍、报纸、广播和电视等大众传播所建立的社会关系称为"媒介准互动"。"如同媒介互动,这第三种互动形式也具有于时空传播信息或符号内容的功能。同面对面互动相比,在许多情况下,媒介准互动也包含了某种对符号意涵范围的缩减。但是,相较于面对面互动和媒介互动,媒介准互动还是有所区别的,有两个关键点值得注意。首先,面对面互动和媒介互动是以特定他人为对象的,以获取特定他人的意见、表达等为目的;但在媒介准互动的情况下,产生出的符号形式所面向的是范围模糊的潜在受众。其次,无论是面对面互动还是媒介互动都是对话式的,而媒介准互动从本质上说是独白的,也就是说,传播流主要是单向的。"[20]

而电视同其他大众媒介相比,电视直接向从电影的幽暗大厅中被彻底解放出来的观众呈现出一幅"世界图像",控制了知识分子的镜像,提供了观众与知识分子"面对面"交流的海市蜃楼。在这个由技术呼唤出来的幻象世界里,知识分子镜像成为记者、编辑、编导、主持人、审查者等视角各异的个体所构成的创作集体进行集体创作的质料。谁是创作者?这是个不言自明因而总是容易被人们忽略的重要问题。摄影机或者更为确切地说,摄影机背后的创作集体才是电影文本的真正作者。同样,摄像机背后的创作集体(也包括镜头前的主持人)才是电视知识分子文本的真正作者。当黑格尔在探讨诗与音乐之间的关系时,就音调这一诗与音乐共同的媒介曾经写道:"随着各门艺术逐渐上升的次第,完全外在的东西,即就坏的意义来说的客观物质,在逐渐消失,以致最后消失在声音这种主观因素里,声音摆脱了可以眼见性,用外在的东西(媒介)去使内在的东西(内容)成为可感知的。"㉑这种观念并没有有效地灌注于电视之中,恰恰相反,媒介得到了强调,物质的东西——影像是最重要的。对于电视来说,知识分子只是作为素材的镜像的提供者,只是待加工(录播)或同步加工(直播)的质料的来源而已。电视创作集体在绝大多数情况下掌握了电视知识分子文本的命运。电视知识分子何尝不是无法呈现自己而又必须被别人呈现的一个群体呢?他们与电视创作集体成员之间的关系何尝不存在着下面的问题:若是电视创作集体不但强而有力,而且具有特定的立场、利益,或者心怀误解甚至恶意时,知识分子要如何自处及回应?双方要如何化解这种主/客甚或主/奴的关系,达到平等与互惠?对于电视知识分子来说,需要迫切指出的是,在所有的对电视这种传播媒介与知识分子关系中最值得注意的是,充其量,知识分子让渡给电视的只是自身的媒介镜像,知识分子不等于知识分子的媒介镜像,这一点与西班牙阿尔塔米拉洞窟中的野牛岩画不同于曾经行走于天地间的野牛一样。可是,流行的观念总是与原始人绘制这些岩画的最初目的(对野牛的形象施加某种影响,以保证原始人的狩猎成功或安全等)背后的将形象等同于提供形象的客体的与原始巫术类似的思维方式:将知识分子镜像等同于知识分子本身,将知识分子对自身镜像在大多数情况下不能不带有某种狡黠色彩的售卖等同于知识分子对自己灵魂的出卖。只要回想一下走上电视的知识分子的参与感就可以明确这种镜像的售卖对知识分子的意义。知识分子会为这种售卖所必须准备的言说内容的重视程度与其撰写某篇学术论文的重要程度等量齐观吗?或许同上电视相比,给学生上课或预备某个学术研讨会的发言的重要程度已经发生动摇,而这恰恰从另一方面突显出,无论是从制度安排还是从道德情感角度,具有原创意义的精神探索对知识分子的重要性。就这里所涉及知识的职能分工问题,其实,这种分工事出有因,在西方语境中,至少可以追溯到英国的维多利亚时代。不过,与此前的知识职能分工稍有不同的是,由于电视这种传播媒介的缘故,知识分子更多地仰赖于口语传播模式,加之对于绝大多数电视知识分子来说,能够支配的时间实在有限,难以将自己的论点进行多少充分一些的说明,"电视言说"的局限性也就尽在其中了。一般来说,由于电视创作集体所关注的热点问题与知识分子着力研究的专业问题鲜有重合之处,走上电视的知识分子只会就节目中所涉及的问题提供一些思想的"边角余料",甚至在某些情况下只是在匆匆浏览一些相关内容之后便开始了"电视言说"。因为除非有人获得了布尔迪厄在电视上"写作"《关于电视》这类在电子复制时代纯属异类的作品所获得的言说自由,所以,谁会拿出做学问的态度来做电视节目呢?这显然是知识分子不怎么需要充分了解电视节目运作的游戏规则便容易做出的选择。否则,不妨试试,如果某个知识分子在录制完一期谈话节目或某条新闻的访谈之后提出审看、并要求做出相应的修改、甚或重新录制的要求(这就像反复修改一篇学术论文或论著一样),那么,电视节目的创作集体对这位知识分子的评价显然不会很高,可能"太把自己当回事儿了"就已经是比较克制的说法了。而这又透露出电视其实并不把知识分子镜像"太当回事儿"这一基本态度,这种镜像只是电视的文化装饰罢了,其意义远没有一段充满戏剧性的新闻事件的媒介呈现有意义。对于电视节目创作集体来说,这个知识分子与那个知识分子,就某一问题的这个看法与那个看法其实区别不大。对电视来说,时间简直就是位列观众注意力之后的第二位上帝。一旦出现可能为观众注意力所垂青的事情,时间就成了决定一切的因素。能否报道?能否抢在其他媒体前面抢先报道?能否有足够多的报道?都成了每一位电视机构的决策者所要考虑的头等大事。往往是时间不够或是有大量的、让电视节目创作集体成员又恨又怕而又必须填充的冗余时间。正如在马克思的政治经济学里,劳动时间是衡量商品价值的尺度一样,时间对于电视知识分子来说几乎决定了他对某一问题所提供的看法的深度和广度。就像法国社会学家布尔迪厄所提出的那样:"思维与时间存在着某种联系",而"电视并不太有利于思维的表达。"[②]而美国经济学家米尔顿·弗里德曼也认识到:"电视媒体这一表现形式是富于感染力的,它可以触动你的情感,吸引你的注意力。但在我们看来,若用来教化人和说服人,那么印在纸面上的文字则更为有效。在一本书当中,作者可以从容地对各种问题进行深入探讨,而不必顾忌墙上的挂钟走了多长时间。读者在阅读书籍的过程中,可以随时停下来进行思考,也可以随时回过头来重读某段文字,更不会因电视画面对情绪的感染而分散注意力。"㉓显然,知识分子的电视言说就成了可以随意处置的"弹性部分",对电视来说,有什么能够比现场直播的新闻事件现场更让电视能够自我呈现的呢?而又有什么能比"招之即来"的电视知识分子更"合用"的呢?这样,电视"快思手"所拥有的特权的性质也就比较明显了:"电视只赋予一部分快思手以特权,让他们去提供文化快餐,提供事先已经消化过的文化食粮,提供预先已形成的思想,这并不是仅仅因为电视部门掌握着一本通讯录(这也是在紧急情况下不得已而为),其名单永远不变(涉及俄罗斯,找 X 先生或太太;涉及德国,找 Y 先生等):有了这么一批负有责任的讲话者,也就免得去找真正有话可说的人了。有话可说的,往往是些年轻人,他们还没有什么名气,但有自己的追求,没有与媒介打交道的习惯,与其不得不去找他们,倒不如手下有一批媒介的常客,随时可以效劳,时刻准备制造文章或提供访谈。"㉔但是,这样的话,知识分子坠入了一种英国经济学家哈耶克意义上的"强制"状态,显然是不能忽视的。哈耶克指出:"所谓'强制',我们意指一人的环境或情境为他人所控制,以至于为了避免所谓的更大的危害,他被迫不能按自己的一贯的计划行事,而只能服务于强制者的目的。除了选择他人强设于他的所谓的较小危害之情境以外,他既不能运用他自己的智识或知识,亦不能遵循他自己的目标及信念。强制之所以是一种恶,完全是因为它据此把人视作无力思想和不能评估之人,实际上是把人彻底沦为了实现他人目标的工具。"㉕这简直就是绝大多数知识分子的"电视生存"的生动写照。

三、被遮蔽了的知识价值

尽管就电视知识分子的个体而言,不排除不学无术之徒在刻意贴近观众时所做出的种种坑蒙拐骗的存在。但是,当我们脱离具体个案而试图把握电视知识分子的基本行为模式的时候,就不能不放弃单纯的道德诘责,而应当将其作为一个整体置于电视所营造的媒介环境中加以考察。就像我们不能要求康德、普鲁斯特或爱因斯坦在其作品中的言说方式具有报业标准的可读性或者电视工业标准的可视性一样,知识分子之所以成为知识分子的那一部分其实与观众的评判无关,因为要具有评判的眼光需要长期的艰苦的专业训练,而这又是社会分工所不允许绝大多数普通公众所具备的。即使许多知识分子放下专业语汇的身段与思想逻辑的推演,俯就观众的欣赏口味和理解程度,对某一学术问题、公共问题或既是学术问题也是公共问题的某个话题在电视上娓娓道来,而对走上电视的知识分子的遴选标准稍加追问就不难发现,这里所蕴含的公众品位对知识分子文化的凌驾与肢解。知识分子的权威感已随着社会场景的转换而逐渐发生了异化。还在不久以前,口语表达在现代知识分子的技能清单中并不突出,可是,电视将知识分子带入了一个全新的"次生口语文化时代",这个时代将口语表达提升到了一个新的高度。美国学者沃尔特·翁将丝毫未被文字或印刷术浸染的口语文化称为"原生口语文化",和如今的高科技文化中的"次生口语文化"相对。支撑今天次生口语文化所仰赖的是电话、广播、电视等电子设备,其生存和运转都仰赖文字和印刷术。㉑就像美国学者约书亚·梅罗维茨所告诉我们的那样:"如今的权威常常必须是'看起来和听起来很好',而不是写作或推理好,这比过去的要求多。但是学习'看起来或听起来好'的方法并不像学习阅读和写作那样。在电子媒介中对讯息解码所需的技能并不一定需要多年的训练和练习,而且它们通常更容易被普通成年人或儿童接触。带着相机和麦克风四处漂泊的记者,常常能收集到过路人的口头陈述,而这些陈述至少和权威的陈述一样流畅。(并且公众对话提供者的人数现在非常庞大。)当电视记者将他们最优秀的行人反应与'专家'的一篇演讲或者声明放在一起时(常常拿着一张纸犹犹豫豫地读),传统的权威可能因这种比较而受到损害。他们显得呆板、不自然,且有时让人难以信任。"㉒

除了文化工业的产业标准因素之外,电视无意之中在某种程度上也复活了斯多葛派的先驱者之一安提斯泰尼的观念。这位长柏拉图 20 岁、亦为苏格拉底弟子的学者进行露天讲演,没有受过教育的人也都能理解。"一切精致的哲学,他都认为毫无价值;凡是一个人所能知道的,普通的人也都能知道。"㉓

然而这种貌似解放的平等所带来的很可能是某种有意无意地被操弄,对绝大多数观众而言,即使借助了知识分子镜像的电视节目,也难以将知识分子置入一种无蔽状态,恰恰相反,在大多数的和日常的情况下,电视节目将知识分子的普遍本质遮蔽起来,这种遮蔽并非简单地视而不见或肆意歪曲,而是将知识分子镜像呈现为与知识分子的普遍本质截然不同之物,同时又借着知识分子的镜像获得极大的欺骗性。观众借助电视对知识分子的这种接近本身并非是增进对真确存在的知识分子状态的把握,反而是一种前途未卜的歧途,为彻头彻尾的反智主义预置了路标。

如同本雅明对艺术作品的崇拜价值与展示价值的区别，知识分子所提供的精神产品亦有知识价值与传播价值的区别。知识价值因其对人类文化宝库所增添的前所未有的认识而具有自我持存的性质，知识价值同其客观存在合二为一或者说达到了"存在即价值"状态，不依世事变迁、人物枯荣而有所变易，而传播价值则要求传播者必须像奴隶一般去揣摩作为主人的受众的心思，以如簧的巧舌换取受众相应的瞬间关注，而后再为下一次的定时关注继续奔忙，至于关注本身则无暇细想甚至不必细想，只要受到关注就足够了。

客观地说，走上电视只是知识分子作为一个社会人去完成社会责任，而非作为一个知识人去完成文化责任，而后者才是知识分子得以安身立命、识别自身社会身份的寄托所在，也才是知识分子群体尽管命运多舛、历经磨难，但仍自立于天地之间的根本原因所在：不断地推进人类对世界的认识。

注释：

① ② ㉒ ㉔ 〔法〕布尔迪厄：《关于电视》，许钧译，辽宁教育出版社2000年版，第8、29、28、30页。

③ "道可道，非常'道'"中第一个和第三个"道"字是老子哲学的专有名词，意指构成宇宙的实体与动力。第二个"道"字，是言说的意思。"名可名，非常'名'"中第一个和第三个"名"字为老子特用术语，是称"道"之名。第二个"名"字是称谓的意思。上述语句句读及道与名的解释，参见陈鼓应：《老子注释及评介》，中华书局1984年版，第53~55页。

④ ⑥ ⑨ ⑭ ⑮ 钱钟书：《管锥编》（第二卷），三联书店2007年版，第638、639、638、635、708页。

⑤ 〔德〕海德格尔：《在通向语言的途中》，孙周兴译，商务印书馆2004年版，第197页。

⑦ 《左传·襄公二十年》。

⑧ 《穀梁传·僖公二十二年》。

⑩ 〔古希腊〕柏拉图：《斐多》，杨绛译，见《杨绛文集》（第8卷），人民文学出版社2004年版，第303~304页。

⑪ ⑫ 〔古希腊〕柏拉图：《菲德若篇》，见《文艺对话集》，朱光潜译，人民文学出版社1963年版，第169、176页。在这里需要指出的是，由于苏格拉底本人并无著作流传于世，其思想多借其弟子柏拉图和色诺芬的著作才不致湮灭。但是，对于柏拉图对其师思想的介绍，究竟有多少是"如是我闻"，有多少是柏拉图的"夫子自道"尚存争议。

⑬ 〔德〕盖奥尔格·西美尔：《社会学——关于社会化形式的研究》，林荣远译，华夏出版社2002年版，第276~277页。

⑯ 〔奥地利〕维特根斯坦：《哲学研究》，李步楼译，商务印书馆1996年版，第160页。

⑰ 〔古希腊〕亚里士多德：《范畴篇 解释篇》，方书春译，商务印书馆1959年版，第55页。

⑱ 〔德〕海德格尔：《在通向语言的途中》，孙周兴译，商务印书馆2004年版，第198页。

⑲ 〔法〕雅克·德里达：《论文字学》，汪家堂译，上海译文出版社2005年版，第14页。该书对亚里士多德

《解释篇》的译文与海德格尔所著《在通向语言的途中》的孙周兴译本有所不同,笔者兹根据亚里士多德《范畴篇 解释篇》的方书春译文将孙周兴译文和汪家堂译文中所涉及的对亚里士多德《解释篇》的译文加以统一,以求前后一致。其余部分,则均按孙周兴先生和汪家堂先生各自的译文处理。

⑳ John B. Thompson,"Social Theory and the Media", In David Crowley and David Mitchell (eds), *Communication Theory Today*, Cambridge：Polity Press, p. 36.

㉑ 〔德〕黑格尔：《美学》(第三卷下册),朱光潜译,商务印书馆1981年版,第7页。

㉓ 〔美〕米尔顿·弗里德曼、罗丝·弗里德曼：《自由选择》,张琦译,机械工业出版社2008年版,前言第XI页。

㉕ 〔英〕弗里德里希·冯·哈耶克：《自由秩序原理》,邓正来译,三联书店1997年版,第16~17页。

㉖ 〔美〕沃尔特·翁：《口语文化与书面文化：语词的技术化》,何道宽译,北京大学出版社2008年版,第6页。

㉗ 〔美〕约书亚·梅罗维茨：《消失的地域：电子媒介对社会行为的影响》,肖志军译,清华大学出版社2002年版,第152~153页。

㉘ 〔英〕罗素：《西方哲学史》(上卷),何兆武、李约瑟译,商务印书馆1963年版,第294页。

网络传播的后现代伦理审思*

◆ 杨先顺　邱湘敏

在高科技、信息化的强有力支持下,网络将人类的文化传播带进了一个崭新的时代,信息传播的快捷和广泛,是以往的传统媒介难以企及的。与此同时,网络出现的虚拟社区给了人们一种"数字化"的美好幻象,也带来了新的伦理形态。我们不得不承认,网络伦理具有典型的后现代主义特征,它对传统伦理学的冲击无可避免。目前,国内外学者对于网络伦理已经进行了许多探讨,本文在前人的研究基础上,试图从后现代伦理的角度进行探讨。

一、网络传播中的后现代伦理特征及其批判

伴随着网络媒体的兴起与发展,传统的伦理受到了新的挑战。在传统的伦理世界观中,无论是亚里士多德的德性论,还是基督教的良心论;不论是康德的义务论,还是密尔的功利主义;不论是罗尔斯的正义论,还是各种道德相对主义,所有这些伦理学无一不是一种人类中心主义的伦理学。约纳斯认为这些伦理在本质上都是一种"近距离的伦理"[①]。比如《圣经》上说,像爱自己一样爱你的邻人,或者你希望别人怎样待你,你也要怎样对待别人。或者像康德说,决不要把你的邻人当成手段,而总是要把他当成目的本身。这些伦理学在本质上是一种主体上或主体间自律或他律的伦理学,是对人与人之间的道德关系提出的规范和约束。无论道德的目标是在于自由,还是在于德性,也无论道德的标准是个人行为的内在准则,还是

---

* 原载于《现代传播》2010年第3期。

社会契约的正义和外在规范,这些伦理学的实质都是对人的善与权利的关注。概而言之,"整个传统的伦理学就是一种人类中心论的伦理"②。然而这些伦理学在网络传播时代遇到了前所未有的挑战,那些崇高的道德价值在网络的虚拟性、复制性、匿名性、去权威性等后现代特征面前摇摇欲坠。传统伦理世界观在网络传播中被颠覆,由于受后现代主义思潮的影响,网络道德呈现出后现代伦理的倾向(甚至在某些方面表现得很强烈)。虽然后现代伦理并不是互联网的产物,但互联网的出现却为后现代主义文化的发展提供了肥沃的土壤。

后现代伦理的产生与现代伦理面临的危机密切相关,它是在应对现代伦理的挑战中形成的,是对待现代伦理的一种态度,以及力图超越现代伦理的一种努力。王岳川先生认为:"后现代性的显著标志是反乌托邦、反历史决定论、反体系性、反本质主义、反意义确定性,而倡导多元主义、世俗化、历史偶然性、非体系性、语言游戏性、意义不确定性。"③在网络时代,传统的生活方式、文化习俗、价值批判、审美标准遭到怀疑或抛弃。网络传播中的道德观念和道德形态呈现出如下一些后现代伦理的特征:

(一)道德主体的虚拟化和道德语境的虚无感

现代伦理学普遍将"理性"作为根基,把人类行为置于"理性假定"之上。现代思想家们感觉到"道德并非人类的一种自然特性,因此需要制定并强加于人们一种全面的整体性道德规范,这种道德应当是一种能够强迫人们遵守的依附性行为规范"④。这种普遍以"他律"作为道德伦理运行的基础,往往是由于人们害怕自己行使违反"道德规范"的行为受到谴责。

在网络虚拟社区中,匿名性则打破了这个基本根基。网络社区的开放性和虚拟性导致了与现实社会传统伦理在承载主体身份认同上的差异。现实中伦理主体身份的确认,总与一定的社会地位、经济状况、性格特征等因素直接关联,相对简单和直观。而在网络伦理中,由于网络提供了一个新的交往平台,在这个交往平台后面的交往主体却是未知的,交往者都不可避免地戴上了面具,使得交往者的国籍、种族、社会地位甚至性别、年龄都模糊不清。正是因为这种匿名性使得网络成员摆脱了现实生活中角色的种种制约,可以自由地设定自己的角色,这样道德主体就被虚拟化了。在虚拟的幻象中,"世界变成了柏拉图式的'影子的影子'"⑤,这很容易让人产生一种错觉,以为在网络世界中的道德失去了现实世界的基础,人似乎摆脱了现实世界道德的束缚,虚拟世界的道德是不存在的。我们将这种现象称为道德语境的虚无感。

道德主体的虚拟化和道德语境的虚无感对网络传播具有严重的危害性,它们扩大了"赛博时空""自由"的限度。在一个失去了某些强制"他律"因素的自由空间里,容易造成整个网络社会的道德失范现象的泛滥。最典型的是"黑客"现象。最初的网络黑客指的是计算机网络的技术精英,而如今黑客已经成为非法侵入他人网络系统或制造和传播病毒的人。从性质上讲,黑客行为已经不再单单是一种技术行为,而是一种侵犯他人或社会利益的越轨行为。他们未经授权而随意进入他方网络系统,破坏、扰乱、篡改、删除网络程序,读取或变更数据及程序文件。其行为不仅对网络信息和网络安全构成巨大威胁,而且严重干扰了网络社会的正常秩序,给整个网络社会带来难以弥补的物质、精神和心理损失。⑥

(二)道德中心的离散和道德权威的消解

在现代伦理中,工具理性及其具体形态的系统——科学技术和市场经济——不断发展与扩张,使理性化社会日益呈现出一种极端化趋势,工具控制的体系比之以前暴露得更为赤裸。正如黑格尔所言,现代性的症状是伦理生活的实证化,道德和行为规范脱离社会成员活生生的理解过程,变成了外在强加的教条。⑦但这种状况在网络世界中出现了巨大变化,在网络构建的"无中心状态"社会中,没有一个统一的"主义",也没有绝对的权威。网络传播中,传者与受者的界限不再泾渭分明,每个人都可以传播信息,从而也造成了信息难以统一管理,所谓传播中"信息把关人"的地位也被削弱,现实社会中值得信赖的伦理规则也变得软弱无力。网络传播通过超文本、超链接的手段,将全球文化连接在一起,产生了一个多元化的文化;加之网络中的大部分内容为个性化的传播,其内容设计多出自于传播者自身的个体需求。正由于网络的多元化话语特征,网民随性表达想法,主流思想被冲击,权威话语已经很难如传统媒介一样发挥"意见领袖"的作用。如鲍曼所说:"我们可以信赖的权威都被提出了质疑,似乎没有一种权威强大到能够使我们足以信赖。结果,我们不信赖任何权威,至少我们不完全地信赖任何权威,不长久地依赖任何权威,我们对任何宣布为绝对可靠的东西都表示怀疑。"这样,网络就由过去的等级式、单向式向平等式、交互性、非中心化转化,体现出多元共生的后现代伦理特征。

虽然道德中心的离散和道德权威的消解在西方对于反叛工具理性和现代工业

文明所造成的人的"单向度化"具有一定积极作用,但其危害性也是不容忽视的,特别是在当代中国。网络时代赋予了大众前所未有的话语权利,满足了大众话语狂欢。人们重新按照自己文化价值标准衡量时代文化时,这个集体方式冲击精英霸权的话语力量,重新解构"英雄""偶像"的定义。"赛博时空"造就了一个审丑、欣赏变节英雄的时代,自然它也就成为互联网历史的一道风景线。芙蓉姐姐、木子美等的走红,在挑战人们传统审美的同时,一个网络的集体狂欢也由此开始。"芙蓉姐姐式"炒作法似乎给了网民"灵感",一个个"芙蓉姐姐"此起彼伏,人们在这种恶搞、变态、稀奇古怪、极端甚至龌龊的事情面前大多是抱着一种看客心态,目睹一场崇高与伟大、审美与道德、英雄与气节大厦的倒塌,也经历了从未有过世俗普遍化的狂欢。郭敬明抄袭案败诉,"粉丝"们"抄袭有理"的声音理直气壮,似乎侵犯别人权益的人反而成了受害者,被侵权者反而成了罪人。另一方面,正如鄢烈山所说:"我们的民众平时缺少表达空间,比如在基层自治、作为选民与代表的沟通,在传统媒体上,都没有多少表达权,现在有了网络,他们就很活跃;既有表达,也有发泄,何况网上可以'穿马甲',说话放肆。不想听取别人意见,望标题就骂,开口就骂,是缺乏教养和民主生活训练;还有传统的理学家的'以理杀人'、野蛮的村社生活的私刑,多少年的敌我二元思维和仇恨教育,'文革'式的暴力语言等等思想文化根源。"⑧这类放纵与权威消解,成为滋生个人主义的温床。网络明显弱化了集体与权威,这些对中国长期构筑的集体主义观念形成了严峻的挑战。

(三)道德祛魅的极化和道德界限的模糊

"祛魅"(disenchantment)这一概念最早由马克斯·韦伯使用,"其核心是否弃具有神秘性的有魔力的事物,祛除其'神性'与'魔力',由超验神秘返归自然世界、世俗生活本身"⑨。道德祛魅原本是将道德从至高无上的理想化的神坛上请下来回归世俗生活,这对于建构道德的平等性和亲近性具有积极的意义,但是在网络传播中,道德祛魅被一些网民甚至学者推向了极端,道德从神坛跌入地狱。道德祛魅的极化会导致道德界限的模糊不清。

依据美国学者詹姆森的观点,电子媒介具有可复制性。那些曾经为人欣赏的文化品,在网络传播时代则可以被大量复制甚至转化为商品。网民在网络中可以自由复制与再复制,甚至任意重组发布新的信息。正是这种特性使得信息传播在网络中变得主观而离奇。同时,这种复制性和信息可传播性使得传统文化的形态被改变或者扭曲,网络道德模糊并且难以确定。以"艳照门"为例,大量私人图片被复制与传播,从而破坏现实中相片主角的正常生活。传统伦理的理性会指引人们"不侵犯隐私,互相尊重",而进入网络社会却相反,人们高呼"奇拿大人"发出更多艳照,并且谴责照片主角的行为。在这里,侵犯隐私的人俨然成为"善者",而受害者则变成"千古罪人"。善恶在网络中难以区分出界限,人们难以确定哪一种规范、哪一种权威更值得去遵守。英国哲学家齐格蒙特·鲍曼在《后现代伦理学》一书中说:"我们的时代是一个强烈地感受到了道德模糊性的时代,这个时代给我们提供了从未享有过的选择自由,同时也把我们抛入了一种从未如此令人烦恼的不确定状态。"[10]

(四)道德行为的非理性化

网络的开放性,使得新媒体真正做到了传播权力的普及和平等参与,传者与受者不再界限分明,任何人都可以成为信息发布者。这种特性使得网络传播的个人化特点显著突出,Web2.0 到 Web3.0 时代,博客与播客的大量兴起,网络这个大平台变成了每个人展现自己的大舞台,传播的内容也日趋个人化,人们所追求的亦日渐个性化,更加随心所欲。从后现代伦理角度来看,网络中的道德伦理不可避免是"非理性的",也难以存在一个表达为遵从非个人化的普遍化规则。在这个虚拟社区里,"道德像生命的其余部分一样,是不可预测的:它没有伦理的基础。我们再也不能为道德的自我提供伦理的指导,再也不能'创制'道德"[11]。网络道德吁求是完全个人化的,道德是个人化的行为实践,是因人而异的多元样态的自我生活实践。

"赛博时空"巨大的包容性使得人类的心理感受得以无限延伸,人们尽情地宣泄着个人情绪。网络的"宽容"一方面满足了人类的心理寄托,另一方面也滋养了"网络暴力"。网络暴力是社会暴力的延伸,每个网络上的人都可能成为受害者。网络暴力正在以其独有的方式破坏着公共规则、触犯着传统道德底线。"虐猫事件"发生后,网民通过各种各样的技术手段,找到虐猫主角,打着"道德"的幌子扰乱人的正常生活,俨然已经超越了原本的道德底线;以人肉搜索为典型的网络侵犯私人信息和企业商业秘密备受推崇。此外,网络对著作权的侵犯泛滥,网络日益成为违法犯罪的主要隐秘途径等等,人们在网络上变得那么轻薄和无畏。如果任由非理性行为的发展,不加引导与控制,理性的声音则可能消沉下去,导致社会价值观的混乱。

二、网络传播中后现代伦理的救赎之道

在信息时代,高科技已经迈入人们的日常生活,影响着人们的生活与思维方式,推动着人类社会的不断发展。网络时代带来了整个世界性的大变化,人们的生活变得更加快捷方便与多彩。然而,利与弊往往都是建立在与其相对应的道德伦理背景上,如果没有相应的文化水平和知识修养,一味沉溺在网络虚拟的、复制的、符号的电子生活中,就必然会把网络传播中后现代伦理的负面效应放大,导致社会伦理和社会责任的危机。

网络传播中后现代伦理倾向可以从如下几个方面来救赎:

(一)澄清"虚拟实在"的本体论地位,确立网络道德的实在性

我们认为,道德主体的虚拟化和道德语境的虚无感不应该等于道德的虚无化。正如本文笔者之一在《网络传播的道德哲学审思》一文中所论证的,网络世界本质是"虚拟实在",属于"世界3"[12],道德既是可能的,又是必要的。而鲍曼所说的"道德是没有原因和理由的;道德的必要性,道德的意义,也是不能被描述和进行逻辑推理的"[13],只是网络世界给人的一种假象。

网络是受到主体意识所作用的社会实在,又具有强烈的主体创造性,它已经具备道德建构的先决条件。网络中人们通过信息数字的传播和彼此的交往而形成一个虚拟的社区,这个社区类似于现实的社会,人们同样拥有一个身份,有彼此间的关系,同样的获取与给予。这些关系需要一个无形的规范来约束,否则虚拟社会就会因混乱而丧失其魅力乃至存在的合理性。因此,网络虚拟现实不但需要强制性的法律法规,而且需要非强制性的道德伦理。

(二)以"话语共识协商法"建构具有平等感和共识性的道德新范式

网络是一个零散的世界,五花八门的信息充斥着网络,使得整个社会政治价值多元化。在传统的大众传媒形式下,我们拥有一系列成功引导舆论的调控管理机制和方法。然而在网络传播中,主流的思想被冲击,网民随性表达想法,很多时候处于一种冲动与"非理性"状态,并且由于网民的素质良莠不齐,难免出现言论偏激的现象,这削弱了媒体的议程设置功能。除此以外,后现代的发源地西方国家凭借

其雄厚的技术和经济优势,在网络上推行"信息殖民"扩张。据了解,互联网上英语内容占90%以上,英语文化在网络上取得了最高的文化霸权地位。[14]这势必对我国社会主义价值观与思想观念造成不容忽视的冲击。后现代伦理强调"解构"和"多元化",这在"开放性""无疆界"的网络传播中得以强化。

在如此多元的话语环境下,如何加强正确的舆论导向,发挥媒体议程设置功能,我们认为可以采用"话语共识协商法",同时辅以"意见领袖"的引导,以期建立一种更加适合网络环境的伦理状态。"话语共识协商法"借鉴了德国社会哲学家哈贝马斯的话语伦理学理论。话语伦理学建立在哈贝马斯的交往行为理论的基础上,他认为"如果人与人之间的语言交往要顺利达成,就必须满足若干有效性要求。话语伦理学的核心思想就是:有效的道德规范是所有一切参与者通过遵守这些有效性要求进行反复讨论而共同赞成的规范,其目的是就所提出的规范的有效性要求达成理性的共识"[15]。"话语共识协商法"是在公众参与讨论中达成一个最大范围的共识。网络多元化话语环境容易造成讨论的秩序混乱,在这里,我们认为应让足够理性的"意见领袖"充分发挥作用,引导主流话语,在反复讨论中缓解多元话语与权威话语之间的矛盾,形成最后的话语共识。当然,"话语共识协商法"中的主体皆是平等的,即在网络中参与讨论的网民不受年龄、身份、地位等的限制,"意见领袖"更多体现的是理性地引导与对话。这种平等性符合网络世界中的自由、宽容精神。2009年5月1日杭州市颁布实施《杭州市计算机信息网络安全保护管理条例》,在国内率先实行网络实名制,此事引起很大争议。我们认为在没有经过大家充分讨论、权衡利弊,从而达成最大范围的话语共识情况下就出台这样的条例,未免有些操之过急。

(三)树立网络生态伦理观,消除道德模糊化的倾向

对网络技术的误用和滥用,会致使网络出现信息污染、网络安全危机、"网络私人空间"危机等网络生态不平衡。网络是人类的第二生存空间,是人与信息的生态,这就要求网络保持一种整体意义上的、结构性的动态平衡。[16]

因此,我们认为,在价值多元、权威弱化、系统联系增强的虚拟实在中应树立一种网络生态伦理观。生态伦理世界观"强调各种伦理要素和文明要素,包括人与自然、人与人、人与自身不可分离的内在关联和生命有机性"[17]。网络生态伦理观在网络虚拟实在环境基础上改进传统的伦理世界观,有机结合网络环境与道德伦理,

消除道德模糊化倾向,以保护网络的"生态和谐"。

(四)以责任伦理规避网络伦理中的"非理性"

网络传播为畅所欲言提供了技术平台,在一定程度上这对于建构"公共领域"似乎迈进了一步。西方伦理学中有两大传统:一是自由主义,二是共同体主义。前者坚持道德普遍主义,后者宣扬伦理特殊主义。哈贝马斯在论述公共领域概念的同时,也对公共舆论的媒介进行了分析,作为载体的媒介使得公共舆论与公共权力之间的对话有了交流的空间,对公共交往网络的形成和公共领域的构建发挥了重要作用。[18]然而网络提供的这种"道德自我"容易抵达两种极端,一种是自由,另一种是混乱。网民可以自由地在网络上发表见解,甚至放纵自己的行为,任意辱骂、攻击他人,编造谎言,传播流言蜚语,而忘却社会责任。网络黑客就是最典型的表现。因为黑客热衷挑战,充满反叛,蔑视权威,他们在网络中横冲直撞,肆意破坏他人的网站、制作病毒等等。这类作为已经丢失了传统的道德与责任,却仍有不少青年趋之若鹜。

网络环境消解了传统大众媒体的庄重性与权威性,一些网民俨然已经把网络当成他们逃离现实、宣泄个人情绪、尽情撒野的游乐场。鲍曼在《后现代伦理学》中说:生活的空间被当作游戏场而存在,"表演可以重新开始和重复;甚至它的结束也是'假如'"。[19]后现代道德要求瓦解"自我完善",认为传统道德中的所谓"完善",只是一种玩弄老百姓的把戏,是理性的自我造作和自我欣赏。要求瓦解自我完善,就是要求释放人的自我膨胀欲。这势必会对网络传播的秩序造成极大的破坏。

对此,我们试图用哲学家约纳斯提出的"远距离的伦理"来解决,即用自身行为的责任来约束自己。约纳斯认为传统伦理是那些崇高的道德价值随着技术时代里传统形而上学的终结和上帝之死而彻底崩溃,与此同时它们却未能提出一种直面技术时代的道德责任原则。各种人类中心主义伦理学面对技术对地球的统治以及为争夺这种统治权的斗争都无能为力。而"远的伦理"首先面对的不再是人的精神性的道德困境,而是在技术统治的威胁下人所应当承担的责任。他将责任原理的绝对命令表述如下:"你的行为必须是行为后果要考虑到承担起地球上真正的人的生命持续的义务。"[20]其否定形式的表达是:"你的行为必须是行为后果不能破坏地球上人的生命的未来的可能性。"责任伦理要求人类充分考虑到技术的权力所带来的大量的不可预知的全球性的破坏性后果。然而约纳斯的责任伦理是从自然的本体论来界定道德伦理的绝对命令的,因此其善的概念根植于自然之中,而非社会价值等。因此,在借鉴约纳斯的理论来协调网络传播中后现代伦理弊端时,仍需要辩证的立场和方法。

注释:

① ② ㉑　《后现代伦理学:论汉斯·约纳斯》,http://zd.54yjs.cn/zhexuelunwen/20080419-34319.html。

③　王岳川主编:《中国后现代话语》,中山大学出版社2004年版,第3~4页。

④　张成岗:《鲍曼论"后现代伦理危机"及"后现代伦理学"》,《哲学动态》2005年第2期。

⑤ ⑭　张品良:《网络传播的后现代状况对青年的影响及应对》,《江西财经大学学报》2005年第2期。

⑥　徐元红、尚丽:《网络社会道德失范现象的反思》,http://theory.people.com.cn/GB/49154/49156/7817047.html。

⑦　《后现代主义视角下的伦理学》,http://anpuruofan.fyfz.cn/blog/anpuruofan/index.aspx?blogid=376235。

⑧　鄢烈山:《网络舆论与网络暴力之我见》,《南方周末》2008年7月27日。

⑨　高兆明:《技术祛魅与道德祛魅——现代生命技术道德合理性限度反思》,《中国社会科学》2003年第3期。

⑩ ⑳　〔英〕齐格蒙特·鲍曼:《后现代伦理学》,张成岗译,江苏人民出版社2003年版,第23、201页。

⑪ ⑬　〔英〕齐格蒙特·鲍曼:《生活在碎片之中——论后现代道德》,郁建兴译,上海学林出版社2002年版,第5页。

⑫　杨先顺:《网络传播的道德哲学审思》,《现代传播》2006年第6期。

⑮　郑富兴:《话语伦理学与学校道德教育》,《比较教育研究》2002年第12期。

⑯　《"网络生态危机"与网络生态伦理初探》,http://www.govyi.com/gongwenxiezuo/lunwen/200603/51374_2.html。

⑰　商晓帆:《关于网络伦理的思考》,《情报资料工作》2005年第3期。

⑱　樊浩:《从本体伦理世界观到生态伦理世界观》,《哲学动态》2005年第5期。

⑲　史娜:《从哈贝马斯的公共领域思想看网络论坛在公共话语构建中的作用——以发展论坛为例》,http://media.people.com.cn/GB/22114/44110/113772/7044131.html。

全球化背景下中国政治传播主体意识研究[*]

◆ 荆学民　李彦冰

全球化对政治传播研究尤其对方兴未艾的中国政治传播研究带来了一系列的挑战。在我们看来,这一系列挑战中最大的挑战是政治传播主体如何对待和处理政治传播的主体意识问题。现在,对这个问题的认识存在着很大的分歧,一种突出的倾向是误读了全球化对政治传播的影响,自觉或不自觉地淡化、削弱甚至完全消解了政治传播的主体意识。这种倾向使我们产生了深深的忧虑,觉得很有必要专门就全球化背景下的政治传播尤其是中国政治传播的主体意识问题做专题研究,以纠正在我们看来是政治传播研究中具有"方向性"意义的偏差问题。

一、政治传播主体意识的哲学解析

政治传播主体意识是政治传播主体在进行政治传播活动时对自身特定政治目的的自觉意识。在此有必要首先从哲学高度对这种自觉意识做出清晰的解析。从哲学上讲,自觉意识首先是一种自我意识。就作为一种活动的政治传播而言,政治传播主体的形成和发展,同其自我意识的形成和发展是同步的。所谓"自我意识",就是政治传播主体对自我的反省意识,对自己区别于其他主体的性质、地位、作用以及由此形成的与其他主体关系的意识。只有意识到自身与其他主体的区别,形成主体的自我意识才有传播主体与传播对象及其他主体的真正区别,才能形成真正的传播主体。自我意识是政治传播主体的本质规定之一,是政治传播主体从事

---

[*] 原载于《现代传播》2010年第4期。

创造性政治传播活动的前提。

政治传播主体的自我意识最本质的特征是对自己传播目的的自觉性。恩格斯曾说:"在社会历史领域内进行活动的,全是具有意识的、经过思虑或凭激情行动的、追求某种目的的人;任何事情的发生都不是没有自觉的意图,没有预期的目的。"①自觉性以政治传播主体的自我意识为基础。从一般理论上讲,政治传播活动包括两个方面的关系:一方面是政治传播活动与政治传播主体自身的关系;另一方面是政治传播活动与传播对象的关系。与此相适应,政治传播主体的自觉性也具有两个层次:初级的层次和高级的层次。初级层次是指在政治传播活动中直接指向传播对象的意识;高级层次是指在政治传播活动中通过指向传播对象而返回到自身的意识。可以用图表示为:

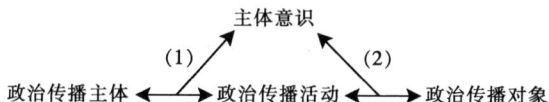

政治传播活动都出自于政治传播主体自身的某种需要。由需要所支配的政治传播活动,可以是"有意识"的,也可以是"无意识"的。有意识的政治传播活动是有意而为的活动,它不仅意识到传播主体自身的需要,而且意识到这种活动的意义。它通常表现为在一定目的意识支配下的政治传播活动。无意识的传播活动是下意识支配的随机性的政治传播活动。前者属于自觉的活动,后者属于非自觉的活动。

政治传播活动总要同传播对象发生某种关系。对象对政治传播活动的制约关系,同样可以是在活动之前或活动过程中为政治传播主体所意识到的,也可以是没有意识到的。在活动中主体意识到对象的性质、状态和它对活动本身的制约作用,这就属于自觉性的政治活动。相反,在政治传播活动中主体对此无所意识,就属于自发的和盲目的政治传播活动。

适应政治传播活动中包含的这两种关系和主体意识内容的两个层次,自觉性概念在运用中也具有两种含义。一是区别于无意识的或盲目性的政治传播活动的自觉性,在这一意义上的自觉性是指意识到传播目的的活动,或如通常所说的"有意如此"的传播活动;二是区别于自发性活动的自觉性,在这一意义上自觉性则指已充分认识到传播对象的种种情况而从事的传播活动。这两种自觉性具有层级区别,在政治传播活动中从较低层次的自觉性到较高层次的自觉性是有一个历史过程的,即使在全球化背景下的政治传播,虽然要求政治传播主体要"知己知彼",即具有较高层次的自觉性,但是,相对于过去那个年代盲目的政治传播而言,能清醒地自觉到政治传播的特有目的,在传播过程不失去这种目的而尽力实现这种目的,已经是不容易的事情了。这也是我们研究这个问题的目的。

二、政治传播主体意识的表现形式

政治传播的主体意识,本质上还是一种抽象的意识或精神状态。在具体的政治传播活动中它必然通过一系列的形式和属性表现出来。学界从不同的角度多少对这些形式和属性都有一些研究,但却未必是上升到"对主体意识的自觉"这样一个高度来把握的。这些形式和属性大体说来有以下方面。

(一)劝服性

"所谓劝服,即传播者通过论证说理试图让受传者接受其观点、态度并转变态度和行为的一种传播活动。"[②]诸多传播学者认为,劝服是政治传播的本质特征,其实,准确的理解应是:劝服性是政治传播主体意识最直接的表现属性。罗伯特·丹东就明确指出:"政治传播在本质上是劝服性的。"[③]政治传播之所以是劝服性的,最主要的原因在于它在运作过程中所表现出的强烈目的性。任何政治传播活动的发生都不是无的放矢,都带有政治传播者强烈的目的,其目的就是要受众认同政治传播者所倡导的政治观点、政治价值甚至是政治意识形态。不管是资本主义社会的竞选投票劝服,还是社会主义国家由政党和政府主导的意识形态宣传,无不如此。

(二)灌输性和倾向性

从逻辑上讲,灌输性是劝服性的实现形式,倾向性是劝服性实现后的结果。政治传播活动的灌输性和倾向性主要表现在政治传播者对受众的说服渴望上。政治传播主体通过各种渠道将自己精心编制的信息源源不断地输给受传者,使受传者认同政治传播者所传递的政治观点、政治价值和政治意识形态,从而表现出鲜明的倾向性。尽管西方国家的政治传播主体经常宣称自己是秉持"客观""中立""平衡"等原则的,但是这些宣称无法掩盖其为资本主义意识形态辩护的实质。正如美国学者本·巴格迪基安所言:"在60年代中期我查看了许多当时出版的有关新闻界是否存在着严重的偏袒现象,而且各报的编辑方针与其偏向的新闻报道有着十分紧密的内部联系。"④社会主义国家由政党和政府主导的为维护自身国体和政体的合法性所做的政治宣传也是如此。

(三)强制性

强制性主要体现在对传播渠道的支配性要求上。对于占统治地位的政治传播主体来说,对媒介的支配性要求更为强烈。希特勒在其《我的奋斗》中赤裸裸地宣称"报纸、电台就是要努力把一个观念强制给予人民"⑤。在民主国家的竞选过程中,竞选各方都尽可能地占领媒介渠道,传播自己的政治纲领和政治主张,形成对自己有利的政治舆论。尤其是政治统治者将自己的政治价值和政治观念当作意识形态向受众传播时,这种强制性就更为明显。在这种情况下,"它会动用国家力量强制灌输,并以此作为统治工具。"⑥社会主义国家媒介的国有和党有体制也是这种强制性的表现。

(四)单向性

单向性是指政治信息从政治传播主体经由媒介发出到达受传者后基本停止的情况。单向性的传播活动缺乏反馈,没有或者很少有政治信息的回流,可以理解为我们上述所说的那种初级层次的"自觉意识"。一般情况下,传播者处于宰制地位,受传者是被动的。集权主义制度下的政治传播活动多是单向性的。其原因在于,集权主义制度下政治统治者处于全面的垄断地位,他不仅垄断了信息源,同时掌握着信息发布的渠道——传播媒介。对于普通的民众来说,只能接受、顺从并改变态度,他们是一群"乌合之众"。现代民主制度下,一般秉持自由主义的传播理念,在政治传播活动中,特别强调民主沟通的一面,政治传播表现出明显的双向性。即便如此,自由主义理念占主导的制度下的政治传播活动也有其单向性的一面。现代社会大规模的信息轰炸,使人们时刻处于各种信息的包围之中,使人失去理性的批判能力,包裹在政治、文化、经济信息中的意识形态宣传把资本主义社会中的大众变成了"单向度的人"。

(五)虚构性

政治传播活动往往围绕权力和政权而展开,有些政治集团为了巩固和扩展自己集团的利益不惜传递虚假的信息。马基雅维利式的传播观念在政治传播活动中是被屡屡使用的,即"目的总会证明手段正确,胜利者不受审判"[7]。正如马基雅维利所言:"胜利者不论是用什么手段取得胜利的,人们考虑到的只有他们的光荣。良心这个东西跟我们毫无瓜葛,不必考虑它。"[8]在中外的政治传播史上,此类的政治传播活动比比皆是。2003年,小布什靠媒介鼓噪发动的伊拉克战争就是如此。战前,小布什宣称,萨达姆政权拥有大规模杀伤性武器,并与本·拉登的恐怖组织有联系。美国的各类媒介群起附和这种论调,并为这种言论寻找论据,政府的主导加上媒介的煽动和鼓噪,战争发动了起来,萨达姆政权被推翻。战争结束后的清查发现,伊拉克并没有大规模杀伤性武器和化学武器,也没有发现确切的证据证明他与恐怖组织有联系。

三、一种突出的偏差:政治传播中用传播代替宣传

传播学在20世纪70年代末引入我国以后,我们找到了一个比"宣传"更为宽泛也更为中性的词汇——"传播"来替代"宣传"。用"传播"来取代"宣传"不是我国的特例,世界上的大多数国家均是如此。因此"宣传"与"传播"看似简单的两个词汇,但在关系上却剪不断理还乱,因此全面清理"宣传"与"传播"的关系对于认识我国政治传播的主体意识来说就显得尤为重要。有的研究者主张将"宣传"与"传播"并列来使用,并指出这样做"既突出了'宣传'与'传播'的联系及其共同特征,同时又在一定程度上揭示了这两者在当前语境下的差异"[9]。但我们并不认同这种观点,因为"宣传"与"传播"这两个词汇无论是从产生的历史、产生后所经历的历史来说,还是从它们所蕴含的感情色彩、所强调的信息流动过程来说,两者都迥然不同。

第一,从产生的时间来看,宣传与传播产生的时间有先后,在情感倾向上中西有差别。从词汇产生的源头来看,在中国"宣传"与"传播"刚开始产生的时候在意义上没有太大的差别。在中国古籍中最早使用"宣传"一词是在西晋陈寿的《三国志》中,在《蜀·彭羕传》中有这样的句子"先主亦以为奇,数令羕宣传军事,指授诸将,奉使称意,识遇日加。"因此,在中国古代,"宣传"一词是有传达、宣布之意的。而近代意义上的"宣传"一词,并不是从我国古代所使用的"宣传"一词演变而来的,它是经由日本输入中国的一个"舶来品"。在戊戌变法和辛亥革命时期,大量华人到日本去留学,"宣传"一词便由这些人从日本传到中国。从此,"宣传"在中国便与

救亡、与革命的社会运动紧密地联系在一起。"传播"一词在中国的文献中最早出现在《北史·突厥传》中,其中有"宣传播中外,咸使知闻"⑩。当然,我们大规模地使用"传播"一词并使之具有学术的意义,是20世纪70年代末我国引入传播学这个学科以后的事情。在西方,"宣传"一词的产生最早可以追溯到17世纪。1622年,罗马教宗格雷戈里十五世成立了"信仰宣传委员会",自此以后propaganda一词便开始被大规模地使用。由于这个宗教组织的反科学性,"宣传"一词从产生的时候起,便被赋予了一定的负面含义,即它是用一套有系统的符号、语言或思想企图影响他人思想的活动。"传播"(communication)一词最早来源于拉丁语的communis,从产生时起,并无任何负面的意味,含有沟通、交流、交通等双向传递等含义。

　　第二,从"宣传"与"传播"含义的演变来看,两者的经历迥然不同。如上所述,"宣传"一词来源于罗马教宗的"信仰宣传委员会",致使人们从一开始就对宣传持有一种天然的警惕。20世纪前半叶的两次世界大战使"宣传"大显身手。拉斯韦尔的《世界大战中的宣传技巧》一书对第一次世界大战中各主要国家所使用的宣传手段进行了系统总结,日本学者池田德真的《宣传战史》对一战和二战中交战的各主要国家的宣传情况和战时宣传态度进行了研究。德国法西斯的宣传部长戈贝尔宣称:"谎言重复千遍就会变成真理。"希特勒本人则信奉"如果要说谎,就说弥天大谎"⑪。经历两次世界大战后,"宣传"就成了说谎的代名词。"冷战"时期,北约集团各国和华沙条约组织各国仍然采用赤裸裸的宣传,甚至不惜编造故事对对方进行攻心战。20世纪80年代末,罗马尼亚齐奥塞斯库政权的倒台及其本人被处决的事实已经证明了这一点。综合以上原因,"宣传"一词从诞生的那一天起,便与"有系统地改变人的思想"的观念相连,直至后来成为"说谎"的代称。直到今天,各个国家都对propaganda一词避之唯恐不及,即使是专门用于宣传的机构也避免用这一词汇,而用communication代之,2003年美国成立的全球传播办公室(The Office of Global Communications)即是例证。但"传播"一词的命运就好得多,从开始于拉丁文的communis所包含的交流、沟通、交通等含义起到20世纪40—50年代传播学成为一个学科止,它的含义没有根本的变化,也没有承载负面的含义。直到今天,各国用"传播"替代"宣传",更是使之成为中立、客观、不含倾向性的象征。

　　第三,两者对客观性的强调是不同的。传播所传递的信息强调的是客观性,尽管完全的客观是不存在的。在新闻传播领域有一套成熟的规则来保证客观性,其中新闻专业主义是非常重要的一个工具。但是宣传是不避讳倾向性的,运用各种手段,以达到传播者的目的。正像马基雅维利所言:"为了达到目的,可以不择手段。"

第四,对西方而言,尤其是美国,在法律的形式上对以国家面目出现的宣传进行了严格的规定,但是对待传播却相对宽松。美国第一宪法修正案里有这样的规定:"国会不得制定关于下列事项的法律:确立宗教或禁止信仰自由;剥夺人民言论自由或出版自由;或剥夺人民和平集会和向政府请愿的权利。"⑫美国从立国之初就对以国家面目出现的宣传,即国家以一套系统的思想或者观念来影响民众,抱有很大的戒心。正如赫伯特·阿特休尔所言:"美国对第一修正案思想的信仰犹如宗教那样根深蒂固,不可动摇,以至于美国人民把它颂扬为'美国生活方式'的主要内容。"⑬因此,美国民众与以国家面目出现的宣传是保持距离的,他们也是持天然的怀疑态度的。但"传播"却不同,除新闻法规定的危害国家安全、淫秽色情、个人隐私、诽谤等内容的信息外,均可传播,而且国家不得干涉,这是自由主义传播理论的重要内容。

我们认识"宣传"与"传播"的时候不能仅仅停留在这种不同和差别上,甚至把宣传和传播完全对立起来。我们强调的是把握两者的辩证关系,把两者放在政治传播的历史与现实中来认识。这一点对保持我国的政治传播主体意识来讲尤其重要。宗教因素、二战因素、冷战因素的综合作用,使"宣传"带有了负面意味,但这并不意味着宣传本身是有问题的。尤其是改革开放以来与国际接轨的实践,使我们对使用宣传持较为谨慎的态度。对宣传与传播的认识就出现了割裂,甚至将两者对立起来,将两者的关系人为地使之出现内在的紧张。各种原因导致的宣传带有的负面意味,并不是我们摒弃宣传,用传播取代宣传的理由。在今天全球化的时代,伴随着曼纽尔·卡斯特所言的"网络社会的崛起",各国都想将自己打扮成一个中立的信息提供者,而不给人具有浓烈宣传意味的印象。在这样的环境中,中国经济迅速崛起,很多方面的改革都要求与世界接轨,改"宣传"为"传播"就是其中的一项。因此有人认为,新时期我国宣传工作创新趋势之一就是在理念上"从宣传走向传播"⑭。从观念和理论上认识到"宣传"与"传播"的区别,进而把这种认识应用于实际的宣传工作中是一种历史的进步,这一点,西方发达国家比我们做得更早一些,有值得我们借鉴的地方。我国改革开放 30 多年来,宣传工作在凝聚力量、引领风尚、教育人民,即胡锦涛对宣传工作所强调的"有效性"方面取得了明显的进步。

应该说,这与我们的宣传工作逐步自觉改进理念和方式,自觉地从过去单纯的"宣传状态"往"传播状态"提升不无关系。

在一般的意义上,我们并不否认这种认识上的进步,也不否认宣传工作的成就。但是,从政治传播的视角而言,我们要注意这种认识倾向的有限意义。因为在我们看来,政治传播不同于一般的文化传播,其与"宣传"的关系更为特殊。政治传播有自己的属性,即政党和政府主体性、传播内容的特定政治性、单向政治灌输性、较强的劝服性、灌输性和倾向性、强制性。不难看出,政治传播虽然不能理解为完全意义上的宣传,但却不能丢掉宣传的特有本质和这种本质所带来的优势。因此,所谓"从宣传到传播"其核心理念并不能无条件地适用于政治传播。在这个方面笼统地讲"从宣传走向传播",是否存在矫枉过正,值得思考。我们须知"宣传"与"传播"仅只是一种"表现和倾向",即这样做表面上看是"时代化"了主体意识,实际上潜藏着淡化和消解主体意识的危险,这是需要我们警惕的。

西方淡化宣传并不等于完全用传播取代了宣传,中国突出传播的作用并不等于我国应该放弃宣传。西方新闻界用新闻专业主义的标准要求自己,在新闻的采写上严格区分事实与意见,用一套可操作的标准,来保证自己客观、中立、平衡的立场。但是这样的做法并不意味着他们用传播取代了宣传。在国内,"政府通过对传媒在信息传播过程中各主要环节的监控和管理,达到意识形态大众化的目的"[15]。由此可见,西方并没有如我们所想,因为民众对宣传持有怀疑的目光而轻易地放弃了它,只不过他们对信息传播过程的环节进行了处理而已。美国学者乔姆斯基的"信息过滤理论"认为,在资本主义国家信息传播过程中存在着诸多过滤器,这些过滤器分别是广告、新闻源、专家、炮轰、反共。乔姆斯基的"宣传模式论"戳穿了为美国带来光环的自由主义新闻观的神话。对内的宣传是如此,对外亦不例外。"冷战"时期,由美国主导成立的自由电台和自由欧洲电台,专门针对苏联及其控制下的东欧进行宣传活动,最终导致了苏联的解体和东欧剧变。之后,美国将战略宣传的重点转向亚洲,于1996年由国会斥资5000多万美元建立了专门针对中国进行意识形态宣传的"自由亚洲电台"。"3·14事件"中西方媒体的集体作假,已经证明西方没有放弃对中国进行意识形态攻击的企图,尽管这一事件中中国政府在信息发布方面存在问题。

中国近些年很多方面都在跟世界接轨,以更好地融入国际社会。新闻与传播领域的逐步开放就是这一趋势的一个体现。中国也在很多方面学习西方国家进行信息传递的方法和方式,突出强调信息传播的客观性。但这样做并不意味着中国用"传播"全面取代了"宣传"。放眼全球化背景下的政治传播,无论哪个政党或国家,不可能淡化更不可能放弃其政治传播的主体性、政治性、劝服性、灌输性、单向性甚至是虚构性而单纯注重所谓的"互动"。许多重大的国内或国际政治事件表明,不同政党或国家通过其政治传播所承载的特有政治意图,以及与此相应的灌输性和强制性是新时期政治传播最为显著的特征。这个方面我们有经验可取,也有教训可鉴。就我们国内目前的情况而言,强化政治传播特有的主体意识,比所谓改进方法、改变理念、注意对象等诸多环节显得更为重要、更加迫切。

四、一个亟待加强主体意识的领域:政治传播的"外传播"

政治传播是政治共同体内政治信息和政治价值观的扩散、接收、认同、内化等有机系统的运行过程。从形态和传播范围看,政治传播有"对内传播"与"对外传播"之分。所谓对内传播是一个政治共同体内部的政治传播,所谓对外传播是各种政治共同体之间的政治传播。政治共同体有大有小,性质也不尽相同,而比较成熟和现实的形态是政党和国家。因此,从一个特殊的角度认知,对内传播可以理解为党内或国内的政治传播,对外传播可以理解为党际或国际的政治传播。全球化背景下,如何理解政治传播的"内传播"与"外传播",尤其是如何在"外传播"中保持和强化主体意识是中国政治传播研究亟待解决的一个问题。

第一,必须正确理解和把握政治传播"内传播"与"外传播"的辩证统一关系。具体地说,对内传播坚持政治传播主体意识是政治共同体保持稳定并得以延续的必要条件。政治传播的对内传播与对外传播是一种有机统一的关系,对内传播是对外传播的基础,对外传播是对内传播的延伸。一个政治共同体要存在下去,统治者必须通过各种方式将占统治地位的政治观点、政治价值和政治意识形态普遍推行给社会各个阶级。这一过程在葛兰西的眼中,不是通过暴力措施实现的,而是依赖于大多数社会成员的自愿认同来实现的。在政治共同体内部,统治者通过大众传媒、学校、政党、教会等各种渠道,将自己的统治意志普遍化为社会的共同意志,这样一个过程就是政治信息的内传播过程,它是制造"社会同意"的过程,亦即"'霸权'最终实现的必然过程和要素"[16]。当然,统治者要维持自己的统治,时刻需要对被统治阶级进行政治教育,运用系统的传播手段将自己的政治价值和政治意识形态灌输给大众,使大众由"社会人"经由政治教育和政治灌输变为"政治人",以完成人的政治社会化过程。众所周知,政治社会化传递和延续主流的政治文化,为政治共同体的稳定提供强大的思想支持,"维护政治权威,节约社会资源","培养公民的政治素质,促进民主政治的健康发展",⑰它能为政治共同体的延续提供人才和思想保障。

第二,全球化语境下,国际意识形态斗争的复杂性要求我们必须强化政治传播的主体意识。从理论上讲,当统治阶级的"文化霸权"在政治共同体内得以稳定地实现的时候,它便会有溢出共同体界限的冲动,一旦溢出就意味着对外传播的发生和形成。对外传播主要针对的是国外的受众,它的主要目标是通过政治信息的对外传播,树立政治统治者和政治共同体的良好形象,展示政治共同体所取得的政治成就,以求得国外受众对本政治共同体的合法性认同,扩大本政治共同体的影响。在那种经济独立、政治隔离、文化抗拒的时代,政治传播侧重于内传播,而在经济一体、政治相通、文化相融的全球化背景下,政治传播更多地表现为不同政治共同体之间的政治冲撞和较量。较量的"输与赢"虽然相关于诸多的因素,但归根结底,取决于较量的底线——政治文明本身。很多人认为,唯有政治是不可能"全球化"的。事实上,政治本身的"全球化意图"是最强烈、最明显的,这正是政治传播研究必须予以特别关注的。政治传播往往被裹挟在"文化传播"之中,政治的"全球化意图"往往穿着文化传播与交流的外衣,让人不识庐山真面目。因此,有必要在混沌与朦胧的文化传播中清醒地把政治传播"剥离"出来,以准确地判断出对中国政治传播理论的价值。

当今的世界传播秩序是以美国为代表的西方发达国家主导的,这是不争的事实。依靠旧殖民秩序留给西方的遗产和自身强大的科技和资金支持,依靠自己的先发优势,西方国家掌握着对世界信息秩序的控制权,形成了世界信息传播的"中心"与"边缘"的二元对立,信息在国际的单向流动成为一个常态,即信息大多是由西方发达国家流向广大的发展中国家,西方发达国家打着信息流通自由的旗号,要求发展中国家开放信息领域,在此情况之下,广大发展中国家就面临着维护信息主权的沉重压力。国际信息流动的南北失衡、东西失衡的现状不仅仅导致由旧殖民主义带来的国际经济秩序的不平等进一步加剧,还导致国际政治秩序和信息秩序的新的不平等。正如上文所讲,在这种信息全球流动的裹挟下,西方的政治价值和政治意识形态在谋求新的扩张。民主、自由、人权等被西方认为是普世价值的原则,得到大规模地宣传和扩张。在此情况之下,广大发展中国家就面临着与西方国家进行意识形态斗争的任务。20世纪70年代以来广大发展中国家所进行的建立国际信息新秩序的斗争、以联合国教科文组织为舞台与英美等国的斗争都是这方面的反映。

具体到我国的情况就更为复杂,意识形态和政治制度的不同是我们与西方的最大差别。因此,中国与西方的意识形态斗争将会持续一个相当长的时期。美国斥资5000万美金建立的"自由亚洲电台",针对中国的意图十分明显。这表明,"冷战"结束后,美国将意识形态宣传的重点从东欧和原苏联地区转向了亚洲。另外,近年来中国经济的持续增长给西方以巨大的压力,西方的心理失衡及对中国的警惕和担忧也在与日俱增,这些也都会以各种不同的形式在意识形态斗争中表现出来,"3·14事件"发生后西方媒体的表现就是最好的说明。因此,国际意识形态斗争的复杂性要求我们在对外传播中强化政治传播的主体意识。这就要求我们在对外传播方面,要清醒地认识到我国政治传播所面临的国际环境,认识到我国对外政治传播斗争的复杂性,在对外传播中保持清醒的主体意识,以更好地传播我国取得的成就,塑造我国良好的国家形象。

五、强化政治传播主体意识的几种策略

我们强调政治传播的主体意识,也不能以牺牲政治传播效果为代价。我们要做到的是在政治传播主体意识与传播效果之间保持适度的张力。既要在政治传播活动中保持明确的主体意识,又不至于使传播效果受到影响;既要取得良好的传播效果,又不至于丧失政治传播的主体意识。

(一)保持政治传播的主体意识与受众接受之间的适度张力

毋庸置疑,政治传播的主体意识与受众之间存在一个张力关系。在传播过程中,我们强调政治传播的主体意识,势必会使传播的劝服性、灌输性和倾向性、强制性、单向性和虚构性凸显,这些特性在本质上与传播所强调的互动性、双向性是互相矛盾的,而这种互相矛盾如果得不到恰当的处理将会大大影响传播的效果。我们强调政治传播的主体意识并不是不顾受众的感受,将之丢弃在我们的传播谋略之外,而是要保持政治传播的主体意识与受众接受之间的适度张力。在政治传播

过程中既具有明确的主体意识,同时又能够考虑受众的接受程度,在政治传播的主体意识与受众的接受程度之间寻求适度的平衡,以求得传播效果的最大化。

(二)媒体要敢于坚持自己的价值立场,发挥媒体对政治传播主体的积极作用

近年来,国内诸多学者的实证研究表明,国外尤其是西方国家对中国媒体的信任度是很低的,即使我国媒体报道的是铁定的事实,西方媒体在转述我们的报道时,仍然会加上"据中国官方媒体"等字眼,以表示自己的怀疑态度。由中西方传媒制度和持有的传媒理念差异所导致的这种刻板成见在短期内无法改变。换言之,期望西方国家对中国发出的信息持无保留的赞成态度只能变成一厢情愿。在这种情况下,硬性地去改变持有不同意识形态的任何一方都是徒劳的。让西方短期内认同我国媒体制度的合理性,认同我国的媒体运作理念,无异于缘木求鱼。让我国从根本上采用西方的媒体管理体制、媒体运作方式,更是不可能的。这就需要我国媒体以新闻传播的专业精神来处理问题,以宽广的胸怀来借鉴西方媒体在几百年中所积累的良好经验,比如客观性原则和中立、平衡原则等新闻专业精神;在弘扬主流意识的前提下,与政府保持适当的距离,做"社会的捍卫者",做人民"无处不在的耳目",做"热情维护自己自由的人民精神的千呼万应的喉舌"。[18]政治传播主体应该充分尊重传播规律,合理运用媒体来展示自己国家的政治文明成果。当然,这样做的前提,是政治体系应该变得更为开放,权力的运行应受到更多的制约,而不是相反。

无论媒体政治传播的构成要素有多么复杂,政治组织、受众、媒体是至关重要的三大要素。其中,媒体的作用越来越突出。如何看待媒体和政治的关系并摆正媒体在政治中的合理位置,充分发挥媒体的政治传播作用,是我们必须正视和解决的重要问题。我们认为,媒体在政治传播中要敢于坚持自己的政治立场,阐明自己的政治价值判断,正确引导受众的政治价值取向。诚然,政治传播中媒体的"偏见",是政治传播理论中特别令人关注的问题。一些研究者指出,政治"事实"由三个层面的事实构成:客观的政治事实即真实发生的政治事件,主观的政治事实即政治行动者与公民认识到的政治事实,和构建的事实即媒体报道中的政治事实。著名政治传播学者麦克奈尔在其《政治传播学引论》中以大量的事实为依据,尖锐地指出:"媒体当然不会以一种中立的不偏不倚的方式简单地报道政治领域中发生的一切。"[19]也就是说,政治传播中媒体的特有政治立场和相应的政治价值判断是不

能否认的客观事实。因此,对于政治传播中媒体报道政治事实时,需不需要特有的政治立场和政治价值判断,我们的回答是肯定的。现在一些媒体,消极回避这个问题,因而不能坚持政治传播中应有的政治立场,对政治事实的报道没有必要的政治价值判断,从而无法引导受众的政治价值取向,最终消解了政治传播的目的和意义。纠正这种倾向,关键的问题是在认识上,把政治传播与一般的文化传播、新闻传播区别开来,并强化对政治传播特质的把握与认知。

(三)做到政治传播战略的原则性与战术的灵活性之间的巧妙结合

这里强调政治传播的主体意识,并不是要求传播主体不论场合、不论时间,不做甄别地片面强调单向性、灌输性、目的性和强制性。掌握好政治传播活动,将战略的原则性和战术的灵活性相结合是一条必由之路。这里的原则性指的是在涉及我国的重大问题诸如国家和民族尊严、国家安全、国家根本制度等问题上,必须坚持主体意识,这点不能放松。而灵活性更多地是涉及策略性的问题诸如传递信息量的大小、多少、面对的传播对象如何、政治信息如何组织等。

(四)做到对内传播与对外传播的协调一致,调整"内外有别"的原则

从我国政治传播的"内传播"与"外传播"的关系来看,新中国成立以来,走过了一个曲折的过程,当然这其中的原因较为复杂,意识形态的分歧、国家利益的纠缠、"冷战"的全面展开,使我国的对内传播与对外传播语境高度一致,没有区分,效果很差。尤其在"文革"期间,我国的对外传播的政治信息跟在国内传播的政治信息几乎一样,强调"输出革命","将我们的红旗插遍世界","力图从思想上武装世界,推动世界革命",[21]致使外界对我国抱有很强的戒惧心理,不仅对外传播的效果很差,跟世界其他国家的关系也受到影响,使新中国成立初期所形成的良好传播原则——"内外有别"受到破坏。应该承认在新中国建立初期,确立"内外有别"的原则,是符合当时的现实情况的。"文革"后这一原则得到恢复也是有它的历史合理性的。在这样两个时期践行这一原则是符合当时的政治经济条件的。因为当时"特有且高效的政经制度将国内受众建构成为一个稳定的生命共同体——既是物质生活的共同体,也是精神生活(语言文化、价值信仰和感情)的共同体——从而跟境外受众区别开来"[22],这在理论上是可行的,在实践上也是能够操作的。在以意识形态为划分的世界中,相互隔绝是常态,交往则是非常态的。因此,国外受众在

隔绝状态下只有通过中国的外宣机构来了解中国,这样他们就变成了有组织的国外受众,国内外的大众传媒是有可能在这些有组织的国外受众心目中建构一个"想象的共同体"的。现在全球化的发展,中国社会主义市场经济的建立、"网络社会的崛起"使"内外有别"的原则受到重大挑战。

第一,社会主义市场经济的建立使"内外有别"的原则失去了存在的内在根据。在新中国成立初期的计划经济和改革开放后的有计划的商品经济阶段,当时特殊的物质经济条件为"内外有别"原则的存在提供了基础。自从党的十四大提出建立社会主义市场经济的目标后,到今天我国的市场经济体制已基本建立了起来。与计划体制下相比,市场经济条件下出现了诸多转变:原来国家、集体、个人总体利益的一致性已经不复存在,在社会上存在的主体是多元化的,利益也变得多元化了;原来封闭的国家共同体转变为开放的、需要大多数人参与的共同体;原来统治者不知受众的知情权为何物转变为要主动地披露信息,以满足受众等等。这些转变就要求统治者要把关注外在的地理距离转变为关注人的心灵深处的变化。对于统治者来说,在利益多元化的社会现实中,如果不关注个体的心理感受和内在的政治信息需求,仍然采用机械的"内外有别"的原则来传递信息,势必会事倍功半。

第二,以网络为代表的新媒体的崛起,使"内外有别"的原则受到了新的信息技术的挑战。网络社会的崛起彻底改变了世界的面貌,它使全球化的浪潮在加速,任何一国的信息传递已经不再是一国的事情,信息的全球瞬间传递已经获得了强大的信息技术支撑,原来阻碍信息传递的距离因素已经不复存在。用英国社会学家鲍曼的话说:"距离这个曾经是共同防御能力中最可怕最难克服的东西,现在也失去了她的大多数意义。"[②] 在此情况下,"内外有别"所强调的政治共同体内与外的信息传递的不一致,会给政治统治者带来很多问题。在新媒体时代,国外受众可以通过各种渠道了解一国内部的真实情况,如果统治者对内与对外发布的情况不一致,会导致国外受众莫衷一是,势必对该国的国家形象造成破坏。

我国的政治传播研究方兴未艾、任重道远,有许多重大的理论和认识问题需要深入研究,我们期待有分量的研究成果。

注释:

① 《马克思恩格斯选集》第 4 卷,人民出版社 1995 年版,第 243 页。

② 邵培仁:《传播学导论》,浙江大学出版社 1997 年版,第 104 页。

③ 李元书主编:《政治体系中的信息沟通——政治传播学的分析视角》,河南人民出版社 2005 年版,第

④ 转引自〔美〕迈克尔·帕伦蒂:《美国的新闻自由》,韩建中、刘先琴译,河南人民出版社1992年版,第20页。

⑤ 转引自李元书主编:《政治体系中的信息沟通——政治传播学的分析视角》,河南人民出版社2005年版,第61页。

⑥ 柯泽:《理性与传媒发展》,上海三联书店2009年版,第226页。

⑦ 张昆:《从〈君主论〉看马基雅维利的政治传播观念》,《新闻与传播研究》1999年第2期。

⑧ 〔意〕尼科洛·马基雅维利:《佛罗伦萨史》,李活译,商务印书馆1982年版,第108页。

⑨ 张昆:《重视国家形象的对外宣传与传播》,《今传媒》2005年9月刊。

⑩ 邵培仁:《传播学》,高等教育出版社2000年版,第27页。

⑪ 转引自张昆:《中外新闻传播史导论》,复旦大学出版社2006年版,第184页。

⑫ 董云虎、刘武萍主编:《世界各国人权约法》,四川人民出版社1993年版,第357页。

⑬ 〔美〕赫伯特·阿特休尔:《权力的媒介》,黄煜、裘志康译,华夏出版社1999年版,第19页。

⑭ 参见叶皓:《从宣传到传播:新时期宣传工作创新趋势》,《现代传播》2009年第4期。

⑮ 王亚南:《传媒的被控制与传媒的控制》,《读书》2003年第12期。

⑯ 许正林:《欧洲传播思想史》,上海三联书店2005年版,第355页。

⑰ 郭秀萍:《政治社会化的作用及我国政治社会化的建构》,《济南大学学报》2006年第2期。

⑱ 马克思、恩格斯:《〈新莱茵报〉审判案》,《马克思恩格斯全集》第6卷,人民出版社1961年版,第275页。

⑲ 〔英〕麦克奈尔:《政治传播学引论》,殷祺译,新华出版社2005年版,第12页。

⑳ 段连成:《对外传播学初探》,中国建设出版社1988年版,第67页。

㉑ 参见阎立峰:《外宣"内外有别"原则:地理与心灵的辩证法》,《现代传播》2008年第4期。

㉒ 〔英〕齐格蒙特·鲍曼:《共同体》,欧阳景根译,江苏人民出版社2003年版,第10页。

中国文化跨语际传播中的价值定向与方法论问题*

◆ 逄增玉　孙晓平

一

从文化交流史角度考察,某一国家、文明体的文化向他国或他种文明体进行跨国、跨语际传播并被文化受入方积极认同,往往伴随着三个现象:一是文化输出国的综合国力强大,拥有较为发达和"先进"的文化与文明,对周边和异邦具有辐射与示范作用;二是其文化、文明的核心价值与接受国文化的核心价值具有对话性、对接性甚至"同构性",可为后者的文化创造、再造和繁荣输入"文化血液"与营养;三是文化输入与传播的方式以互相尊重、自愿互利为准则,承认文化的多元性、价值性和互补性,文化输出方在尊重输入方文化价值的基础上,寻找双方文化价值的对接点与融合点,实现文化传播的互惠功能。当然,这是就一般的文化交流状况而言的。人类历史长河中文化与文明的输出、接受和交流,还有特殊形态,即某一强大的国家或文明体挟持其占据优势的经济与军事实力,对其他国家与民族进行武力征服的过程中,也会伴随着文化与文明的征服,强势者的文化会在所到之处留下不同程度的影响,甚至改造和取代原有的文化价值与结构而成为新的主体性文化。

在西方文化史上,最早发源于古希腊的西方哲学,重视抽象和逻辑,探究世界和宇宙的内在本质与外在现象的关系,至柏拉图而明晰化为先验的理念世界与显现理念的现象世界的二元论世界。这样的思维观念及由此构成的世界观与价值

---

* 原载于《现代传播》2010年第6期。

观,对欧洲和地中海文明产生极大影响,成为西方文化的源头。古罗马帝国时代诞生于巴勒斯坦地区的基督教及此前的犹太教,其教义中就有希腊思想的影响。诞生于希伯来文化中的基督教的世界观和价值观,由于与希腊为源头的西方文化精神存在内隐的精神对接点和"共名"结构,所以使得基督教文化在向西方的跨文化传播过程中,尽管一度遭到强烈的抵制和打压,却终于被广泛认同和接受,并成为西方文化具有代表性的主流文化之一。基督教文化由外来的邪说演变为西方国家主体文化的过程中,经过了多次的本土化、民族化改造之后,大体分为天主教、东正教、新教等不同宗教派别,成为具体教义和教义阐释虽有分歧但信仰和价值观基本相同和共识的宗教文化,并且随着海外探险和近代的殖民扩张而向非西方国家"传教"。这些进行海外传教的教会和教派尽管林林总总,但都有明确的动机和目的:对所谓非基督教国家和民族进行基督福音的启示、播撒与宣示,以唤醒"迷途的羔羊"使之皈依基督走上救赎之路。因此,传教既是一种宗教活动也是西方文化价值的宣谕,当这样的宗教和文化伴随着近代西方列强对世界的殖民主义征服与侵略一同进行之际,其便难免具有文化帝国主义或文化殖民主义的性质和形象。西方近现代文明与文化的"东方化"传播也是如此。本来建基于工业革命和现代化基础上的近代西方文明,其物质、制度与精神文化具有一定程度的先进性与普遍价值,对非西方国家具有文化启示性与文明示范性。但是,由于率先实现工业化与现代化而形成的带有帝国性和殖民性的"西方文明中心论"与优越论色彩,并以此作为放之四海而皆准的普世价值去比较和衡量非西方文化,由于这种文明是随着殖民主义的军事与经济扩张强行嵌入东方和广大第三世界国家的,所以其难免具有的义化殖民性,便不能不在初始受到欢迎后随即遭到文化抵制和反抗。"开头对于西方无条件的崇拜被后来的批判情绪所代替了"[①],19世纪第三世界国家普遍出现的如火如荼的反抗殖民主义与帝国主义的民族主义思潮与民族解放运动,是把来自西方的政治、经济、军事的行径与具有一定价值性、合理性、示范性的西方文化一并排斥或驱逐。文化及其价值的强行输入特别是帝国与殖民性的文化"嵌入",不是在互相尊重的基础上寻找各自文化的对接点而是居高临下的傲慢凌驾,是违背文化交流规律的,结果必然遭到反对和抵制。

不过,尽管西方文化在近现代世界范围内的反殖民主义的大背景下遭到若干亚非拉国家的抵制,但毋庸讳言,西方文化及其文化产业仍然是当今世界的强势文化甚至是文化"霸权",在世界文化格局中拥有相当的影响力和话语权。这种文霸权和地位,一方面是历史形成的,即在世界范围的追求现代化的潮流中,作为现代化源头并率先实现现代化、进入后现代的西方国家的经济优势与文化优势一度是并联的,或者经济优势和资源可以及时地转换为文化优势和资源;另一方面,随着20世纪以后具有反殖反霸性质的民族国家独立的现实化和普世化,特别是世界进入后殖民、后现代的"全球化"时代,西方国家的文化影响和输出,不再是伴随经济和军事帝国主义行径的强行推进与嵌入,而是以同经济贸易一样的文化贸易的方式"和平自愿"地进行,文化以产业的形式和规模,按市场经济的逻辑在全球化的世界买卖和交换,文化影响和输出的策略发生了很大的变化。以美国文化为例,开国历史只有230多年的美国,却形成了自己的文化价值和模式,这种文化价值和模式尽管脱胎于欧洲,但美国的历史、国家、阶级状况、社会构成和文化迥异于欧洲的模式。19世纪的欧洲对诞生于北美大陆的美国的特色和国情就曾发生兴趣,法国史学家托克维尔游历美国后写下的《论美国的民主》,在欧洲引起了很大的反响。同时代革命导师马克思和恩格斯创建的第一国际的战友魏德迈,离开欧洲到美国后,曾与马克思有书信往来,马克思在致魏德迈的信中阐述了自己的思想学说的精髓,不过,由于马克思主要关注欧洲革命,因此已经在欧洲引起特殊关注的美国的"特色",未能引起马克思的兴趣和关注,倒是恩格斯在1888年8月到美国旅行一个多月,对作为新国家的美国的"未开化"而又是"文明国家"的特点,有简要的评述。②对马克思主义的历史观念形成产生过一定影响的黑格尔的《历史哲学》,对欧洲和人类历史都有描述,但对美国的历史却同样漠视。逸出了欧洲史和世界史一般范式的美国历史和文化价值,美国人自己则津津乐道,充满自信和传播的热情。从美国建国到现在,美国一直弘扬自己的主流精神和价值,在言论、信仰和新闻自由的宪法原则下,民族和种族构成复杂的美国及其文化,表面显得多元杂融、众生喧哗乃至杂乱无章,其实在这一切表象之下一直主导和贯穿着主导文化价值即"美国精神",并以政治、经济、军事和文化方式向世界推广,毫不掩饰。美国对自己文化和价值的昭示、宣示、自我认同与自信,以及以各种方式进行国际化传播和使之"放之四海"的努力,始终未歇。不过,美国当代的文化国际传播与输出,手段与方式已经不是老牌帝国和殖民霸权的强行嵌入,而是改换为全球化时代按照市场经济原则运作的文化贸易和输出。而且,文化产品的制作抹去和淡化赤裸裸的意识形态和价值观的生硬灌输,避免文化产品成为价值观的简单的传声筒,代之以大众文化、消费文化的强烈特征和外显形态,表达的是人性普遍的娱乐性和消费性诉求,内里与核心则以所谓人道性、人类性、世界性的主题——生态危机、环境保护、爱与幸福、人类尊严、人性人权、亲情友情与爱情、灾难与拯救等构成主题和价值。譬如在好莱坞摄制的获得奥斯卡奖的美国大片,不论是战争片、伦理片、科幻片、爱情片还是西部片,骨子里宣示和弘扬的都是美国社会尊崇的精神——其中又确实包含着一些符合普遍人性需求的普世价值。当然,这种内含主流和核心价值观的文化产品由于以票房和受众数量作为判断成功与否的外在标志,披上了大众文化的华丽盛装,所以一般大众无从辨析隐匿其中的价值诉求,在接受这种文化大餐的同时,理所当然地接受了其内在的价值。

并且,美国在制作和输出自己文化和文化产品的时候,不仅毫不掩饰自己的主流价值观及美国精神,还非常重视和运用跨文化交际的一般原则和方法。众所周知,跨文化交际学或跨文化传播学等理论,就是二战前后适应美国的全球化扩张而诞生于美国的,从此后美国学界在民族学、人类学、社会学、文化人类学、符号学、传播学的研究和理论颇有建树,它们都被吸纳和整合到源起于美国的跨文化交流与传播的理论与实践中。因此,着眼于世界市场的美国文化及相应产品,非常重视对世界价值、多元文化价值的了解与对接,将自己文化价值与接受方的文化价值整合交融,并重视价值导入和整合的方式的合理性与受容性,消除、弥合与"本土性期待"的矛盾,尽量与受众方的民族文化和文化心理结构圆融无碍,使受众在其中看到自己所在国家和民族的文化元素而放弃拒斥心理,坦然接受甚至欣喜心乐。这些年在中国畅销的《功夫熊猫》等电影中,都加进了中国元素。这样,包含着毫不掩饰的美国价值观也包含一定的普世价值观的美国文化及其产品,以其符合大众文化审美形式和消费诉求的形态,通过全球化与市场化的媒质现身世界文化市场时,往往为大众所喜闻乐见,世界为之风靡。

二

在中国历史上,自隋唐开始的中国文化的跨地区、跨语际、跨国别传播,一直延续到清代,在鸦片战争以前的数千年,中国一直是文化输出的主体国和文化接受的对象国,被周边国家主动吸取广泛接受,特别是东亚一些国家,对中国的文字、书法、绘画、典籍、民俗、服饰、建筑等文化广泛吸取和受纳,形成了得到广泛认同的儒家文化圈或汉字文化圈。不仅如此,通过西域的丝绸之路和东南沿海的海上丝绸之路,中国的文化与物质产品传播到西亚、中亚、中东并进而远播到欧洲,产生了世界性影响。不仅是中国的四大发明对16世纪后西方人的海外远航、新大陆发现和继之而起的工业文明产生积极的影响,中国的思想文化在欧亚国家作为价值体和文明体被广泛认同,直到欧洲启蒙运动时期,那些启蒙思想家对中国的思想文化还是推崇称道的,如法国思想家伏尔泰就对中国文明与文化和儒家思想称赞有加。

在中国文化历经千年的跨语际传播中,形成了若干颇有意味的跨文化传播特点。

首先,在很长的历史时期,中国文化的跨国传播依托于经济的繁荣与国力的强大,这是中国文化能够远播四海的重要因素之一。根据经济学家的研究,在西方的工业革命以前,中国的经济总量和总值一直在世界领先。经济和国力的强大为文化的繁荣和传播奠定了雄厚的物质基础,文化的发展繁荣虽然未必一定和经济、国力成正比,但在中国的语境中,文化的大繁荣是依托于经济的强盛的,二者互为依托。历史上那些自愿吸纳中国文化的周边国家,特别是汉字文化圈国家,把中国经济和国力的强盛与文化的支撑作用联系在一起,进而产生明确的接受和吸纳意愿。换言之,应该承认在当时的历史阶段,中国的物质与精神文化的发达繁荣程度是领先于周边一些国家的,这是中国文化得以被广泛认同和接受、广泛传播和产生积极影响的重要原因之一。

其次,中国文化在广泛传播的鼎盛时期,毫不掩饰自己文化的核心价值,并且对此充满自豪和自信。虽然,这种自信和自豪在一定时期、一定程度上也难免存在某种类似于"文化民族主义"的东西,如"四夷边鄙""蕞耳小邦""抚远怀柔"和"上国""天朝"的观念,但总体上中国当时的国家与文化自信并未构成"唯我独尊"的文化霸权,也不以霸权的姿态和行为强行推进文化输出和强迫他国接受。一方面,对文化及文化价值充满自信,认为是"上善""至善"的"大道"、周行天下的法理、教化黎庶的明德;一方面,又并不强行输出和强迫接受,而是相信具有天下公理与大道性质的文化及价值自会如日月一样昭然若揭,天下共识,敦教弥远,受纳无碍。事实也确实如此。历史上的中国文化传播没有采取大规模的国家行为,也没有上升为"国策"和建立"有司"推进宣示,但是,作为世界四大文明体之一的中国文化的发达程度确实具有高端性或文明示范性,按照文化交流的一般规律,在一定历史阶段,文化的空间流动不是水平流动而是中心向周边流动,高端向非高端移动;当时积极受纳和输入中国文化的国家,认同中国文化的中心性和文明示范性,更积极认同和接受中国文化的敬天守礼、慎终追远、忠孝友悌、仁义廉耻、温良恭俭、天人合一等核心价值,认为是"国脉之所系、天下之公理",且外显于国家行为、国家实力和国家形象之中,代表着值得吸纳并用以改造和创建自己固有文化文明范式的意义。韩国、越南、日本等亚洲国家几乎都是以这样的态度接受和输入中国文化,即当时作为文化输出方的中国对自己的文化价值与文明范式充满自信而又不强迫他国接受,文化输入方的国家对之明确认同主动受纳,成为中国文化传播史的盛景和特点。当然,上述国家在输入中国文化时并非全盘接受,而是文化交流中常见的"选择性输入",即从本国文化建构的需求出发,有选择地吸纳中国文化的价值范畴与外在范式,构建本国的文化价值体系。如韩国对中国儒家的孝悌和礼仪文化积极吸收转化,生成本民族的文化价值和核心体系,日本对中国忠信文化积极吸纳,但对孝悌观念和内涵则有所拒斥,由此形成日本"忠"敬文化价值体系。这些通过接受和转化而生成的文化内涵,都与中国文化的核心价值存在精神的联系。

最后,文化的交流和吸纳都是双向的。在中外文化交流中,中国也接受了异域外邦文化的影响,像唐代的丝绸之路,不仅是物质交通要道,也是文化交流的通道。以恢宏开放的态度坦然输入和接受外来物质文化与精神文化,是盛唐气象的标志之一,而外来文化——不论是"器"还是"道"的广布流行,也是构成盛唐气象的元素之一。他国和异域文化对中国产生最大影响的,当推佛教。汉代就传入中国的佛教,与中国本土以老庄为代表的清静无为的文化内容,在价值观和精神结构上有相通之处,所以进入中土后能容纳通汇,至唐代而大盛,其后虽然盛衰有时,但已经融入和演变为中国文化的构成要素和核心价值之一,与儒、道并列为传统文化的三大流脉,成为国学的构成部分。

三

近年来,中国经济的快速发展和国力的极大增强,使中华民族的复兴和中国的崛起已经成为不争的事实,令世界瞩目。伴随着这一可能重新改写世界历史的巨大历史进程和现象,在世界上出现了汉语热、来华留学热和中国文化热——自然,我们对这种"热潮"的范围、程度和大小要保持理性。据国家汉办的统计数据显示,全世界学习汉语的人数已经超过4000万,全球有2500所大学和中小学开设汉语与中国文化课程;在国外设立的以进行汉语和中国文化国际推广为主旨的孔子学院,已达 300 余所。预计 2010～2015 年全球学习汉语的人数将达到 1 亿人。中国国内各类学校接收的来华外国留学生,1950～1978 年,累计约 1.2 万人次。而 1979～2007 年,累计接受各类留学人员达 122 万人次。单是 2008 年来华留学生数量就达 22 万多人。预计到 2015 年,来华留学生数量将达到 50 万人。这一来华留学热潮,与唐代时大批遣唐使和留学生到中国学习的盛况颇为类似,但数量和规模已经远超唐代。

如此庞大的外国人在中国或海外孔子学院学习汉语与中国文化的动机、目的不尽一致,学习和掌握汉语与中国文化的程度也深浅不一,但毋庸置疑,这一现象标志着在鸦片战争以后的 100 多年间曾经被中断的中国文化的跨语际和跨文化的广泛传播,在当代中国和世界重新展现。马克思曾经引述黑格尔的话说:"一切伟大的历史事件和任务,可以说都出现过两次。"③当下世界性的中国语言与文化的传播热潮,与古代特别是盛唐有惊人的相似之处,但是,世界格局、历史大势和时代环境已经与古代完全不同,传播的动机、规模、渠道、方式、手段、效果等更相差甚远,譬如古代中国的文化传播很少是国家的有意为之或国家行为,而当代中国在海外设立孔子学院推广中国文化则是国策基础上的国家行为。不过,历史是现实的镜子,以史为鉴有益于走向未来。因此,我们认为,当代中国汉语和文化的跨语际传播,有必要在政策、理念和传播方式上进行全面思考并采取符合传播规律的行为策略与模式。

第一,在文化传播中应该公开和鲜明地倡明中国文化的核心价值观和价值体系,申明和宣扬这些价值的当代意义和普世意义,充满文化自信。

在世界四大文明古国和文明体系中,中国的文明与文化历经数千年而不绝,尽管漫长的历史长河中发生了众多的诸如兵燹动乱、朝代鼎革、政权更迭、异族统治、文字狱案、亡国威胁等大动荡和大事件,但中国文化从文字到核心价值基本上自古至今贯通赓续,流传绵延,文脉继存,也使得中华民族历经磨难却能融合兼并发扬光大,屹立至今。这是世界文明史和文化史上的奇迹,这种奇迹的背后是文化价值和精神血脉的支撑。当然,进入近代后,由于在世界现代化进程中中国一度落后,在列强的打击下遭逢"亡国灭种"之危机,这种"亘古未有之奇变"也导致了文化的危机,使得对文化一向充满自豪和自信甚至具有文化中心主义情结的部分国人产生了对中国文化及其价值的怀疑,把农业文明的中国与工业文明的西方对峙中的一度失败,归因于文化的无价值甚至是文化的造孽,把中国的一时失败与文化的失败等同起来,文化失败主义的悲凉之雾,一度遍披华林。近现代中国曾经出现的中西方文化、东西方文明价值和优劣长短的讨论和争论,其实就是这种思想情绪的反映。但是,即便如此,国人特别是作为重要传承者的知识分子的主体,仍然在守持、辨析和维护中国文化及其核心价值,如梁启超、梁漱溟、杜亚泉、章士钊和学衡派等。即使是"五四"新文化运动中提倡西学、被误读为反传统和造成传统断裂的陈独秀、李大钊、胡适、鲁迅等人,他们也并非要从根本上彻底颠覆和否定中国传统文化及其价值,而是要对传统文化中的价值与精华、糟粕与枯朽进行现代科学方法论上的诊断、辨析和定位,进行合理的清洗以便重生——因为任何文化都有精华与非精华的东西;然后在此基础上进行传统的创造性转化,使之为摆脱国家民族危机和走向现代与强大继续提供文化支撑;最后要合理吸收西方文化的价值,进行中西文化的融通以再造和催生中国文化的新质。"五四"之后,恰恰是这些被误读的所谓否定传统文化的新文化倡导者,提出了"整理国故"的口号并积极进行实践,使"国学"在现代中国得以整理和复兴而不是"断裂"。也就是说,在晚清和民国国家屡遭危机情势下一度受到一定怀疑和批判的中国文化和文化价值,实质在争论辨析中根脉未断,精神仍存,得到合理的赓续和有意义的转化新生。正因为有得到转化和新生的文化价值、精神与传统的延续支撑,所以中国的抗战与革命得以胜利,民族和国家的危机"到了最危险的时刻"却能化险为夷,新的国家得以建立,并在遭受"文革"大破坏后仍能很快复兴,与中国的经济一同在世界崛起,使得世界在看到中国经济强大的恢复、再生和创造奇迹的同时,也看到和感受到了中国文化的意义与价值。

上述的梳理意在说明,中国文化及价值千年有变但根脉相连,古今有异却精神同构。职是之故,文化的传播须以文化价值的发扬和宣示为重点。在此问题上,古代中国文化的跨文化传播和美国文化的世界传播的做法,值得借鉴和吸纳。当然,近代和当代世界既是以民族国家为主体的时代又是全球化时代,每个民族和国家都有自己的文化和文化价值,都强调自己文化的意义和价值,我们在进行跨文化传播时并非强行输出自己的文化或强迫他国接受自己的文化,而是要在尊重他国文化基础上,在自愿和互惠原则下进行文化传播,不必担心引起猜疑而刻意掩饰或不敢宣示自己的文化价值。"越是民族的就越是世界的",每个民族的文化都具有独特价值,所有民族的文化都是世界的公器,是人类的共同遗产,宣示自己文化的价值是为了更好地交流和传播,是维护世界文化多元性和世界性的积极行为。

为了更好、更有效地宣示和传播中国的文化，就必须对文化价值进行认真的整理与爬梳，将其中能揭橥本民族特点、支撑本国文化千年不朽和国家发展、又具有普世性的核心价值，予以寻绎和开掘，以之介入和融入世界文化的价值体系。梁漱溟在20世纪20年代中西方文化论争背景下撰写的《东西文化及其哲学》中，认为西方文化是向外发展以意欲达成为宗旨的文化，印度文化是向内发展以压抑和摒绝意欲为旨归的文化，而中国文化则是兼有两者之长而弃两者之弊的，因而是早熟的和在既往未能放之四海惠及天下的文化，但未来则会畅行世界。梁漱溟的著作和思想为后起的新儒家所接受和发扬光大，极而言之者甚至认为21世纪将是中国文化的世纪。作为一家之言，这种言论和观点有其存在的合理性，但我认为这个话我们不能说得太早、太满、太过，有过于主观和文化民族主义之嫌，无视或漠视了世界文化多元存在的现实和原则。中国文化博大精深，历千年而不衰并为国家和人民一直提供生存与发展的精神准则和信仰，这其中定有独特的、意义和价值丰富的、具有普世性的东西，比如天人合一、以民为本、尊老爱幼、重视家庭、强调人伦、恪守孝悌、中庸和谐等。当代世界越来越多的人学习汉语与中国文化，这除了现实的功利性目的而外，也包含着对中国经济与社会发展成就背后的文化价值的探寻、了解与认同，以及对文化价值的普世性的认同。2009年美国国会众议院通过一项纪念孔子诞辰2560年的议案，并在议案中对孔子的基本观点和理念进行了认同性阐述，代表了西方世界认同孔子与西方人引以为自豪的人类历史上的所有伟大思想家具有同样的普世价值。当然，毋庸讳言，就像任何文化都具有多元性一样，儒家和中国文化也难免存在若干可能不适合当代世界和人类生存发展原则的局限性存在，对此我们也要有清醒的认知。所以，辨析和萃取中国文化中与世界潮流和普世价值同构共鸣的真正的精华，为人类提供有价值的思想遗产并纳入世界普世价值中，是进行中国文化国际推广的题中应有之义。

第二，要充分和认真研究跨文化传播的价值对接点和融合点，了解文化接受国、接受者的文化接受特点，重视传播渠道、方式、手段的现代化、多样化和实效化。

中国文化的跨文化传播（一般外国人了解的中国文化）大致包含两类内容：一类是具有普泛形式美的、器物性和实用性的"国粹"，如武术、书法、绘画、戏曲、中医等等；一类是语言和以语言为载体的精神文化即文化之"道"。当然，前者的内里也包含中国精神文化的意蕴。相对而言，前者的传播和推广易于为异国学习者接受，后者则有难度性和接受障碍性。实事求是地说，改革开放30多年中国文化的国际推广和传播取得了巨大成就,来华留学生和世界学习汉语人数大增就说明了这一点。但也应该看到,与中国经济、政治和国力在世界上的影响及地位相比,我们的语言、文化的国际传播甚至外宣工作与经济的快速发展还有不相称之处。譬如我们编写的纸质和多媒体的汉语和中国文化的教材读物,投入巨大、数量众多,但还是未能受到海外汉语和中国文化学习者的普遍欢迎和接受,其中的重要原因之一,是没有真正了解各个国别和民族的接受者的文化价值、学习目的、接受心理、认知模式,没有妥帖地配以与之适应的教学传播内容和模式。例如中国人对孩子进行教育的《三字经》,我们没有接受和理解阻碍的孔融让梨、愚公移山与一些孝敬父母的故事,以及头悬梁锥刺股刻苦学习和孟母三迁的教子行为,在西方语境中的人们看来是违反人道、人性和平等精神的,也是极不理解和难以接受甚至是反感的,这样的文化传播起到了逆传播的效果。原因之二,传播的理念和方式还未能与时俱进和"与世俱进",未能彻底改变填鸭式的、灌输式的、说教式的、宣传式的理念和方式,跨文化传播的媒介和手段还比较单调、生硬。在充分和细致了解、熟悉国别接受者的接受心理、学习动机、认知结构、文化观念、社会习俗基础上,真正做到"寓教于乐"、寓传播于自觉接受、寓宣示于超越逆反,寻找和建立起跨文化传播的文化价值对接点、融合点并使传播手段人性化、普世化和丰富化,是需要认真思考和解决的重要课题。

第三,文化是一个动词,是开放的价值体系。

中国文化既有恒定永存的思想价值,可为万世师表,也有在发展赓续中增加的新质;既有本土的特色内容,也有对异域文化营养的吸取。古代中国文化不仅吸纳了佛教并使之中土化,来自异域或西域的外来文化对大中国文化的形成,功劳不小。如上所述,盛唐气象就包含着西域的因素,就连承上启下、开创中国诗歌高峰的唐诗,其中多有西域文化因素,著名学者陈寅恪在《元白诗笺证稿》中对此多有原创性和启示性的阐发。近现代中国在对传统文化的整理转化中,吸纳了民主、法制、科学、进步、人道主义、唯物主义等外来思想文化,它们对中国文化的转化和新生产生了重大积极影响,已经成为中国文化的重要构成要素,影响着中国的国情、国力、国家原则和经济体制、司法体制、教育体制等制度装置,也影响着中国人既重视传统伦理也重视民主、人权、个人价值等思维方式和行为方式。因此,在当今中国又一次面临着中国文化进行国际传播的巨大需求和世界潮流之时,在文化"走出去"的同时,也需要积极吸纳有普世价值的世界文化,实现文化传播的双赢互补,从而为创造有容乃大的中国文化的新气象,增加精神的新质和资源。

注释:

① 〔英〕G.T.加特勒主编:《印度的遗产》,陶笑虹译,上海人民出版社2005年版,第97页。
② 恩格斯的此次旅行留下的文字是《美国旅行印象》《美国和加拿大旅行札记》和一封完整的书信《恩格斯致劳拉·拉法格》,收在《马克思恩格斯全集》第21卷和第50卷中。
③ 马克思:《路易·波拿巴的雾月十八日》,《马克思恩格斯选集》第1卷,人民出版社1977年版,第603页。

平衡在国家与社会之间[*]
——论中国传媒的身份危机

◆ 薛国林 李志敏

"身份"这一概念来源于identity这个英文单词,在中国有时被译成认同。"身份就是一个个体所有的关于他这种人是其所是的意识。"[①]身份或者认同包括个体或集体的社会性构成因素,这是其客观的物质现实,同时也包括对自我客观物质存在的意识和确认,这种确认具有相对的独立性和主观意识的能动性。它既是一种关于他者差异的意识,也是一种认同意识。由于传媒组织自身的特殊性,一定程度上传媒的身份是在其自身基础上被建构而成的。

一、传媒身份危机及身份界定的提出

改革开放以来,中国传媒业经历了"单一的事业体制—事业性质企业化管理—事业性质、企业性质的分类体制"三个阶段,传媒的身份定位也随之发生变化。目前中国传媒组织正在走向逐步建立现代企业制度的历史转型时期。但是,随着传媒组织被深度卷入到市场竞争的旋涡,新媒介技术的不断涌现和竞争的趋于全球化,传媒组织的导向责任、传媒专业主义的操守、传媒组织的商业化经营等,这些目标被捆绑在了一起。

处于多种目标要求难以平衡的冲突处境中,传媒认同产生了"意识"分裂,陷入身份危机状态。简单地说就是不知道自己是谁。"中国社会的自我转型和全球化趋势的浪潮把中国媒体推入了一个巨大角色冲突场,在这些错综复杂的力量对抗

---

[*] 原载于《现代传播》2010年第9期。

中,中国媒体处于一个极其尴尬的境地,引发了其自我认同和身份的危机"[②],有学者把传媒当前身份困惑的表征总结为认同飘忽、失语和焦虑等症状,"媒体在行为中经常出现某种认同混乱的现象。就像一棵墙头草一样,风吹两边倒,缺乏相对统一的立场,随着情境的变化不断更换自己的角色。"[③]

传媒既是传播主体,亦是经营主体,不仅要兼顾社会效益和经济效益,而且要把社会效益置于首要位置。然而现在我国的许多传媒在实际操作中并没有对自身的角色进行准确的把握,有些传媒无限放大自身的经营角色,传播内容越来越商业化、低俗化。有些传媒则常常发生角色冲突,尤其是在舆论监督政府时,一旦政府和公众处于某种矛盾状态,政府的控制权和公众知情权直接发生冲突的时候,传媒面临着到底是更多地为政府服务还是为公众服务的两难选择。

媒体身份的模糊化是传媒理论研究中的一个不可回避的问题。在新的社会转型期,传媒组织尤其主流媒体最需要做的就是对自身的定位和发展方向进行重新确认,在自身各种角色扮演中寻找一个平衡点,这是我国传媒组织需要把握的一个关键环节。

二、传媒身份界定需要考虑的几个因素

(一)传媒组织自身的特殊性:公信力是根本

传媒组织虽然是一个商品生产单位,但是因其生产的信息产品属于精神性产品,影响到人们的思想、精神领域,从而具有特殊的社会权力和影响力,这从根本上决定了它不同于一般的物质产品。另外传媒组织对于"受众注意力"的二次售卖使得它更强调受众对传媒组织"信任关系"的依赖。传媒组织从事信息产品作业的权利,是来自公众的授权和委托。传媒组织通过媒介对信息进行"客观、公正、准确"的传递,建立起与受众在信息交换领域的信托关系,"公信力"是传媒组织生存的根本。

(二)转型期社会对传媒的期待:责任担当

中国在取得了高速经济发展的同时,也存在着诸多影响社会和谐的矛盾和问题。"通过过去四分之一世纪的改革,我国建立了市场经济的基本框架,但理应与

市场经济相配套的种种利益机制却没有相应地建立起来,结果就是社会利益的失衡以及由于利益格局失衡引致的各种社会矛盾的出现",不仅是利益群体的阶层分化,同时也存在着社会心理和文化道德观念的整合问题。传统文化价值观念不断被解构,社会心理发生了巨大的变化。而社会面临的风险除了体制转轨、信息流动和控制、风险共担机制被削弱外,还面临着风险转移以及社会整合难度加大这一现实,由此使得社会的紧张性得以蓄积。因此"大众传播可被列为社会结构中不可或缺的组成部分。没有这一组成部分,我们所知的现代社会将无法继续",它"不仅影响我们社会每日的运转",而且还能对"社会平衡做出某种贡献"。⑤媒介组织作为塑造社会制度力量的一部分,"媒介责任"的担当也是转型社会对传媒组织的最大期望所在。

(三)媒体党性:坚守和改变

马克思认为报刊"经常而深刻地影响舆论"⑥,正由于这种舆论影响的"深刻"和"强大",传媒一直是意识形态领域里的"角力场"。在我国,媒体党性是党和国家对媒体的特殊规范,亦是党带领中国发展的必备要素,是我国新闻事业发展至关重要的因素。

但新的时期,中央领导人对"媒体党性"的理解不同于以往的简单泛化的政治思维,而是敏锐洞察我国社会、经济、文化等领域的剧烈变动情况,"当前,我国社会正处在深刻变革之中,干部群众的思想问题和实际问题明显增多。紧密联系改革发展稳定的实际,有针对性地做好思想政治工作,是摆在全党面前的一项重大而紧迫的任务"⑦。当前我国新闻宣传工作的指导方针是"高举旗帜、围绕大局、服务人民、改革创新","把体现党的主张和反映人民心声统一起来,把坚持正确导向和通达社情民意统一起来。……保证人民的知情权、参与权、表达权、监督权。"⑧可见,中央领导人的新闻党性思想已将"人民利益"提到显要位置,努力寻求新闻媒体对"国家"(党)利益与"社会"(人民)利益的有机统一。同时,在新形势下,新闻党性与人民之间的关系是协商式而不是训导式,"尊重新闻传播规律""借助新媒体平台""创新舆论引导的方法与策略"等是调整中的应有之义。

(四)西方传媒商业化警戒:对越负面越有价值的质疑

西方早期媒体改革运动的重点是商业传媒与公共传媒布局,对此有人质疑,中国也需要公共传媒与商业传媒的格局么？也是在这样的格局下探寻传媒的力量么？西方媒介组织的企业化和商业化运作已经出现了诸多的弊端，如"越负面越有人看；爆炸性新闻是最有市场的；好消息等于没有消息"⑨，新闻专业主义受到商业化的严重侵蚀；而其公共传媒又面临着衰落的境况。因此，在传媒组织产业化转型过程当中，中国应吸取西方媒介商业化的教训，寻找适合自身特点和国情的发展道路以及传媒产业发展模式。在传媒组织转向市场化、商业化、企业化过程中，中国传媒组织必须承担起在社会转型时期的特殊职责，做社会的真实记录者。在讨论传媒身份界定的问题上，仅仅关注传媒企业的市场定位，只是一个短期策略问题；而传媒核心使命和价值观的社会定位，才是一个关系到中国传媒组织长期发展路径选择的战略问题。

三、关于传媒身份界定的设想

处于社会结构中的传媒，"是社会的有机组成部分，它的存在与其他子系统（诸如政治、经济、文化等）也存在着密切的关系。这种关系的总和即是媒介的生态环境"⑩。国家、社会、公众等诸多层面的关系无不影响着传媒及其从业者的身份认同的建构，"这里面不仅涉及一个自我价值定位问题，同时也涉及一个组织关系的定位问题。定位不清楚或者不明晰，就很容易造成媒体既不能满足社会也不能满足政府和政党的需求"⑪。

国家作为一种主流意识形态和主导性价值观念的代表，控制传媒能够有效地推动社会秩序的实现。但随着经济社会的发展和利益的多元化，各阶层民众表达自己的呼声越来越高，在此情况下，传媒无论是代表国家压制社会的不同声音，抑或鼓动社会去摧毁国家，都是极端的想法，都有可能造成社会各种各样的冲突。在中国，国家和社会之间从根本上来说并不存在冲突，和谐发展是两者的共同追求。马克思曾在批判黑格尔对于国家与市民社会关系时指出："家庭和市民社会本身把自己变成国家，它们才是原动力……实际上，家庭和市民社会是国家的前提。"⑫他从历史唯物主义出发，在人类思想史上第一次系统论述了"社会决定国家"的历史观。可以说，无论强调"大政府、小社会"抑或"小政府、大社会"都不是良性的国家与社会的关系。前者，"国家角色的一枝独秀，其结果使得国家成为焦点，当社会矛盾激化时矛头将直接指向整个体制，政治合法性危机由此凸显，导致社会趋于碎片化";而后者,"强调国家的有限性以及社会的自主性和自治力。但它事实上很容易使人理解为社会可以代替国家的权威,而这将使国家陷于灾难之中。"[13]国家与社会的关系应是"既能保证社会的独立性和自主性,又能充分发挥作为社会总体和根本利益代表的国家对社会经济生活有效的协调和控制,最终建立真正意义上的'强国家—大社会'"[14]。从总体上看,中国当前的国家与社会关系仍然表现出"强国家"与"弱社会"的特征。无疑,推动社会自主能力的提高,全面构筑国家—社会的良性互动关系是我国社会主义和谐社会建设中的重要一环。

在这样的一种关系构建中,传媒扮演着重要的角色,这也正是其把握自身身份定位的关键所在。其一,迅速而真实地传达社会的真实状况。"公民希望媒体报道能够告诉他应该了解的信息,最可怕的是公民要了解的信息你不告诉他,而公民不想了解的你偏偏塞给他。……我们办报的惯性还没有改变,它还只办给老百姓看。从政治家角度来讲,任何国家报纸都应该是个双向作用的工具。它还应办给国家当权者看,它要反映社会的呼声、问题,给他们决策做参考,这点很重要。"[15]如"华南虎照片"事件中,地方政府层层瞒报,可以说在事件的开始就在造假。媒体通过对信息"客观、公正、准确"的传递,以此赢得"公信力"和"影响力",这是传媒成长、发展的内在规律。而这样的传媒行为也必将有效地推动社会的全面发展,促进一个良好的互动型社会的建立。其二,构建多元化的表达平台是传媒民主和文明的体现。"社会的合理存续与发展必然需要一个敞开的空间,这个空间应该能够容纳各种不同的信息争论,而媒介恰恰就提供了这样一个有效的公共空间"[16]。现代社会公众权益意识增强,积极地通过各种途径表达自己的声音,这是社会进步的表现,它有利于政府更好地了解民意,更好地决策。从一定意义上讲,传媒表达社会的不同声音,尤其是满足了人们表达不满情绪的愿望,对于社会的长远和谐起着重要的作用。传媒内容必须反映社会,体现社会全方位的利益需求,不仅是整合发现共识性真理的手段,也是现代民主、文明的体现。因为民主意味着首先要人说话,不同的声音交汇、碰撞,从而在多元价值的沟通与交流中实现对真理的追求。

总之,社会是国家存在的基础,国家必须到社会中寻求自身及其行为的合理性根据,在国家和社会良性的关系构建中,最根本的是二者要相互制约又相互合作、相互独立又彼此依赖,建立有机统一、互动的"正和博弈"关系。而传媒作为一种介质,存在于国家和社会之中,必须基于自身存在和发展的内在规律,在两者之间找到自己的位置,并能够促使两者不断地统一协调、良性发展。在此语境下,传媒既要为民众服务,反映社会呼声,又要为国家服务,考虑到国家的整体利益,站在公允、正义和公共利益的基点上,做到两方面的平衡。

四、相关的几个问题

(一)"以人为本"的受众观

"以人为本"是中国共产党执政理念中的一项极为重要的内容,在这里作为传媒组织的受众观提出,相对于"受众是消费者"和"权利主体"的受众观,其指向性更全面。受众是消费者的观点,是19世纪30年代以后西方大众传媒向企业经营形态转变的过程中出现的,它对受众的关注,主要集中在与消费行为相关的统计学属性上,而对受众的其他社会特性则不予关心。因此,在市场经济条件下存在的这种受众观念是不完善的。新闻传播规律控制下作为"权利主体"的受众观,受众是与传者地位平等的另一个传播主体,是现代民主政治社会中的公民。

而"以人为本"的受众观,这里的"人"与作为权利主体的"公民"有很大的重合之处,二者强调的受众主体地位也很相似,但理论出发点不同。它是基于马克思关于人的全面发展理论提出来的。马克思曾就"人"作过如下论述:"'人'……出发点是,应该具有社会人的一定性质,即他所生活的那个社会的一定性质。作为社会人,每个人都有着物质和精神的需要,受到生存其中的社会关系的制约。"[⑫]所以传媒组织应首先把其对象看作是以社会人身份存在的人,无论群体还是个人,他们都生活在现实社会之中,其权利、利益、人格应受到尊重。而传媒编辑方针和内容特点应更多地符合现代民主社会机制下公民的需要,更多地体现公共事业性,较少商业色彩。

(二)与核心利益相关者(政府、企业和民众)的关系

传媒与政府:依托与制衡、互动与共生。同样作为现代社会系统的重要组成部分,传媒与政府两者的关系"不应当是对立的,而应当是互相促进与监督的。在信息公开过程中,政府作为社会管理者的角色,媒体作为社会监督者的角色,目的都是维护社会公共利益,促进社会的和谐发展"[⑬]。传媒掌握着重要的社会资源,承担着"上情下达"和"下情上达"的职能。无论所谓的"强势政府"或"强势媒体"都是

不科学的。应树立政府、媒体的良性关系:依托同时制衡,合作同时共生。这样,一方面传媒按照自身规律对政府工作进行新闻报道和信息传播,使民众了解政府工作,促进政府的应变效率和政策执行力;另一方面,政府更全面、更快速地了解政情民意,对于维护社会共同利益、构建和谐社会都具有积极的意义。

传媒与民众:表达、平衡和对话。传媒要表达社会,反映社会的呼声和实情,无论正面还是负面都应给予客观表达,这对社会、对国家都是有益的。同时,在社会日益多元化的今天,传媒要实现社会意见表达的平衡。另外最重要是传媒要做好解释的工作,要引导民众关注转型期社会的风险,使得他们能够参与讨论,形成良性的观念以及承担应有的责任。

传媒与企业:依存、共赢而不能蜕变成共谋。在现实生活中,企业在经营发展过程中需要通过传媒获得品牌传播的舆论帮助,传媒的发展也需要企业的广告支持,两者相互依存。但是在短期利益行为趋势下,两者容易为各自的利益盘算,在利益最大化的基础上,蜕变成共谋关系,导致新闻独立性的缺失及公正性的商业化。传媒组织尤其要警惕这种倾向。从长远看,这不仅造成对社会利益的伤害,而且最终也会丧失公信力从而殃及自身。传媒组织应该以信息为纽带,秉承自身的社会责任进行信息传播和服务,同时监督企业促进其参与社会风险治理,承担应有的社会责任。

五、身份界定下的传媒组织核心使命

(一)构建社会信息获知"安全保障网"

有学者指出,文明的进步以社会的有机化程度加深为表征,结果引发了"危机共尝"效应,"一荣俱荣","牵一发而动全身"。而同时,世界一体化使得个体和局部的力量消减。[19]在这种情况下,人们获知外界信息更加倚重传媒组织。目前,在日趋同质化的传媒信息面前,民众在国家政治、社会等公共领域的知情权受到严重侵害。尽管政府部门逐步加大透明度,但民众个体是很难全面地、经常性地了解政策制定过程和执行情况的。网络时代任何一个人都很难有时间和精力整合这些海量信息。社会的发展使得民众对知情权的要求日益普遍和强烈,而信息娱乐化显然与此背道而驰。新闻的实质在于供给人们生存和发展需求的决策参考信息,而不仅仅是提供消遣和娱乐。所以在社会风险凸显和社会治理结构由"全景监狱"到"共景监狱"[21]的语境下,传媒组织最重要的是做好民众对主流宏观资讯获知的"安全保障网"工作,同时通过媒体渠道,汇聚各种诉求,对社会问题提出多种解决预案。如前不久发生的"番禺垃圾厂事件",传媒的积极参与为各方提供了表达各自利益诉求的平台,经过反复讨论逐渐达成共识,最后促进了问题的解决。而在此过程中,也使更多的人对垃圾风险有了更理性的认识。这正是传媒组织连接国家与社会以及社会与个体,改变社会力量的重要体现。

(二)促进社会公平与和谐建构,整合社会价值观

"新闻应该和社会所共同认定的社会规范、价值观和态度相一致,这是认知基础价值的具体表现。除了读者先前的知识和信念之外,还涉及现行的观点和态度。"[22]尽管在传媒中需要表达不同声音,但任何国家的媒体存在方式必然有一个主导性倾向,其所体现的是这个国家和民族为社会所普遍认同的东西。"一个社会要和谐健康地发展,就必须有一个相对能够成为大家共识的价值观,这就是主导价值观。"[23]这是一种判断是与非、真与假、善与恶的准则,是人们行为的方向和动力,体现着一个民族或一个社会的内在个性和整体文化风貌。

中国经济的发展和增长一直以来以 GDP 来衡量,在取得高速经济发展的同时,也"导致了一系列负面的社会效果,例如收入分配不公平、社会分化、劳工权利得不到保障、环保恶化等等。但最大的社会成本莫过于社会道德体系的全面解体了"[24]。社会普遍存在浮躁、功利的心态和人与人之间诚信的缺失,因此,传媒最需要做的是努力建构出一种新的符合社会需要的,且具有普遍指导意义的社会价值体系。有学者指出自由和责任是一对孪生概念,但分别从自由和责任出发来处理两者的关系,是两种不同的方向和政治模式。[25]西方强调权利在先,责任在后,如"放弃权利(自由)等于放弃自己作为一个人,等于交出自己的人权和责任"[26]。在当代中国政治语境下,坚守"责任在先"意识,坚持公平、正义,倡导诚信、踏实、创新等良性社会价值观,这不仅是传媒的根本诉求所在,也是实现其在与社会良性互动中生存的底线。

总之,在"当今世界正处在大发展大变革大调整时期,世界多极化、经济全球化深入发展,世界范围内各种思想文化交流更加频繁、更加活跃","世界各地发展不平衡更加突出,气候变化、粮食安全、能源资源安全等全球性问题进一步显现","不

稳定不确定因素增多"。㉖同时,中国社会发展也处在更为复杂和变动局面的这样一个时期,主流传媒组织更应该"与人民同命运、与时代共发展",担当起应有的社会责任。马克思说过:"哲学家们只是用不同的方式解释世界,而问题在于改变世界。"㉗传媒组织不仅仅是一个传播主体,而且应该是连接国家与社会以及社会与个体的中介,是参与和改变社会的重要主体和重要力量之一。

注释:

① Peter Straffon & Nicky Hayes, *A Student's Dictionary of Psychology*, Edward Arnold, 1998.
② 唐晓芬:《中国媒介:转型与趋势》,中国传媒大学出版社2009年版,第29页。
③ 邱戈:《媒介身份论——中国媒体的身份危机和重建》,中国传媒大学出版社2008年版,第191~193页。
④ 孙立平:《和谐社会需要利益均衡机制》,《中国社会导刊》2005年第10期。
⑤ 〔美〕梅尔文·德弗勒、桑德拉·鲍尔-洛基奇:《大众传播学绪论》,杜力平译,新华出版社1990年版,第36页。
⑥ 《马克思恩格斯全集》第40卷,人民出版社1972年版,第329页。
⑦ 胡锦涛:《2002年1月11日在全国宣传工作会议上的讲话》,http://www.people.com.cn/GB/shizheng/16/20020111/646583.html,2002年1月11日。
⑧⑮ 胡锦涛:《在人民日报社考察工作时的讲话》,《人民日报》2008年6月22日。
⑨ 英国《卫报》网站主页,2009年4月30日,http://www.guardian.co.uk/worldlatest/story/。
⑩ 李良荣:《新闻学概论》,复旦大学出版社2001年版,第125页。
⑪ 李良荣:《为中国传媒业把脉——知名学者访谈录》,复旦大学出版社2006年版,第281页。
⑫ 《马克思恩格斯全集》第1卷,人民出版社1956年版,第250~252页。
⑬ 覃敏健:《"强国家、大社会":现代国家构建之理想形态——基于国家与社会关系之分析进路》,《长白学刊》2010年第1期。
⑭ 孙德林:《马克思的国家与社会关系的学说及其当代价值》,浙江师范大学硕士论文,2007年7月。
⑯ 李金惠、武建敏:《媒介与司法:一种理论的视角》,中国传媒大学出版社2009年版,第21页。
⑰ 《马克思恩格斯选集》第1卷,人民出版社1956年版,第198页。
⑱ 林爱珺:《在信息公开中建构政府、媒体、公众之间的良性互动关系》,《现代传播》2009年第2期。
⑲⑳ 喻国明:《时代的发展与内涵的转变》,《新闻与传播研究》2009年第6期。
㉑ 〔荷〕托伊恩·A.梵·迪克:《作为话语的新闻》,曾庆香译,华夏出版社2003年版,第126页。
㉒ 李德顺:《关于价值与核心价值》,《学术研究》2007年第12期。
㉓ 郑永年:《中国的GDP主义及其道德体系的解体》,《联合早报》2009年12月29日。
㉔ 谢文郁:《自由与责任:一种政治哲学的分析》,《浙江大学学报》2010年第1期。
㉕ J. J. Rousseau, *On the Social Contract*, trans. by J. R. Masters, New York: St. Martin's Press, 1978, p. 4.
㉖㉗ 转引黄芝晓:《社会责任感与新闻专业主义》,《新闻与传播研究》2009年第6期。

"第三极电影文化"构想*

◆ 黄会林　高永亮

电影是一种技术手段、一种艺术形式、一种传播媒介,更是一种文化。任何一个时代、任何一个国家的电影都是特定时代、特定文化的表征和反映,同时也反作用于它所产生的时代和文化。因此,对电影文化的考察必然要以特定时代的整体文化背景为参照。"第三极电影文化"正是基于"第三极文化"①概念提出的理论构想。

一、"第三极电影文化"是"第三极文化"的重要表征

当今的世界文化格局,大体可以认为有三极。其一,欧洲文化。欧洲从"文艺复兴"开始,逐渐形成了强势文化,其特点是在资本主义上升时期伴随生产力的大解放而产生的,出现了众多弘扬人道主义、给人以温暖、审美享受的优秀乃至不朽的人类经典作品,形成世界文化之一极。其二,美国文化。"二战"后,世界的中心转移到美国,自由资本主义的生产方式养育了它。美国文化强调个人价值,追求民主自由,崇尚开拓和竞争,讲求理性和实用,以个人主义和实用主义为核心的美国文化,伴随资本主义的高度发达走向极致,从政治、经济、军事、文化多方面覆盖全球。在文化形态上,美国文化也形成了与资本主义上升时期全然不同,而在影响力上超越欧洲之另一极。可以说,以上二者都有推动人类文明发展的一面,又有造成人类灾难的另一面。其三,中国文化。这是一个有独立传统,且具有强大文化根基

---

* 原载于《现代传播》2011 年第 4 期。

和绵长生命力的持久存在。历经百年不屈斗争,考验并证明了古老的中国文化没有死去,但必须改造和创新,探索文化复兴之路,正是今天中国文化的要义。这是独立于前两极之外的另一极,它不断吸收世界先进文化,走自己的路,已初现苗头。我们称之为"第三极文化"。

"第三极文化"的第一层含义是指,首先要在中国文化自身系统内部进一步梳理、总结、继承和发扬最为突出、最具特色、最有代表性的内容,这些内容成为中国文化自身范畴内的"极"。这个"极"就是几千年来中国传统文化发展变迁过程中逐步形成、确立、巩固并为人们普遍认同、自觉遵守、代代相传的核心价值和基于这些核心价值所生成和建构的民族精神。如"自强不息""厚德载物""仁义礼智信"的精神品格和道德追求;"士不可以不弘毅,任重而道远""先天下之忧而忧,后天下之乐而乐"的家国情怀和道义担当;"天人合一""和而不同""礼之用,和为贵"的宇宙观、人生观;"兼相爱,交相利""己所不欲,勿施于人""天下为公,世界大同"的人文追求等。"第三极文化"的第二层含义指,在梳理、总结、继承和发扬中国文化中最为突出、最具特色、最有代表性的内容的基础上,把中国文化放在世界文化的背景下加以观照。当今世界文化格局中,最有影响的莫过于欧洲文化和美国文化,这二者堪称世界文化的"两极"。具有数千年传统的中国文化在其独特性、影响力和对世界文明的贡献上,足以成为欧洲文化、美国文化之外的"第三极文化",它与欧洲文化、美国文化及所有其他文化或相互影响、相互冲突,或相互吸收、相互借鉴,共同构成丰富多彩的人类文化图景。

作为文化载体和表征的电影,或者说世界电影文化亦大致呈现出与当今世界文化格局相适应的分野。电影诞生于欧洲,并在欧美形成了世界电影的主流发展模式,二者在电影形态和影响力方面各有特色,也互有交织,共同构成了世界电影的主流模式,在电影文化格局中形成了两个既相互关联又彼此区别的"极"。如果说欧洲电影在艺术理念与文化表现性方面居于重要的一极,那么美国电影则在电影产业与文化影响力层面居于最为重要的一极。在欧美为代表的主流电影文化之外,尽管亚洲有印度、日本、韩国、伊朗,以及南美一些国家的电影发展,但从文化和艺术影响力层面还很难构成独立的一极。我们认为,依托"第三极文化"、拥有100多年历史的中国电影文化,可以构成欧洲电影文化和美国电影文化之外的"第三极电影文化"。

这是针对世界电影发展格局提出的带有一定战略性思考的学术构想,是中国文化在新世纪全面复兴发展的态势下,对于中国电影提出的必然要求,也应该是中国电影谋求发展的理想。中国电影本是舶来品,来自西方,但一经接受,就开始了吸收消化的过程。百年来大体分为三个时期,其中之一是上海时期,主要学习美国电影、学习好莱坞;之二是新中国建立时期,主要学习苏联电影;之三是改革开放时期,主要学习欧美电影。以上各时期,在学习之中发展中国自己的电影,出了不少佳作,至今仍有借鉴作用。现在,中国电影进入了第四个时期。总结以往经验与教训,举凡被认可的、成功的,或者可列为经典的作品,其共同特点是:在中国的文化、历史、现实的基础上学习外国。在学习的过程中不可避免有模仿、崇拜,有自卑、迟疑,但成功者无不立足于本国的文化基础,展现出中华的文化神韵。发展到今天,应当可以提出一个新的概念:奋力攀登,不断嬗变,自信地创造,使中国电影在世界占有一席之地,成为世界的"第三极电影"之标志。

"第三极电影文化"并不是要使中国电影在技术手段、艺术表现或票房收入上与欧洲电影、美国电影或其他国家电影一争高下,而是要使中国电影真正成为"第三极文化"的重要载体,通过弘扬和传播"第三极文化"所代表的核心价值和民族精神,在提供休闲娱乐、审美愉悦和艺术享受中重塑全民族文化自信,建构社会核心价值体系。在此基础上,"第三极电影文化"要使代表和反映"第三极文化"的电影作品真正走向世界,为世界观众所共享,使其与欧洲电影、美国电影及其他各国电影一起为构建和谐的世界文化、建设人类美好精神家园作出应有的贡献。这是"第三极电影文化"的根本宗旨和终极目标,下文主要就这两方面展开论述。

二、"第三极电影文化"的根本宗旨:建构社会核心价值体系

在电影产生之前,人类艺术的百花园中就已经绽放出诗歌(及其他各种文学样式)、音乐、舞蹈、绘画、雕塑、建筑六朵绚丽的艺术之花。电影因此也被称作"第七艺术"。作为第七艺术,电影在很大程度上综合了其他艺术的表现元素,加上特有的声光电技术和传播手段使其成为所有艺术门类中与人生活距离最近、与人接触最多、对人影响最大的艺术形式。与其他艺术形式一样,电影在提供娱乐休闲、审美愉悦和艺术享受的同时,实现对人心灵的塑造、性情的陶冶和人格的培育。"第三极电影文化"的根本宗旨就是通过电影这种艺术形式弘扬和传播"第三极文化"代表的核心价值和民族精神,用这些核心价值和民族精神塑造心灵、陶冶性情、培

育人格,重塑全民族文化自信的同时建构体现"第三极文化"内涵的社会核心价值体系。

电影从欧洲传入中国,在中国经历了一个先消化、吸收,然后创新、发展的过程。"实事求是地讲,西方电影文化无论在科学技术上,在电影表现潜力的开拓上,在电影理论的探索和系统化上以及在国际电影市场的占有上,始终处于领先。"② 这在中国电影发展早期体现得尤为明显。据统计,1933年,国产片数量为84部,进口片为431部。而其中美国电影约占进口片的80%;1934年国产片为86部,进口片为407部,美国电影占85%。③ 可以说,早期中国电影市场是美国电影的天下。鲁迅先生曾对这样的电影文化现象进行批判,他写道:"我在上海看电影的时候,却早是成为'下等华人'的了,看楼上坐着白人和阔人,楼下排着中等和下等的'华胄',银幕上出现白色兵们打仗、白色老爷发财、白色小姐结婚、白色英雄探险,令看客佩服、羡慕、恐怖,自己觉得做不到。……"④ 在西方电影文化的包围下,构建以民族精神为主体的社会核心价值体系,对早期中国电影而言显得异常艰难。

但作为一种艺术形式,电影要在中国土地上生根、发芽,必须植根具有数千年传统的中国文化土壤。"中国电影不可能不表现中国人的思维方式、价值观念、行为规范和审美情趣,从而形成独特的中国电影文化。"⑤ 因此,反映和表现民族文化、民族精神,对中国电影来说不仅是可能的,而且是电影文化发展规律作用的必然结果。如中国第一部电影《定军山》就是电影技术与京剧艺术结合的产物。1913年上映的中国第一部故事短片《难夫难妻》,描写当时的社会生活,抨击封建婚姻制度,引起观众的热切关注,成为中国电影人自行拍摄故事片的成功开端。1923年拍摄的《孤儿救祖记》成为中国电影具有民族特色的艺术特质的开端。影片甫一公映即大为轰动,甚至外国片商纷纷争购放映权。当时报载:"不特为该公司所摄诸片之最佳,亦足为中国各片之最良者,比之舶来品,当不为低首矣"。⑥ 只有坚守民族文化本性,植根民族文化土壤的电影才能真正为中国观众接受和认可,才能影响、激励和鼓舞观众,才能为构建以民族精神为主体的社会核心价值体系发挥应有的作用。早期的中国电影人就已经通过他们的作品表现出了这种可贵的探索精神和文化品格。

坚守民族文化本性,是"第三极电影文化"的根本所在,但"第三极电影文化"并不排斥外来电影文化。相反,只有在坚持民族文化主体性的基础上,根据时代发展和社会需要不断吸收、借鉴、融合外来电影文化,才能进一步丰富、发展和创新真正植根民族文化传统的、具有鲜明民族特色的电影文化,这种电影文化反过来会更有利于民族文化的传播和弘扬,这正是"第三极电影文化"的要义。这一点,可以从中国电影发展史中找到证明。20世纪二三十年代,处在好莱坞电影文化包围与侵略中的中国电影人,借鉴、吸收了好莱坞电影的一些拍摄手法、叙事技巧,拍出了一些富有民族文化底蕴的经典电影。如《十字街头》在叙事结构上与好莱坞电影《一夜风流》颇为相似;《神女》在叙事技巧上与格里菲斯在《赖婚》里创造的经典的"最后一分钟营救"模式有异曲同工之妙。此外,苏联电影对中国电影也产生过不小的影响。20世纪二三十年代,苏联电影《战舰波将金号》《成吉思汗的后代》《生路》《金山》《傀儡》《夏伯阳》等相继在中国公映,在中国电影界和广大观众中均产生了较大影响。这一时期,一些苏联电影理论也开始逐渐被译介到中国。1928年底,洪深翻译了爱森斯坦、普多夫金和亚历山大洛夫联合发表的关于有声电影的宣言,刊在《电影月报》于该年12月出版的"有声电影专号"上;1930年7月,田汉主编的《南国》月刊第2卷第4期则刊出了"苏俄电影专号",这是中国最早的一本介绍苏联电影的专刊,该刊集中翻译了多篇评价苏联电影创作和电影事业的文章;1932年,夏衍与郑伯奇合作,翻译了普多夫金的《电影导演论·电影脚本论》,连载于该年7月的《晨报》上,颇受欢迎。[7]左翼影评人舒湮认为,自普多夫金的理论著作译介到中国后,"从此国产电影才开始有了规范化的电影剧本和摄制台本,'蒙太奇'这个术语也开始被人知晓"[8]。

在坚守民族文化主体性的前提下,早期中国电影人勇于借鉴、大胆尝试、不懈努力,在20世纪三四十年代掀起了中国电影史上第一个创作高潮。《狂流》《春蚕》《姊妹花》《大路》《渔光曲》《桃李劫》《神女》《十字街头》《马路天使》《小城之春》《万家灯火》《一江春水向东流》《乌鸦与麻雀》等,这些电影从故事展开的情理交融,到人物塑造的形神兼备,再到情节叙事的虚实相生,语言表达的气韵生动,以及整体构成的独特意境,无不充盈着民族文化、民族精神与民族气性,[9]成为中国电影史乃至世界电影史上不朽的经典。

从格里菲斯、爱森斯坦、巴赞、克拉考尔等人的电影理论到法国电影"新浪潮"、意大利新现实主义电影、德国先锋派电影,都对中国电影理论与创作产生过积极、有益的影响。谢晋、李少红、陈凯歌、张艺谋等导演都曾坦言从这些外国电影理论、电影文化中受到过相当大的启发,并将其运用到电影创作实践中。一百多年来,中国电影人一直秉承着深厚的民族文化传统,根据时代和社会发展的需要,不断从这些外来电影文化、电影理论中有选择地吸收营养、借鉴经验，为我所用，浇灌民族电影艺术之花，尝试建立独特的中国民族电影艺术风格，书写了中国电影史上一个又一个辉煌，创作了一大批电影史上的经典之作。

直到今天，中国电影也没有停止对西方电影文化的借鉴和吸收。但必须指出的是，近年来，中国电影在学习、借鉴西方电影文化过程中出现了唯西方电影，尤其是好莱坞电影马首是瞻的现象，不顾中国文化传统、现实国情及中国观众的审美心理，片面追求好莱坞式的大投入、大制作、大明星、高科技及铺天盖地的宣传和炒作，在对好莱坞电影的盲目崇拜、疯狂追逐和亦步亦趋的模仿中，今天的中国电影与"第三极文化"所代表的核心价值和民族精神渐行渐远。这是今天中国电影佳作难见的一个重要原因，也是值得电影界、文艺界、学术界及社会各界深刻反思的电影文化现象。这同样是我们提出"第三极电影文化"的现实依据。"第三极电影文化"不排斥西方电影文化，主张吸收、借鉴、融合各种电影文化，但这种吸收、借鉴和融合是以坚持自身民族文化主体性为前提的，"第三极文化"是"第三极电影文化"的立足之本。借用"中体西用"的说法，"第三极文化"及其所代表的民族精神和核心价值是"第三极电影文化"的"体"，西方电影文化（包括西方文化）是"第三极电影文化"的"用"，民族文化、民族精神是根本和旨归，西方文化、外来文化是手段和工具，绝不能本末倒置。"第三极电影文化"旨在坚持民族文化主体性前提下，根据时代和社会发展需要有选择地吸收、借鉴、融合包括欧洲电影文化、美国电影文化在内的一切电影文化，在进一步丰富、发展、创新的基础上逐步形成具有独立品格、鲜明民族特色同时包容其他各种文化的中国电影文化，进而推动中国电影再创新的辉煌，让电影更好地塑造心灵、陶冶性情、培育人格，建构以"第三极文化"所代表的民族精神为主体的社会核心价值体系。

三、"第三极电影文化"的终极目标：走向世界，建设人类美好精神家园

我们提出，"第三极文化"的宗旨是"会通以求超胜"[①]。这同样是"第三极电影文化"的目标。"会通"是指"第三极电影文化"在坚持民族文化主体性基础上吸收、借鉴、融合各种电影文化。"超胜"不是指中国电影要在技术手段、艺术表现或票房收入上超越或胜过欧洲电影、美国电影或其他各国电影。技术手段的发展是无止境的，技术对于电影而言并非起决定性的作用。换言之，技术手段高并不代表电影

质量一定就高,所以单纯的技术上的超胜意义不大。艺术表现或者说艺术效果,有时标准不一、见仁见智,很难说总体上哪一种电影文化可以超越或胜过另一种电影文化。票房收入的高低通常只意味着电影的商业成败,不能完全用票房收入衡量电影文化。"第三极电影文化"追求的"超胜",有两层含义:一是指中国电影文化的"自我超胜",即在坚持民族文化主体性基础上,根据时代和社会发展需要,通过吸收、借鉴、融合欧洲电影文化、美国电影文化,实现自身电影文化的不断丰富、发展和创新;二是指世界电影文化的"整体超胜",即在中国电影文化"自我超胜"的基础上,形成独具特色的"第三极电影文化",与欧洲电影文化、美国电影文化及其他各种电影文化一道相互影响、相互作用、相互融合、共同发展,一起构建和谐的世界电影文化,推动世界电影文化不断发展和创新,为建设人类美好精神家园作出应有的贡献。这是"第三极电影文化"的终极目标。

要实现这一目标首先要让"第三极电影文化"走出中国,走向世界,为世界所了解。"第三极电影文化"以电影作品为依托,"第三极电影文化"走向世界的前提是中国电影走向世界。中国电影走向世界的历史可以追溯到 20 世纪 20 年代。有数据显示,20 世纪 20 年代至 40 年代,共有 18 部国产影片进军美国、英国、苏联、新加坡、越南、缅甸、菲律宾等国家和香港、澳门地区。[11]1934 年,蔡楚生导演的《渔光曲》在莫斯科国际电影节获奖。这是我国第一部在国际上获奖的故事片。此外,差不多同一时期的古典名剧《庄子试妻》、评剧武生戏《四杰村》、故事片《莲花落》《城市之夜》《母性之光》、古装片《西厢记》《姊妹花》《三个摩登女性》《天伦》等影片都曾在国外或海外上映,有的引起不小的轰动。20 世纪 50 年代的《中华女儿》《钢铁战士》《白毛女》等影片;20 世纪 60 年代的《五朵金花》《聂耳》《女篮五号》《大闹天宫》等影片;20 世纪 70 年代的《小号手》《地雷战》等影片;20 世纪 80 年代的《小花》《舞台姐妹》《农奴》《苗苗》《天云山传奇》《归心似箭》《黄土地》《边城》《良家妇女》《老井》《红高粱》等影片;20 世纪 90 年代的《黄河谣》《本命年》《菊豆》《芙蓉镇》《大红灯笼高高挂》《过年》《秋菊打官司》《香魂女》《血色清晨》《双旗镇刀客》《霸王别姬》《黑骏马》《红樱桃》《二嫫》《阳光灿烂的日子》《摇啊摇,摇到外婆桥》《鸦片战争》《红色恋人》《红河谷》《一个都不能少》等影片都在国际电影节上获得过各种奖项。越来越多的中国电影开始在世界电影艺术舞台上展示自己的风采。这些电影之所以能够走向世界,获得认可,根本原因在于大部分电影具有深厚的民族文化底蕴、鲜明的民族特色和独特的中国民族电影艺术风格,堪称"第三极电影"的代表。

中国电影走向世界,是实现"第三极电影文化"目标的内在要求,也是几代中国电影人的艺术理想。直到今天,许多电影人一直在为此而努力。中国电影要走向世界,除了坚守民族文化本性外,还需要吸收和借鉴包括欧洲电影、美国电影及其他各国电影在内的有益经验,也是毋庸置疑的。在2000年香港"第二届国际华语电影学术研讨会"上,美国威斯康星大学的大卫·鲍威尔(David Bordwell)教授在他提交的论文《跨文化空间:华语电影即世界电影》(*Intercultural Spaces*:*Chinese Cinema as World Film*)中,有这样一段话:"直率地说,中国电影是属于中国的,但它们也是电影。然而,电影作为一种强有力的跨文化媒介,不仅需要依靠本国的文化,同时也需要吸收更加广泛的人类文明,尤其是分享其他文化的成果。只有具备了吸收不同文化的能力,中国电影才能真正冲出国界并为全世界观众所接受。"[12]我们基本同意这样的观点。但需要指出的是,"第三极电影文化"对其他电影文化的吸收、借鉴是坚持民族文化主体性前提下的有选择、有比较、有鉴别、有分析、有批判性的吸收和借鉴,而不能为了走向世界则削足适履地按照欧洲电影、美国电影或其他电影文化的标准进行中国电影创作。

遗憾的是,近些年"出现了用外国电影语言、价值标准,拍摄被改造了的伪中国故事的影片,以娱乐西方人特别是西方某些选片人为目标的影片,虽可获得一些外国人的青睐,却始终为中国观众难以接受"[13]。近年在国际上获奖的、所谓的被国际认可的一些影片中,有大量反映乱伦、偷情、同性恋、一夫多妻、封建男权或社会阴暗面的内容,实际上恰恰是这些内容迎合了西方某些人的低级趣味,这在很大程度上造成了中国电影在世界上"越来越受欢迎""影响力越来越大"的幻象。我们以为,这样的电影不是"第三极电影"。"第三极电影文化"目标的实现要求中国电影走向世界,与世界接轨,"所谓中国电影与世界电影的接轨,绝不应是中国影片的西方化,而应当是地道的中国文化与价值观、艺术精湛、制作精致的影片,成为世界电影艺术大花园中的一枝奇葩。倘若世界电影都是一个模式,那是电影艺术的末日"[14]。

"第三极电影文化"旨在用具有深厚的民族文化底蕴、鲜明的民族文化特色和独特的中国民族电影艺术风格,同时包容各种文化的中国电影与世界各国电影一道构成丰富多彩、和谐共生的世界电影文化,推动世界电影文化朝着更加文明、健康、理性,符合社会发展和人类进步的方向发展,让电影回归到电影艺术本身,更好地达到电影的"艺术境界","以宇宙人生的具体为对象,赏玩它的色相、秩序、节奏、和谐,借以窥见自我的最深心灵的反映;化实景为虚境,创形象以为象征,使人类最高的心灵具体化、肉身化"⑮。这种艺术的境界,"既使心灵和宇宙净化,又使心灵和宇宙深化,使人在超脱的胸襟里体味到宇宙的深境"⑯。这是"第三极电影文化"的终极目标。

综上,我们在"第三极文化"理论设想基础上提出"第三极电影文化"构想,旨在坚持民族文化主体性的前提下,根据时代和社会发展需要,吸收、借鉴、融合包括欧洲电影文化、美国电影文化在内的各种电影文化,不断丰富、发展和创新中国电影文化,使电影这种艺术形式更好地反映"第三极文化"所代表的核心价值和民族精神,进而有利于构建社会核心价值体系。最终,我们期望"第三极电影文化"能成为中国电影在新百年再创辉煌的精神动力,让中国电影更好地走向世界,为构建和谐的世界电影文化,推动世界电影艺术发展,建设人类美好精神家园作出应有的贡献。作为一种理论构想、一种文化目标,"第三极电影文化"的实现不可能一朝一夕、一蹴而就。这种理论构想本身还需要进一步丰富和完善,这一目标的实现最终要依托大量的"第三极电影"作品。因此,要实现"第三级电影文化"目标,电影界、文艺界、学术界及社会各界,任重而道远!

注释:

① 关于"第三极文化"的概念提出、内涵,详见笔者《关于"第三极文化"的设想与讨论》(《艺术评论》2010年第5期)、"第三极文化"的设想与思考》(《"第三极文化"理论研究论文集》)、《"第三极文化"的命题、内涵及目标》(《"第三极文化"理论研究论文集》)等文。

②⑤ 罗艺军:《中国电影文化之走向》,《电影艺术》1994年第2期。

③ 参见高小健:《20世纪30年代中国电影对美国电影的态度》,《上海大学学报》(社会科学版)2006年第5期。

④ 鲁迅:《电影的教训》,转引自高小健:《20世纪30年代中国电影对美国电影的态度》,《上海大学学报》(社会科学版)2006年第5期。

⑥⑨ 黄会林、绍武:《黄会林绍武文集·电影研究卷》,北京师范大学出版社2009年版,第4、18页。

⑦ 参见周斌:《百年中国电影与中外文化》,《复旦学报》(社会科学版)2005年第5期。

⑧ 舒湮:《电影的"轮回"》,《新文学史料》1994年第1期。转引自周斌:《百年中国电影与中外文化》,《复旦学报》(社会科学版)2005年第5期。

⑩ 《明史·徐光启传》。

⑪ 金宝山:《最早走向世界的中国电影》,《中国档案报》2004年9月24日第1版。

⑫ 转引自彭吉象:《全球化语境下的中华民族影视艺术》,《现代传播》2001年第2期。

⑬⑭ 苏叔阳:《关于电影文化的点滴随想》,《新视野》1996年第5期。

⑮⑯ 宗白华:《美学散步》,上海人民出版社1981年版,第70、86页。

现代书刊中的上海城市形象讨论与传布[*]

◆ 张鸿声

"上海",不同于上海。后者是一个城市,前者则是关于上海城市形象的知识文本。它不断被各种文本意义所堆积,又不断被赋予意义。在20世纪,上海的城市形象主要表现为一种现代性意义,从而导引出对上海的公共性认知,也可说是一个关于上海城市的知识"共同体"。在近现代中国,现代性不仅成为共时性的存在,也会因时代中心任务的变迁而呈现出阶段性,因而,所谓"上海"也会在不同的时期呈现出不同的城市形象。正如杜维明所说:"很明显,上海价值,不是静态结构,而是动态结构。上海的价值体系是在变动不居的时空中转化……"所以他认为:"既然是动态过程而非静态过程,就必须避免本质主义的描述。"[①] 在整个上海近代历史中,从上海开埠到国民党的"大上海建设"计划,再到沦陷时短命的伪上海"大道"政府和伪"维新政府"[②],再到上海解放与浦东开放,其间包含了数次基本价值的转移。比如开埠意味着上海被纳入世界(特别是西方)价值体系;国民政府"大上海"计划则包含了民族国家建立的民族主义努力;沦陷时期的"新上海"是在日伪统治之下,试图"摆脱欧美体系"的"亚洲"意义[③];解放上海意味着"中国化""重回中国价值"的"解放"含义,浦东开放再一次意味着重新走向全球化的意义等等。因此,上海城市形象也经历了各个阶段的变化。比如,晚清时代的国家维新形象、左翼文学的殖民地国家意义与"社会革命"发生地的形象,自20世纪30年代开始的民族国家构建、50~70年代社会主义新中国与国家工业化形象、80年代国家僵化体制下的"堡垒"形象以及90年代全球化图景下的国际化形象等等。

---

[*] 原载于《现代传播》2011年第4期。

本尼迪克特·安德森认为,现代国家是一个"想象的共同体"。想象的过程主要依靠两种媒体——小说与报刊。小说和报刊"为'重现'(representing)民族这种想象的共同体提供了技术手段"④,构建了人们共同的国家知识。事实上,对一个国家首位城市的知识"共同体",也是由报刊的传布进行的。本文以纵向描述为线,以对书刊中重要的上海城市形象讨论的考察为点,描述"上海"形象如何经由报纸、书刊推广成全国性的普遍化的上海城市知识,乃至一部近代以来中国国家的意识形态和寓言,以期大致构成对上海城市形象的整体性认知。

一、"窗口"与"飞地"

学者熊月之曾对近代以来的上海特性讨论分为两个集中的时期:一是清末民初,一是30年代⑤。在他看来,清末民初已有了对上海现代性的盛赞。当时的《申报》《民立报》《新闻报》《新青年》等报刊都有大量的文章。《民立报》曾在民国初年发表《上海之表面》《最文明之上海》与将上海和其他城市进行比较的《上海与北京》《上海与南京》《上海与天津》《上海与汉口》等文。《申报》则在1919年,连续两月连载23篇讨论上海城市特性的文章。由于报刊的倡言,上海至1881年已有"东方巴黎"之称。《申报》社论曾说"人之称誉上海者,以为海外各地惟数法国巴黎斯为第一,今上海之地不啻海外之巴黎斯"。⑥甚至"吾谓英之伦敦,未及吾之海上之富有也,法之巴黎,无过吾海上之奢丽也。"⑦有人则视上海为中国面向西方文明的窗口。从郭嵩焘、刘光第、康有为、梁启超、章太炎、蔡元培、刘师培、张元济、严复、章士钊、陈独秀、马君武等均有此类表述。姚公鹤曾在报刊上发表大量文章,后于1917年结集为《上海闲话》在商务出版。⑧他认为上海是中国的社会中心,说"上海者,外人首先来华之根据地,亦西方文化输入之导火线也"。蔡元培甚至说:"黑暗世界中,有光彩夺目之新世界焉。……此地何?曰上海。"⑨在于右任主持的《民立报》上,曾有这样的断语:"上海者,新文明之出张所"。"一有举动,辄影响全国……故一切新事业亦莫不起于上海,推行于内地。斯时之上海,为全国之企望,负有新中国模型之资格。"⑩直到30年代,初到上海的林庚还说:"这个现代的都市与我以初次的惊奇,车过静安寺路时那百乐门舞场的灯火,是北方所从来看不见的。路的好、街的整洁,在一恍惚里,我只看到一个纯粹现代化的社会……"⑪。许多未曾留洋或长期寓居内地的文化人,是最先从上海得到对现代文明的初步印象的。由此,关于上海是西方文明的"窗口"这一说法开始固定下来。

  对于上海城市形象,清末民初报刊讨论的另一方面是对上海的道德性憎恶。此时报刊的上海见闻,各种嫖界指南、大观、黑幕、揭秘、传奇、游骖录、繁华录等几乎不可计数,上海的各种丑恶,举凡烟、赌、娼、淫戏、淫书、坑、蒙、拐、骗、买官卖官、流氓、拆白党、白相人,也无一不有。在多数表述中,上海是与传统中国对立的异数。这种意义上的道德厌恶带有关于想象的意味:内地不可能发生的事情,在上海都可以发生。甚至在英语报刊中,"shanghai"一词的俚语含义是:用酒或麻醉剂使某人失去知觉,劫持到海盗船上作水手。在中国人眼中,上海是一个难以认同的尤物。它的高度运转、聒噪繁乱、贫富悬殊、道德沦丧,乃至上海人住处的逼仄、视野的迫促,都难以吻合人们传统的归属感,以至时时被称为"红尘十丈""水深火热"。还有论者称:"上海者,醇酒妇人之渊薮也。"[12]病僧在《上海病(一)》中说:"上海人之气多洋气,而以洋奴为荣,而其实则充卖国气以陶铸卖国奴也。"[13]这位论者对于上海人堕落原因的分析,主要在于上海人价值系统中的"崇洋"倾向。近代以来对于上海道德厌恶的各种文字,其基础在于上海作为"飞地"的状态。也就是说,上海被作为了"非中国化"的特异事物。其不被看作是中国固有之物,而是强调上海之特异于整个中国,表现了人们对传统文化价值体系在上海全面崩坏的恐惧。

  新文化初期,陈独秀居然写下《上海社会》《再论上海社会》《三论上海社会》《四论上海社会》等篇,将上海说成是到处"算盘声、铜钱臭"的地方。他说:"什么觉悟,爱国,利群,共和,解放,强国,卫生,改造,自由,新思潮,新文化等一切新流行的名词,一到上海仅仅做了香烟公司、药房、书贾、彩票行的利器。"[14]或许这可以算作是"五四"时期的城市想象,城市居然被赋予了乡村式的反启蒙的意义。此后,文人们依旧坚持着对于上海的批判。王统照认为,上海"各种人民的竞猎,凌乱,繁杂,忙碌,狡诈,是表现帝国主义殖民地的威风派头"[15]。梁遇春则直斥"上海是一条狗"[16]。傅斯年将上海看成毫无创造力的地方,"绝大的臭气,便是好摹仿"[17]。郭沫若将上海咒之为:"游闲的尸,淫嚣的肉""满眼都是骷髅,满街都是灵柩。"[18]林语堂直斥上海是"铜臭""行尸走肉"的"大城",是"中西陋俗的总汇",是"浮华、平庸、浇漓、浅薄",还有"豪奢","贫乏","淫靡","颓丧"[19]。周作人虽然辩证一些,认为"上海气是一种风气,或是中国古已有之的,未必一定是有了上海滩以后方才发生的也未可知。因为这上海气的基调即是中国固有的恶化"。但对于"恶化"之因,他又认为"上海滩本来是一片洋人的殖民地,那里的(姑且说)文化是买办流氓与妓女的文化,压根儿没有一点理性与风致",因此,这种"恶化""总以在上海为最浓重,与上海的空气也最调和。"㉑因此,人们不断疾呼:"回去、回去,上海不可久留。"㉒甚至像叶灵凤这样的上海时髦青年,在游历了北平之后,也一再表示:"我真诅咒这上海几年所度的市井生活。"㉒即使是在某些情感上亲近都市的作家,也都意欲逃离上海。张爱玲由高层公寓生活中发现的,却是解脱上海烦嚣的所在:"公寓是最合理想的逃世的地方。"㉓柯灵面对"人海滔天、红尘蔽日"的上海,在夜间寻觅些许"片刻的安宁",于冷清的末班电车与街头小铺中领略人际的温馨与"辽远的古代"的意蕴。㉔

在清末与民初关于上海城市形象的讨论中,有两个关键词,即"窗口"与"飞地",是百余年来人们对上海认识的主导性表述语汇。"窗口"一词,是由"东西贸易之枢纽""新文明之出张所""文明的渊薮"等描述而来,并得到了世界性的认同。"飞地"一词,则包含了"堕落""沦丧"等"非中国化"的深层意义,不仅隐含了上海作为资本主义形态在中国的特异存在,而且含有上海与中国内陆地区的文化、政治经济反向的理解。两个关键词大体包含了近代以来人们对上海的基本看法,不断地见诸讨论上海城市形象的叙述中,构成对上海固定的表述语言。

二、"京海之争"

至20世纪30年代,文学报刊方面也开始了对于上海城市现代性形象,特别是物质形象的表述。施蛰存、徐霞村、刘呐鸥、戴望舒等人于1928、1929年前后出版《无轨列车》与《新文艺》,而且刘呐鸥还独资开办"水沫书店",刊载、发表描写上海现代性的都市小说。在《新文艺》后期,穆时英也初出茅庐。1932年5月,由施蛰存主编的《现代》杂志创刊,标志着其作为一个流派正式集结,并引动众多上海文学青年仿效加盟,如叶灵凤、黑婴(张又君)、徐霞村等人,形成30年代海派作家群。

刘呐鸥率先出版描写上海洋场生活的《都市风景线》。他把上海当成了西方式物质都会,认定上海有着"这飞机、电影、JAZZ、摩天楼、色情、长型汽车的高速度大量生产的现代生活",被称为"描写现代都市的第一人"。之后,张若谷也出版了描写上海法租界生活,带有法国情调的《都会交响曲》。徐霞村在谈到自己的诗作时,还直接用"都会主义"一词进行概括,同时声称,之所以要采用"应付我们新内容的文体",是为了"欲将现代生活的速率把握住"。㉕1930年,邵洵美、张若谷等创办《时代画报》,每期皆有描写上海现代性时髦生活的作品。曾虚白、徐蔚南、崔万秋等人开办《真善美》杂志,欲造成一种"法国风沙龙的空气"。梁得所主编《小说》杂志,穆时英、叶灵凤主编《文艺画报》,也呈现出上海特有的现代物质消费特征。海派的创作风尚广泛影响了上海的其他报刊,如《良友》画报、《东方杂志》《申报月刊》等老牌刊物。这些刊物的装帧、版面设计与插图,也都表现出了都市现代趣味。内容上除去文学,还有戏坛、画坛、影坛报道,其中较引人注目的是"画报"倾向,大量登载一些与作品并无多大干涉的明星、校花照片等时尚人物照片,增加了物质消费、娱乐乃至颓废的成分。

海派作品中的上海都市现代形象,从施蛰存在《现代》杂志4卷1号发表《关于本刊的诗》一文中可以看出。他从诗歌创作角度指出:"现代中的诗是诗,而且纯然是现代的诗。它们是现代人在现代生活中所感受到的现代的情绪,用现代的辞藻排列成现代的诗形。"作者还对所谓上海现代生活作出定义:"所谓现代生活,这里面包括各式各样的独特的形态;汇集着大船舶的港湾,轰响着噪音的工厂,深入地下的矿坑,奏着Jazz(爵士)乐的舞场,摩天楼的百货店,飞机的空中战,广大的竞马场……甚至连自然景物也和前代不同了。这种生活所给予我们的诗人的感情,难道会与上代诗人从他们的生活中所得到的感情相同的吗?"这段对现代性生活的定义,与刘呐鸥"酒馆和跳舞场和飞机的现代"的评语是一致的,都是对作为西方物质现代性的上海形象的把握。海派小说还表现了对欧美城市形象的想象,如时人所论:"上海文豪,下笔却为'神秘的厅'、'兆丰花园'、'霓虹灯'、'考而夫'、'甘地诺珊'诸如此类带译名、带绰号的'海景',……青年作家所投寄的小说,却十之七八是在海景里翻筋斗。"㉖这种情形被茅盾讥评为:"上海是发展了,但发展的不是工业生产的上海,而是百货商店的跳舞场电影院咖啡馆的娱乐的消费的上海!"呈现出"生产缩小,消费膨胀"的畸形状态。㉗

可以想见,文学上的京、海之争,也是必然会出现的。对"海派"的批判,首先见于北平文人沈从文在天津《大公报·文艺副刊》1933年10月18日上的《文学者的态度》一文,批评某些上海文人对文学不严肃的狎玩态度,也批评上海城市的不良习性。其实,沈从文这话并不单是针对上海文人的,他说:"这类人在上海寄生于书店、报馆、官办的杂志,在北京则寄生于大学、中学以及种种教育机关中。"对于沈从文的指责,上海方面一片哗然,众多文人、作家纷纷卷入。上海文坛的苏汶(杜衡)最先作出强烈反应。他在同年12月上海《现代》杂志上,发表《文人在上海》一文,认为沈从文所谓海派,"大概地讲,是有着爱钱,商业化,以至于作品的低劣,人格的卑下这种意味"。苏汶不同意这种看法,并为"上海气"正名说:"也许有人以为所谓'上海气'也者,仅仅是'都市气'的别称,那么我相信,机械文化的迅速的传布,是不久就会把这种气息带到最讨厌它的人们所居留的地方去的。"此后沈从文又两次撰文,将海派一词界定为"名士才情"与"商业竞卖"结合的一种恶劣习气,表明这并不是对居留上海的鲁迅、茅盾、叶圣陶甚至包括苏汶等一大批从事严肃创作的文人的指责,并寄言上海作家与北平文坛联手,来"消灭海派恶习"。

"京海之争"虽发生于文学领域,其实也是对上海城市形象的看法,因此引发了文坛对上海形象的讨论。鲁迅在 1934 年 1 月 30 日写下《"京派"与"海派"》《北人与南人》。他在前一篇文章中说:"作家籍贯之都鄙,固不能定本人之功罪,居处的文陋,却也影响于作家的神情","北京是明清的帝都,上海乃各国之租界,帝都多官,租界多商,所以文人之在京者近官,没海者近商,近官者在使官得名,近商者在使商获利,而自己也赖以糊口。要而言之,不过'京派'是官的帮闲,'海派'是商的帮忙而已。"㉑此后,徐懋庸、曹聚仁、姚雪垠、胡风、阿英等人的看法基本与鲁迅一致。如曹聚仁说:"京派不妨说是古典的,海派也不妨说是浪漫的,京派如大家闺秀,海派如时髦女郎。"及至 1947 年,杨晦、夏康农等在上海《文汇报》和《新文艺》重新讨论京派与海派,则基本上局限于文学范围了。

三、从殖民地到民族解放的象征

20~30 年代,上海日益明显的资本主义化进程以及由此而带来的社会整体变迁,使城市开始成为国家生活主体。由茅盾、郑振铎向全国征集合编的《中国的一日》文集,绝大多数是记录城市人特别是上海人的生活的。因此,对上海城市形象的讨论再起高潮,但讨论的问题与前不同。清末民初时期,不管是立足于现代意义上对上海"未来"想象的"维新"题材,还是政治、科幻小说中的国家想象,都基于现代化这一角度。经由"五四""五卅"运动之后,上海作为帝国主义侵略中国的大本营这一形象益发凸显。因此,二三十年代对上海城市象征性的讨论,主要是其殖民性,与帝国主义侵略联系在一起。诚如有的学者所说:"上海在刺激现代中国民族主义的兴起中,起到了重要作用。"㉒其实,早在 20 世纪初,关于上海城市的殖民性以及其与殖民主义、帝国主义的关系就开始提出。当时如《警钟日报》《民立报》《神州日报》等常有蔡元培等革命党人的文章,并提出上海形象是美丑合一的命题。其中"丑",就指的是白人统治下的主权丧失。另外,30年代后,由欧美人士撰写并有中西版本的上海著作如《秘密的中国》(1933)、《上海——冒险家的乐园》(1937)、《出卖的上海滩》(1940)、《上海——罪恶的城市》(1945),更加深了人们对上海殖民形态的认知。

大规模对于上海殖民特性的讨论,由当时的《新中华》杂志发起。1934年,《新中华》杂志以"上海的将来"为题发起了征文,寓居上海的名人如茅盾、郁达夫、章乃器、王造时、孙本文、李石岑、林语堂、沈志远等纷纷应征,其中的79篇文章被辑为《上海的将来》一书,由中华书局在同年出版。文章大都从国家立场出发,认定上海是帝国主义统治中国、国际资本侵略中国经济的中心,并大量使用"吸血""压榨""剥削阶级""国际资本帝国主义""殖民地""畸形"等政治与经济词汇。此后,反帝理论与阶级对立学说开始引入上海城市形象分析。

对上海城市殖民特性的认识,以左翼人士为代表,比如茅盾。在茅盾30年代的文字中,总体背景是1929年爆发的西方经济危机。在此背景下,茅盾认为,在西方资本主义中心之下,处于边缘的中国社会总体上不仅不能进入资本主义,反而更加边缘化(即所谓"更加半殖民地化")。因此,茅盾把中国30年代上海的国际背景理解为西方的经济侵略。在《上海》一文中,茅盾指出:在全上海工厂资本中,华商只占不到30%,而日商却占了近50%,日本人在上海的经济势力超过了中国人的一半。为了"准确"分析上海的经济状况,茅盾花大量时间去做经济学的研究。他在《申报月刊》《东方杂志》《青年知识》等报刊发表从社会学、经济学角度考察上海的文章,如《上海》《交易所速写》《"现代化"的话》《上海大年夜》《狂欢的解剖》《上海——大都市之一》《孤岛见闻》《都市文学》《机械的颂赞》等等。其中,《上海——大都市之一》以祖孙三代的对话讲叙上海近代都市发展的源流、现状与将来。此文的标题为:一、"六十年前的上海";二、"上海的特殊地位如何造成";三、"狂热的投机市场和不出烟的烟囱";四、"鸽子笼";五、"上海之将来"。他重点叙述了上海租界的形成、租界特权、上海工业的发展、银行的鼎盛与证券交易、住房状况等。其中准确的史实与数字统计达到了专业化深度,实是一部上海发展史话。同时,茅盾将由经济上得出的"上海在资本主义中心格局下更加边缘化"的结论,最终导向其有关民族国家的表述。在这一点上,茅盾不同于晚清民初上海小说的民族主义"想象"传统。虽然同样具有世界主义背景,但与后者希望在新的资本主义格局中重塑中国霸权的想象完全不同,而是表明了对世界主义本身所包含的殖民性认识,即中国进入世界,不可能成为"列强",而是被"殖民"。

另一方面,同属于国家形象的象征,随着国民政府统一全国,上海作为民族国家独立解放的形象开始显现。

自上海开埠以及庚子年"东南互保"之后,上海一直享有"治外法权"和高度自治,不进入中国国家行政范围。1927年7月,国民政府决定上海为"中华民国特别行政区域",定名"上海特别市",不入任何省、县行政范围。上海市政府成立时,蒋介石亲临仪式,并从民族国家的意义上评述"新上海":"上海特别市乃东亚第一特别市,无论中国军事、经济、交通等问题无不以上海特别市为根据。若上海特别市不能整理,则中国军事、经济、交通等则不能有头绪","上海之进步退步,关系全国盛衰,本党胜败"。㉙1927年11月,"新上海"开始规划建设。至第三任市长张群,"大上海建设计划"拉开序幕。"新上海"建设带有浓重的国家色彩,以民族主义建筑样式取代西洋风格。在北郊五角场一带的市中心区域初步建成后,上海市市长吴铁城说:"今日市府新屋之落成,小言之固为市中心区建设之起点,大上海计划实施之初步,然自其大者、远者而言,实亦我中华民族固有创造文化能力之复兴以及独立自精神之表现也。"㉚

应该说,这并非政府一厢情愿。因为,将上海建设视为国家独立的新中国民族意义,与当时对上海殖民地形态的认识,共同构成了30年代国人对于上海形象的认识。像殷夫这样的左翼诗人,虽诅咒"上海是白骨造成的都市,鬼狐魑魅到处爬行"㉛,但认为上海也是"中国无产阶级的母胎"(《上海礼赞》),并豪言:"五卅呦,立起来,在南京路走!"如果说茅盾《子夜》构成了对"半封建半殖民地"现时上海认识的话,那么"大上海建设计划"则是对上海代表的未来中国国家的想象。比如,在《新中华》杂志发起的"上海的将来"征文中,就有人设想中国收回上海租界,公共租界改名为特一区,法租界改名为特二区;㉜所有洋行、银行、报馆都改为了中国办事机关与学校。更有意思的是,有人还甚至预言,未来的跑马厅将建成可容二万人的图书馆,跑马场将被辟为"人民公园"。㉝这一设想在新中国成立后居然变成了现实!1943年,汪精卫凭借日本势力"收回"了公共租界并亲临上海主持仪式。法租界"收回"时间较晚,是由于当时法国维希政府已属轴心国阵营。在当时,这一行为被汪伪集团认为是所谓中国"摆脱西方殖民体系"以及"民族解放胜利"的标志。当时的报刊也是在所谓"民族独立"的立场上对此加以评论,如"深赖友邦日本协力,结束帝国主义租界制度的丰功伟绩"⑰。

四、社会主义建设中心、"上海病"、全球化

在1959年新中国成立十周年之际,对于上海城市形象的讨论又成为公共话题。在官方的倡导下,上海全民都参与其中,并出现了一些标志性的出版事件:一是特写集《上海解放十年》;二是《上海十年文学选集》巨型套书,其中包括话剧剧本、短篇小说、论文、特写报告、散文杂文、诗歌、儿童文学、戏曲剧本、电影剧本、曲艺等十种。两种书都带有上海社会主义建设十年的"总结"性质。《上海解放十年》的大部分作者都是上海解放与建设的亲历者,全集近百篇文章,共计40万字。全书内容可分为上海工人阶级与解放军的政治、军事斗争,上海社会主义经济建设与上海人民的新生活三类,大致体现了当时人们对上海认识的几个方面。其中,关于"新旧上海"的城市特性是全书的内容核心:旧上海不仅是"冒险家的乐园",同时"又是我国工人阶级最集中的地方,是中国革命的摇篮"⑱。张春桥在全书的绪论中说:"人们都说上海是我国最大的城市,是我国最重要的工业基地和文化中心。对不对呢?答案是肯定的,这是中国人民长时期艰苦劳动的成果。"同时,该书又包含了对新旧上海的区别性认识,即"上海的工人阶级和劳动人民在党的英明领导下,如何以历史的主人的姿态继承并发扬了工人阶级的革命传统,把一个半封建、半殖民地的旧上海,从经济基础到上层建筑进行了一番彻底的改造"⑲。总体来看,讨论表明了对上海由国际性都市变成中国国内工业中心的认识。此外,当时出版的《上海民歌选》《上海人跃进的一日》与《上海民间故事选》《上海故事选》等群众创作文集,以及《上海文学》《文艺月刊》《收获》杂志,也都有讨论上海特性的文字,共同构筑了上海作为无产阶级革命和建设中心的国家象征形象。

从经济上来说,20世纪50年代以后的中国现代化是以国家工业化形式推动的。它虽然承续了近代以来的现代化进程,却并不建立在上海等口岸城市经济的基础上。相反,上海城市除工业化一项之外,它自身的外贸转运、金融贸易与服务性行业功能,都由于日渐脱离西方世界而趋于减弱,变得相当封闭。不过,中国官方在《人民中国》杂志的文章却这样看待上海经济的性质:"新上海是通过商业的物资交流而跟国内其他各地密切联系的。由于面向国内,而不是面向海外,它在政治上、经济上和文化上跟国家合成一体。它为国家的需要竭诚效劳。今天,上海已从

中国经济生活中传染病扩散的病源,变成了一个新中国力量的源泉。"⑱ 上述这篇文章,其总的观点在于强调上海经济的国家性,体现在其与国内的联系而非海外。这一时期,"总体来说,上海价值是以全国利益为目标,由一种工具理性和社会工程而规定。毫无疑问,站在计划经济的宏观视域中,上海的定位是政府(北京)根据全国总体利益而形成的,是外部因素为前提强加的"⑲。经过30多年的发展,上海已经成为中国计划经济体制的代表性城市,至80年代,已有"上海病"之说。1980年10月3日,上海市委机关报《解放日报》曾以整版篇幅刊载上海社科院经济所沈峻坡的长文《十个第一和五个倒数第一说明了什么——关于上海发展方向的探讨》,"编者按"号召读者"联系实际、回顾历史、分析现状","使上海这个经济巨人从病态上迅速康复起来"。此文在遭到数年批评后,于1986年获得上海市哲学社会科学奖,并在1986年9月20日的《解放日报》头版被报道。这一情形似乎成为对80年代上海经济文化在全国地位认识的一个注脚,即上海的衰落。上海经济在全国所占比重至1979年下落至1/8,至1981年更降至1/14,而在1986年,上海工业破天荒地出现负增长。上海的经济神话不仅结束,而且已成为国家计划体制下最大的牺牲品。

由于90年代全球化的迅速推进,中国又一次被卷入关于世界主义的"世界化""全球化"的神话魔咒中。上海作为全球化城市的特质重新显现,并形成90年代宏大的关于旧上海的集体"想象的共同体",讨论上海的全球化图景成为一种国际性文化时尚。同时,旧上海也被重新赋予了充分现代性、"全球化"的想象。浦东开发后的"新上海"被嫁接于30年代旧上海的"全球化逻辑之中",成为一种上海形象的"再生产"。1989年,上海古籍出版社搜录上海社科院所藏稀见的上海史笔记旧刊本、抄本及手稿,校订、编辑后以"上海滩与上海人"丛书出版。该丛书以10册为一辑,每册1~4种。丛书的出版说明说:"上起1840年,下迄1949年,上海滩十里洋场中的形形色色,举凡方言民俗、城建市政、通商贸易、游艺百戏,乃至各国旗色、巨公名园、趣闻轶事,都可以从中找到踪迹,回溯原委。"2003年,上海古籍出版社又出版上海史研究译丛大型丛书。当然,此二者还属于学术范围。1994年,《上海文化》创刊,创刊号上题为《重建上海都市形象》等文章,将"怀旧"作为了"重建"上海最直接的方式。之后,素素的《前世今生》与陈丹燕的旧上海系列作品风靡一时。1997年开始,《申江服务导报》推出"发现上海"栏目,叙写20世纪上半叶旧上海的人事、风物。也就是说,所谓其"发现"的"上海",不是现在或未来的上海,而是上海的殖民地时代。1998年,《万象》杂志创办,直接套用了40年代上海孤岛及沦陷时期的一份出版物名称。2001年《上海文化》杂志推出"想象上海"栏目,《上海文学》则开辟"记忆·时间"与"上海辞典"栏目,通体以对旧上海的怀恋为主要内容。甚至于像《解放日报》《文汇报》《新民晚报》等官方主流媒体,也纷纷设立类似栏目。《解放日报》在2010年连续发表"探寻申城'新'与'旧'"的系列文章,以上海的老马路、老城墙、老厂坊等为记述对象。凡此种种,都力求塑造一个曾经有过但又消失多年的旧上海形象。2003年11月,时值上海开埠160周年,全城几乎处于"市庆"的狂欢中,各大媒体都相继推出了专刊,甚至《申江服务导报》和《东方早报》还有160版的特刊,都把上海描画为现代性的、摩登的西方化都会。可是,与开埠相伴随的"沦陷""不平等条约"等含义,却早已不知所终。更有意思的是,在2004年上海解放55周年之际,只有《文汇报》提到了"解放"这一重要事件,且是在最后一个版面!2010年,世博会在上海举办。依托世博现象,国人开始了对于上海全球化与"西方身份"的想象。甚至于连梁启超、陆士谔等在民初发表的《新中国未来记》和《新上海》等小说,也被发掘其预言的"浦东开发""世博会""地铁""南浦大桥"等"全球化"意义。不过,国内媒体构筑的世博会意义上的"上海",是其与西方的摹本关系。《解放日报》《文汇报》《南方周末》等连篇累牍地展开对于上海的全球化描述。《南方周末》在2010年10月,设栏讨论世博会背景下的上海,其结论是上海城市特性主要是与西方的联系。2010年3月,《新华月报》开设"上海世博:中国与世界对表"专版,更加强调上海的"世界性"。多数媒体中的上海,被凸显出其西方意义,而不是中国意义。

"上海",这个在不同层面上被转喻意义的城市形象概念,终于在30年代旧上海的全球化现代性当中重新获得意义。新中国成立后不断赋予上海的社会主义工业化城市、"工人阶级的老大哥""'文化大革命'的中心"等等符码,又让位于"国际花花公子""十里洋场""冒险家的乐园"等不同于中国国家的"世界"与"西方"身份,凝聚着中国人渴望进入世界,与西方"接轨"的现代身份诉求。历史如宿命般的不可逃离。自1842年以来,上海百年来的城市形象谱系,至21世纪又成为一个轮回。

注释:

① 杜维明:《全球化与上海价值》,《史林》2004年第2期。

② "上海大道市政府"是1937年12月由小汉奸苏锡文在浦东成立的,下属13个区公所。1938年3月

梁鸿志在南京成立"中华民国维新政府"后，成立"上海市政府"，但不管理租界。汪伪政权后，才成立"正宗"的所谓"上海特别市政府"。

③ 汪伪政府曾于1943年"收回"上海公共租界与法租界。

④〔美〕本尼迪克特·安德森：《想象的共同体——民族主义的起源与散布》，吴叡人译，上海世纪出版集团2005年版，第8～9页。

⑤ 熊月之：《近代上海形象的历史变迁》，http://www.wslx.com。

⑥《论上海今昔情形》，《申报》1881年12月10日。

⑦ 云间天赘生：《商界现形记·序言》，商业会社1911年版。

⑧ 后分别在1925、1933、1989年再版。

⑨ 蔡元培：《新上海》，《警钟日报》1904年6月26日。

⑩ 田光：《上海之今昔谈》，《民立报》1911年2月12日。

⑪ 林庚：《四大城市》，《论语》1934年第49期。

⑫ 秦镜：《上海社会之魔力》，《民立报》1911年9月12日。

⑬ 病僧：《上海病（一）》，《民主报》1911年6月13日。

⑭ 陈独秀：《再论上海社会》，见《独秀文存》，安徽人民出版社1987年版，第589页。

⑮ 王统照：《青岛素描》，见《王统照散文选集》，百花文艺出版社1982年版，第71页。

⑯ 梁遇春：《猫狗》，《骆驼草》1930年9月1日，第17期。

⑰ 傅斯年：《致新潮社》，《新潮》1920年1月19日，第2卷第4号。

⑱ 郭沫若：《上海印象》，见《郭沫若全集》文学编第1卷，人民文学出版社1982年版。

⑲ 林语堂：《上海之夜》，见《我的话》，上海时代书局1948年版，第26～27页。

⑳ 周作人：《上海气》，《语丝》1927年1月，第112期。

㉑ 浑沌：《上海不可久留》，《小说月报》第14卷第7号。

㉒ 叶灵凤：《北游漫笔》，见《灵凤小品集》，现代书局1933年版，第102页。

㉓ 张爱玲：《公寓生活记趣》，见《流言》，五洲书报社1944年版，第26、30页。

㉔ 柯灵：《夜行》，见钱理群编：《乡风市声》，人民文学出版社1992年版，第62～63页。

㉕《现代文学》第1卷第6期《编辑后记》。

㉖ 龙居：《评〈珊瑚〉小说》，见《珊瑚》1933年8月16日，第27期。

㉗ 茅盾：《都市文学》，见《申报月刊》1933年第2卷第5期。

㉘ 鲁迅：《"京派"与"海派"》，见《鲁迅全集》第5卷，人民文学出版社1973年版，第491～492页。

㉙〔美〕罗兹·墨菲：《亚洲史》，黄磷译，商务印书馆2005年版，第473页。

㉚《国民政府代表蒋总司令训词》，《申报》1927年7月8日。

㉛ 吴铁城：《上海市中心区建设之起点与意义》，《申报》1933年10月10日。

㉜ 殷夫：《妹妹的蛋儿》，见《殷夫集》，浙江文艺出版社1984年版，第109页。

㉝ 有趣的是，1943年的1月与6月，由日本人支持，汪伪政权"收回"租界，并将公共租界改为上海特一区，法租界改为上海特八区。

㉞ 参见熊月之：《近代上海城市特性的讨论》，http//www.uls.org.cn。新中国成立后，跑马厅办公处

成了上海图书馆,90年代后改为美术馆;跑马场成了"人民广场",90年代后成为市政中心。

㉟ 焦菊隐:《孤岛见闻——抗战时期的上海》,上海人民出版社1979年版,第247页。

㊱㊲ 姚延人、周良才、杨秉岩:《欢呼〈上海解放十年〉的出版》,《上海文学》1960年4月5日,总第7期。

㊳ 转自杨东平:《城市季风》,东方出版社1994年版,第328页。

㊴ 杜维明:《全球化与上海价值》,《史林》2004年第2期。

大国图腾:承载六十年国家理想的公共图像[*]

◆ 吴学夫　黄升民

图腾文化最初起源于原始崇拜,它是早期人类社会组织进行思想管理的方式,图腾的核心内容是将一种意识形态通过图像化的象征功能去实现它的影响力,图腾的目的是使人产生敬畏感和凝聚力,具有"团结群体、密切血缘关系、维系社会组织和互相区别的职能"[①]。图腾作为一种文化现象,经历了从古典到现代的历史阶段,应用于宗教、军队、国家形象、企业文化等领域。今天对图腾的理解不再是简单的"自然崇拜",在现代文明的冲击下,图腾演变为一种获取公共话语权力的手段,其最典型的途径是通过符号、仪式和视觉形象来建立某种信仰。

中国是一个善用图腾的国家。1949年以后的中国群众运动连接不断,从阶级斗争到经济建设,从抗美援朝到今天的"神七"升空……纵观60年来的公共图像[②]主题之变迁,我们可以从中梳理出一部当代中国图史,探究这些图像在中国政治文化和各个历史阶段中的形成、变化及其所表现或折射出来的象征意义是一项艺术与政治的跨界研究。其中,那些塑造着国家宏伟形象、承载着大国崛起之梦想的公共图像是一种值得研究的对象,它针对当下中国已经获得的崭新的国际地位,提出了现实与理想、现象与本质的命题。

和世界上其他社会主义国家一样,中国非常重视在公共的户外空间里进行群众性的教育。通过大面积的公共宣传来表达国家的意志是中国的一种社会传统,这一传统在视觉领域中反映为标语、横幅、宣传画(年画)、户外宣传牌(栏)、黑板报以及花坛花车、纪念性雕塑、大型仪式等,以上形式构成了中国特有的公共图像,并

---

[*] 原载于《现代传播》2011年第8期。

伴随不同历史时期,轮番变换不同的应景主题,以鲜明的时代特征出现在公共视野之中。新中国成立之初,宣传画成为政治宣传的一种主要工具。当时中国的民众识字水平不高,作为国家主体的工农阶层需要通过视觉图像的方式去理解国家的政策和动员,于是,一种国家主义的象征形式得以推广,即政治宣传画。通过对政治宣传画为主的公共图像资源的梳理,分析中国是如何将60年的国家理想融汇在生动复杂的视觉画面中逐一展现出来,让我们看到一个国家的审美观念从震慑到爱、从紧张到平静、从崇高到世俗的演变。这对于今天的世界看待中国、中国向世界传播形象都是一个不可缺少的理论认识。

由于社会生活长期泛政治化的倾向,"宣传"(propaganda)一词成为最有中国特色的词语之一,中国的传统做法是在主流文化传播中带有浓郁的国家主义意味和宣传色彩。国家主义的核心观念在于以国家意识为基础,强调一切为了国家,"是一种提倡以国家力量达至经济或社会目标的意识形态",因此,"宣传"区别于温婉的"沟通"和劝诱的"广告",是充满政治气息和自上而下的主动影响。中国人对于"宣传"的词义理解并无负面含意,不管是政治性的口号宣扬,还是公益性的民生内容,或者是强调与民同乐的节庆图腾,当代中国人熟悉并富有经验地判断周边的政治图像,并视之为生活的一部分。每一次的社会变革和动态都可以通过公共空间的视觉图像来解读,尽管今天的中国已经让消费图像(广告)填充了大量的公共空间,但担负着政令信息和社会文化传播功能的政治性公共图像仍然具有不可动摇的地位,甚至在某些时候、某些地点显示出独一无二的特权性(图1)。这是因为,中国的泛政治化社会环境让一切事物都镀上一层意识形态的色彩,官方的支持直接决定了政治图像的影响力。虽然80年代之后的社会多样化了,但作为一种深刻影响了中国人三十多年的语言句式和视觉形式,政治性公共图像文化同样具有民间的基础,这样的上下互动形成了中国特有的社会景观。

新中国各个历史时期的事物变化都可以从公共图像资源中寻找到相应的画面,1949年10月中华人民共和国成立,"中国有步骤地实现从新民主主义到社会主义的转变",完成了对生产资料私有制的社会主义改造与农村"土改"。1950年抗美援朝,在与苏联的蜜月期里,中国开始初步的工业化建设。1957年发起波及面广泛的"反右"运动,1958年"大跃进",之后与苏联交恶。1966年开始"文化大革命"。1976年粉碎"四人帮"。1978年,实行改革开放、建设四个现代化的政策,中国进入以经济建设为中心的历史时期。1992年邓小平南行讲话,中国正式向市场经济转轨。1997年香港回归。2003年爆发"非典"。2003年10月15日,成功完成首次载人航天飞行。2008年8月8日举办第29届奥运会。③几乎每一场政治运动都有与其相配套的视觉宣传系统,由于中国巨大的人口数量和辽阔的国土,这些视觉宣传品以惊人的数字进行复制和传播,用以满足群众的需要(同时也是满足宣传的需要)。单从数量上看,中国的政治图像就足以成为世界上最庞大的公共图像资源。本着宣传在于不断重复的原则,这些视觉宣传品被反复地印刷,户外宣传路牌也以千篇一律的面貌被大量绘制。"文革"期间,一张《毛主席去安源》④(图2)的宣传画据传被印制了9亿多张,堪称世界印刷品的奇迹。

图1　翁乃强1967年摄影作品

图2

本文提出两个分析视角:一是在历史进程中寻找贯穿其间的"富国强兵"主题(反映出对国家实力的追求,勾画一种理想的状态);二是对几种主要表现要素的分析,即人民群众、领袖、军人和敌人四个基本因素。

一、富国强兵:国家历史进程中的公共图像

早在1861年的洋务运动时,中国就开始把"学习和掌握西方先进技术"作为富国强兵的重要条件。到1949年新中国成立后,政府开展土改运动,3亿农民分田立命,并开始农业合作化运动,1951年的一幅宣传画中精心描绘了一个中国农民家庭在新年早晨的场景(图3),而墙上毛主席像和当年的政治口号(混淆了传统习

俗中的对联)代表了意识形态律令的无处不在。宣传画的技法还残留着1949年之前的月份牌广告的细腻风格,但内容是完全为政治诉求服务的。这幅作品所表现出来的对人民富裕的渴求与新中国政府的迫切愿望是一致的。但众所周知的是,图像背后的现实是残酷的。

1964年中央提出"四个现代化"的口号,即工业现代化、农业现代化、科学技术现代化以及国防现代化。经过十年"文革"的中断,1978年由邓小平主张重提"四化",并作为"中国新时期的总任务"。新的富国强兵计划又一次激起中国人的奋斗激情,无数人为此奉献了青春,在此愿景下的公共图像系统也发挥了强有力的作用。1978年的这幅宣传画(图4)表达了强烈的发展国家实力的憧憬,画面中从前到后依次出现的是农民(在中国公共图像系统中农民的形象基本上以女性的面貌出现,这值得另文叙述)、工人、军人、知识分子,作为四个现代化的人格化象征。需要引起重视的是,这与1972年的一幅工农兵三位一体宣传画(图5)形成对比,1978年3月的全国科学大会成为当时中国希望通过科学技术来增强国家实力的一个标志。

图3

图4

军事方面的视觉宣传从来也没有改变过那种严肃的面貌。1969年由人民美术出版社出版的宣传画《提高警惕,保卫祖国!随时准备歼灭入侵之敌!》是在珍宝岛事件发生的当年一幅军事题材的代表作(图6),它是根据关琦铭创作的一幅油

图 5　　　　　　　　　　　　　　图 6

画而来,该宣传画于1972年在中国美术馆举办的全国美展上展出,也是"文革"期间家喻户晓的名画。画中专业军人和男女民兵穿得很厚实,表明这是在严寒的东北(当时珍宝岛冲突的敌手是与中国关系恶化后的苏联),三个人物全副武装,事实上70年代前后中国军队的武器装备明显落后,因此在女民兵手中的一本毛主席语录可以视作"精神力量的源泉"。在所有中国官方公共图像中,人物、景物的描绘不会是纯粹自然主义的,而是被赋予了深重的政治寓意,尤其是军事题材的宣传画更是担负着威慑、鼓舞和体现国家意志的作用,它更像一种特殊的武器,而不是单纯的艺术(图7)。

1992年在深圳树立起"文革"之后全国第一幅大型巨幅的伟人宣传画《邓小平与深圳》,此后,这幅宣传画分别在1994年和1996年进行过两次修改,2004年推出第四个版本(图8)。这幅宣传画的主要象征意义在于中国开始了"建设有中国特色的社会主义"阶段,这一历史命题是由邓小平提出并推动实施的。画面中邓小平胸像的背后是深圳改革开放后的成就景象,地标性的建筑和富有寓意的云彩被精心地描绘出来。这幅巨型宣传画连同它的坐落地点在一座城市里起到了一个标志性圣殿的作用,与其说人民在膜拜伟人,不如说人民在感谢率先富裕的机会。

60年来的中国公共图像,在不断追寻大国理想的过程中,除了富国强兵的主要脉络之外,对其他领域的事物描绘同样也倾注了浓厚的政治色彩。科技、体育等题材也不断出现在公共图像传播中,而且无一例外地承载了国家的意识形态。

图 7　　　　　　　　　　　　　图 8

改革开放之后的政治艺术综合了中国特有的各种风格,但减少了很多先前的那种不切实际的夸张和强烈的火药味,写实仍然是主导性的艺术手法,其间增加了一些装饰风格,形象和色彩都显著地有所"松动",并少量使用照片影像。关键的特征是题材在悄悄发生变化,饱含着新时期中国的建设和发展的诉求以及面向民众的教化劝诫的意味,传达出一种社会主义国家欣欣向荣的景象。在由意识形态为主导的公共图像系统中构造出来的完美、高昂的精神世界里,那些与人性相关的事物,对中国百姓来说是一种久违的体验,80年代,宣传画中出现了体育明星、电影演员等非政治人物,表现大众娱乐、生活品质尤其是生活享受方面的内容也逐渐增加。宣传画的功能也不再是单一地为政治斗争服务,而是开始表现计划生育、环境卫生、公民道德水平等主题。2003年"非典"期间,宣传画又一次在社会上大量应用,证明了中国公共图像宣传仍然具有群众基础。

新世纪以来,宣传画不再是强势的传播媒介,电视、广播等媒介承担了国家主义话语的传播功能,但是广大的城乡和农村对平面的公共图像仍存在大量的需求,视觉形象塑造方式继承了过去几十年来的"红光亮""高大全"的语言风格。图9这幅创作于21世纪的宣传画上罗列了各种宏大叙事的象征物(天安门、长城、华表、红旗、阅兵仪仗、航天飞机)堆砌在画面中,高调的画面使人眼花缭乱,视觉形象在此述说的是一种高涨的大国情怀,尽管脱离"文革"时期那种近乎狂迷的宗教情绪已经很久了,但扎根于民间的大众审美趣味,加上官方意识形态的强大影响力,构造出一种代表国家主义话语的主流艺术。

从1949年到1989年,政治斗争的主题占据了共产主义宣传的主要内容,但是,从90年代开始,政治口号明显减少,一种新的国家意志表达方式代替了原先的呐喊和愤怒的句式。90年代之后政治图像的缓慢变迁,与中国领导层逐渐把国内事务从政治斗争转变为以经济建设为中心的政策是一致的。2004年召开的中共十六届四中全会,提出"构建社会主义和谐社会"的任务,这是寻求大国崛起的一种温和的表达方式。2006年,《大国崛起》纪录片符合当时中国的某种集体无意识,中国崛起的思潮开始涌动。整个公共图像系统的生产也配合着这股情绪,通过宏大叙事图像的创造,向世界表达重新树立大国形象的雄心。在公共空间里反复出现的宣传画同样焕发了新的面貌,视觉形象中所表现的人物、景物都试图营造"现代文明"的内涵,轻盈的天使、绿色的环境、高楼和蓝天(图10)……尽管21世纪的视觉宣传偏向了另一个极端:粉饰现实(如同中央电视台的"春晚"),但这表明了中国公共图像系统一贯的特征,即革命现实主义和浪漫主义的结合,即使当代中国人已经坦然接受了现代多元文化的各种价值观,大众层面的审美趣味仍然牢牢固守着这一延续的文化。

图9

图10

宣传的作用要靠重复地述说,文艺对人民的熏陶激励要通过有效的形象塑造,就如60年来中国的宣传画中所描绘的不管是农民幸福生活的图景还是军人钢铁般的力量,都是以一种大众喜闻乐见的、容易理解的方式传递着政治信息。通过公共图像传播提供一种能够使人民深信不疑的证明,强化人民的精神支柱,引导人民的价值取向。当然,还有其他各种形式的宣传手段,比如影视、纪念性雕塑、标语、仪式(如北京奥运会开幕式)等,这些形式在整个 60 年国家理想追求中都扮演了非常重要的政治教育手段。

二、图像志分析方法下的公共图像基本要素

本文从数量浩瀚的政治公共图像中选取典型的作品进行分析。自新中国成立以后,中国的政治公共图像就具备了独特的叙事模式,这种模式吸收了传统的成分,但更重要的是显示出了共产主义精神和激昂夸张的语言风格,即"革命文艺"模式。即使在商品经济发达的今天,属于政治系统之内的宣传叙事修辞仍然是始终不变的革命文艺样式。严格地说,中国的政治公共图像并非真实生活的反映,甚至也不能反映真实的政治关系,它是一种为了终极理想而被无限强化的符号体系,并通过覆盖一切的形式去达到群众性教育的目的。被革命现实主义统一包装的中国政治图像系统,它的类型化叙事模式中可以分解的分析对象包含了"人民群众""领袖""军人""敌人"等部分。

(一)人民群众

让我们首先探讨"人民群众"的形象,这是中国政治性公共图像中无处不在的角色。"人民群众"的组成部分以工人和农民为主(在大多数场合里,还会加上解放军,形成"工农兵"三位一体的组合),在所有画面中,人民群众被描绘成具有粗壮的肢体、崇高的脸庞,不管男女都是孔武有力,表情总是充满朝气和喜悦,当然,面对敌对势力时表情则为无比的坚毅或愤怒,人民群众的这种超人式形象作为代表一种政治力量的视觉符号,充分体现了在社会主义国家中劳动者当家做主人的理念。

1960 年的一幅关于《鞍钢宪法》的宣传画(图 11)中,一个工人以充满戏剧性的夸张动作铲起一铲煤,准备将它送入冒着火光的炼钢炉,在他的身后,是更多的无产阶级工人在热火朝天地工作着。共和国初期的宣传主题中心之一就是这样的钢铁工人,这与国家在当年渴望通过工业体系的完善来增强国力的强烈愿望有关。从 20 世纪 50 年代后半期开始,中国开始探索有别于苏联模式的工业化道路,《鞍钢宪法》是当时提出的一种中国式质量管理方法。在这张宣传画标题中清楚地表明了《鞍钢宪法》在刚刚诞生时便从工人自发实践走向群众运动的倾向。

"文革"期间,工农兵形象被广泛应用于激烈的阶级斗争环境之中,在充满火药

味的国内政治集团较量和与国际敌对势力的抗争中,人民群众自始至终都扮演了视觉图像中的主力军,并承担着"千军万马"的指代功能。尤其是工人和农民的图像,是所有人民形象中最为常见和鲜明的,这两类人群不仅仅象征着工业和农业这两大主要经济形态,而且也是国家上层权力最为青睐的一种政治运动力量,在公共图像中使用了人民群众的形象,就意味着调动了这个国家最广最强的群众力量,也就自然获得了战无不胜的保证。不过,20世纪70年代末以后就较少在政治公共图像中看到工农群众的形象了,与此同时,一种新的国家理想——开展经济建设、实现四个现代化的意识形态诉求取代了狂热的政治斗争,关于"人民群众"的描绘对象渐渐改变为更加多样化的各族人民或城市居民,戴着眼镜的知识分子、青春洋溢的学生也会出现其中,甚至出现没有明显职业特征的青年男女形象,一种广义上的"中国人"形象逐渐显影于公共图像史。工人(农民)形象的淡出,说明其在国家理想追求中的独一无二的地位逐渐丧失,直到20世纪90年代,工人阶级在社会地位上退居为利益受损群体,农民也被冠以弱势群体的称号,中国公共图像系统中的"人民群众"基本上排除了超人式的工农形象,主体的需求常常以生活中的正常人状态(不再是超人式的)被描绘出来:饮食男女、体育明星、宇航员等形象——登场,科技强国、体育强国等替代性的国家理想表达方式成为主流思想,官方话语权力隐退于日常生活图景的背后(图12、图13)。当然,新的图像志并非完全挤代了旧的,以前那种直白而又激昂的政治诉求和类型化的革命文艺表现形式仍然被保留、延续了下来。

图11

图12

图13

(二)领袖

领袖的形象作为国家的人格化代表,对此展开的研究是大国图腾中的一个重要的视觉符号分析。像毛泽东、朱德等领袖形象在新中国成立之前就出现在宣传画中。"文革"期间,对领袖、伟人的形象塑造达到鼎盛,但基本上是以毛泽东个人形象为主。1949年前后,对于像毛泽东、周恩来、朱德等开国领袖的描绘手法是质朴而又充满人间气息的,如50年代初的一幅宣传画(图14)。从1966年"文革"开始后,领袖的形象便趋向"神化"的表现方向,人物的设计与太阳、光芒等宇宙中神圣的天象结合在一起,中国传统的宗教图像元素与现代中国的政治艺术混合成一个中国人普遍熟悉的形象类型,这种视觉句式与1966年之后的中国政治气氛紧密相关。此后很长一段时间里,领袖形象在艺术表现上再也无法恢复到常人的比例,人物在画面中所处的位置也必然是高悬在气势恢宏的空中,以表达那种至高无上的美学。

除了单独的形象塑造之外,领袖也常常被安排在一种与其他神圣伟人并列的对比图示中。抗美援朝期间,毛主席与朝鲜领导人金日成共同出现,象征军事上的联盟并彰显威慑的作用。在与苏联关系密切的年代,一幅表现"中苏友好同盟互助"的宣传画描绘了毛主席与斯大林并列的形象(图15)。到了"文革"期间的公共图像,毛主席的形象常和马克思、列宁等神圣人物并列出现,这是用视觉的隐喻来表明某种思想理论的延续性和正确性。通过视觉图像的并置或对比来达到意义的传达是一项行之有效的表达方式,尤其在面对文化水平参差不齐的受众时,政治的诉求需要借助视觉的语汇得以推广。这种语言方式在八九十年代的政治公共图像中仍然被频繁地运用,新的一代领导人与前代领导人穿越时空以超现实主义的手法并列出现在新时期中国的盛大景观之前。

如果说在中国公共图像系统中人民群众的形象被塑造成"超人"的意味,那么领袖则是被赋予"神"的地位并加以渲染。我们承认传统宗教中的视觉形象和仪式感的普遍影响力,而对中国政治人物的描述语法一部分来自这种高度视觉化的传统文化(另一部分图式则深受苏联政治艺术的影响),比如领袖背后的光芒与佛光普照的描绘手法是相同的,就如我们看到宗教中的圣像具有神秘的力量,中国公共图像系统中同样对领袖赋予救世、吉祥、无所不知的色彩(图16)。

(三)军人和敌人

对军人和敌人这两种完全迥异的人物形象塑造就是中国文化中神魔斗法的历史

大国图腾:承载六十年国家理想的公共图像 107

图 14

图 15

图 16

重演。从大多数的宣传画案例中可以发现,军人属于绝对正义和崇高的一方,因此对他们的形象塑造使用了所有正面的品质:勇敢(董存瑞)、无私(雷锋)、坚韧(邱少云)、热情(南京路上好八连)……但这仅仅是表面可见的形象,塑造"军人"这一完美的符号之真正意义是赋予他们肩负天下安危,并成为全民楷模的期望,以此达到鼓舞和教育人民的目的。对军人的成功塑造使 90 年代之前的中国人普遍崇尚与"军人"相关的事物,包括军人的行为模式、服饰、语言和表情,都深入每个中国人的心灵(图 17)。

与军人相对的形象是敌人,无论是国外"侵略者"和国内"阶级敌人",其塑造方式全部采用丑陋、阴暗、委琐,甚至非人化的处理,在艺术手法上大多采取夸张丑化的风格。1976 年的一幅"打倒四人帮"的宣传画(图 18)中,王、张、江、姚不仅以单

图 17

图 18

色、倾斜的面貌出现,其脸上还添加了一道极具视觉冲击的红色叉线,配合整个画面的不稳定趋势,加剧了作品的斗争性。

对"坏人"的否定性描绘是为了烘托"好人"的正面性,这常发生在文艺表现上的正邪善恶的终极对决,在中国政治图像系统中作为一种策略尤显突出,相当于戏剧中的原则,利用紧张、深刻的矛盾冲突唤起特定的心理情境,其最终的目的是达到意识形态的有效传播。

综上所述,我们可以发现一个变化的线索:人民群众从作为一种政治工具到成为具有七情六欲的真正的"人",从中可以看出中国社会逐渐进步的轨迹。敌人消失了,从肉体上消灭敌对方的暴力诉求转变为对自身的反省、对生存环境的关注,表明中国正在扮演一个现代文明国家的身份,接受人类普适性的原则和多元文化。而军人的功能从单一的国家机器转为一种国人行为的典范,直到蜕变为在特定仪式中的表演角色,传递出中国在和平发展时期,大国意志的宣传重心在变化。最有意思的是,领袖形象的表达方式始终未改,作为国家的人格化代表,仍然保持至高无上的"权威",折射出中国人对政治的严肃紧张态度和根深蒂固的等级观念。

三、国家主义美学与现实的关系

中国公共图像是一种政治艺术,实际上代表了中国官方艺术的主要特征。在80年代之前,中国艺术处在一元化的状态,即以共产主义意识形态为基础的文艺创作。改革开放之后,受到现代多元文化的影响和西方艺术的直接冲击,艺术的多元化和个体意识的觉醒既是文艺繁荣的表现,也是政府在意识形态管理方面的忧虑,为了寻找一种直接表达国家理念的主流艺术类型,"经过约10年的摸索,国家为自己最为需要的艺术类型找到了一个恰当的概念:主旋律"⑤。承载了六十年国家理想的中国公共图像在80年代之后成为主旋律艺术中的一个分支。模式化和理想化仍然是中国公共图像不变的"语言述说"方式,从艺术史的角度来看是属于社会主义现实主义——来自苏联文学与苏联文学批评的基本方法,它结合了革命写实主义和浪漫主义,再糅合进无处不在的政治倾向性,构建了中国特有的视觉文化和美学体系。

传统元素是贯穿整个公共图像史研究的一个母题,一再出现在各个时期的宣传画作品里,成为识别中国公共图像美学特征的一个线索。把政治与神话捆绑在一起,对中国百姓来说就意味着成功的思想灌输方式,使用哪一种叙事手段可以激发大多数中国人的认同？官方艺术家们从中国民间文化、吉祥图案、传说、历史人物和宗教仪式中汲取了丰富的传统,在不同的主题中给予不同的变通应用。这种传统素材存在于每一个中国人的心里,国家可以从中获得共通的象征意义、情感的认同和畅通的交流渠道。一幅创作于 80 年代的宣传画《龙腾神州》以热烈的色调表现了一群孩子骑在金龙的身上在空中飞翔(龙在中国文化中是一个虚构的动物,象征着国家和民族),小孩们手中的道具表明物质生活水平已经显著提高,云层下透出的是工业技术发展的成就,左边远处的长城表示这里是神州大地,神话与意识形态教育相结合,赋予社会主义宣传艺术一种喜闻乐见的风貌(图 19)。

  早在新中国成立之初,张碧梧⑥用月份牌的风格精心描绘了一个农妇养鸡的时政年画,细腻、光鲜的手法制造了一个人间天堂般的农村景象(图 20),但随着政治风暴的到来,月份牌广告画的美学趣味很快一扫而光,取而代之的是来自延安的文艺风格。80 年代初的一幅名为《高速度的前进》宣传画中,还能依稀看到西方立体主义和表现主义绘画风格的影响。以上例子证明在几十年的公共图像史中,美学的概念虽然被严重忽略,但始终通过创作者的艺术良知得以残留。当代公共图像在多元现代社会中的地位不断被调整,成为一种既强大又边缘的艺术现象,它主动或被动地融合进当代消费文化特有的流行风格,在美学风格上体现为拼贴、装饰、直白和艳俗。

图 19

图 20

与国家主义话语相对的是知识分子和民间的艺术话语,后者表现为个体对人性和自由的追求以及反讽、流行等艺术探索。因此,大体上属于政治层面的公共图像承载着60年以来国家理想的形象表达,在国家理念主题不变的前提下,美学上的定义发生了改变。区别于纯艺术创作上的日益变化和复杂的面貌,中国的官方艺术的美学渊源主要来自东方传统古老图腾和早期苏联(波兰)的政治艺术,发展到今天自成一体,绝大部分的作品脱离了任何国际艺术风格和语言创新的影响,原先投身于革命题材创作的专业艺术家退场,取而代之的是默默无闻的业余美术师,宣传画艺术也失去了真实的激情和创造力,带有原汁原味的中国政治特色的宣传艺术逐渐演变成包容了古典和流行、正统与草根、歌颂与反讽、新技术与山寨等多种文化现象混杂喧闹的后现代图像(图21)。

"国家主流意识形态话语与社会现实不吻合……使得社会公众的文化认同与国家政治治理依靠的价值体系之间出现了严重的偏离……各自分离的价值立场和话语体系却导致了意识形态和文化价值的内在凝聚力和公共价值、社会共识的匮乏与缺失。"[7]将公共图像作为一个分析对象,即可看出中国社会意识的多种变化。纵观60年来主流价值观的传播,其主调是一种并非真实的高昂,尤其是在市场化的社会中,这种高昂缺乏真正的力量。另一方面,今天的中国现代媒体既作为"宣传"机构又作为媒介产业化的商业机器,在此之间的矛盾与冲突,难以解决"宣传"的主观意图与高速变化的环境、人之间脱节的关系以及公共图像的"内容和形式"这一美学问题。艺术手法的感染力下降,必定导致传播概念的消散和传播对象的流失,最终影响了主流价值观在传播中立场的模糊化。

当下,大国崛起的现实反映在经济世界中,而文化和艺术的创作在为这样的国家发展趋势提供了可视化的象征形式,"一种新国家主义美学意识及身份焦虑的提前到来"[8],使得中国官方艺术的创作面临机遇和挑战。一方面是当代艺术在市场化面前逐渐丧失文化自身的本性,最重要的忧患在于失去了对社会责任的关注和对国家意识的叛逆或漠视;另一方面是最能象征国家意识的官方宣传艺术却丧失了美学上的高度,自动放弃了在全球艺术中的定位。

对中国公共图像的研究并非只是在艺术史或意识形态史中寻找意义,而是要将它置于崛起的中国经济和市场中做一个对比分析。我们无法忽视中国官方艺术强大无比的群众基础。直到今天,在广大乡镇农村,宣传画不仅仅具有教化民众和凝聚社会的功能,而且还担负着居室装饰的功能(图22),人们最初是将领袖像、政

大国图腾:承载六十年国家理想的公共图像 111

图 21　　　　　　　　　　图 22

治宣传画作为唯一拥有色彩和形式的平面载体张贴于室内,后来出现的戏曲故事、体育明星和影视演员等题材也充当了满足百姓们视觉欣赏需求的角色。在被商业广告和新媒体图像充斥的各大城市之外,中国的农村和占全国人口70%的农村人口仍然乐于接受这种自成一体的审美形式,这对于广告传播来说是一个不可忽视的受众心理。中国官方艺术中主宰一切的意识形态也深刻影响了广告的创作,2004年一则日本立邦漆广告刊登在《国际广告》上(图23),广告表现的是一条龙在涂有立邦漆的柱子上滑落了下来,广告马上受到中国社会媒体的强烈反弹,最后商家、广告公司和杂志社都出面道歉事情才得以平息,这件事反映了一种存在于民间的泛政治化情绪,如果要寻找这种"泛政治化"的原因,必须了解植根于中国人心中的国家主义话语和大国意识的象征性表达。同样,在国内产品广告中,热衷于结合国家意志的商业广告普遍得到认可,在2003年借"神舟五号"载人飞船发射成功的旋风,"以铺天盖地的广告而大举占据中国奶制品市场的蒙牛"通过牛奶商品和民族自豪感、国家形象以及与商品能够找到关联的"强壮"诉求使这次广告获得成功(图24),就如其他广告通过中国奥运、大阅兵、世博会等宏大叙事的历史事件来捆绑商业推广一样,虽然无法确定是商家的爱国心切还是出于消费者的喜好,商业行为的意识形态化算是中国广告的一个奇特特征。

图 23　　　　　　　　　　　图 24

结　语

中国公共图像以清晰直观的图像资料使我们认识到中国 60 年社会、经济和文化的变迁。概言之,这种官方艺术是一种拥有强大势力的艺术形式,它包含了社会记忆和政治记忆,透射出特定时代的审美取向。因此,它为我们提供的不只是艺术的价值和历史的价值,还提供了对当代消费时代的视觉生产和接受的分析背景。它作为审美的作用已经式微,但它的思维模式却根深蒂固,需要我们去探讨的一个重要问题是:为什么中国公共图像系统既强大又边缘？这个问题使我们触及当代中国人的信仰问题,中国在追求现代性的过程中丢失了很多优秀的东西,包括对信仰、对美的追求。在国家与人民沟通的过程中,早期的公共图像通过视觉形象的影响成为一种类似宗教的信仰,曾经影响过几代中国人,但是过去的那种爱憎分明、万众一心的情怀现在已经荡然无存。今天的中国经济繁荣但充满各类新的问题,社会阶层分化,敌人和朋友模糊不清,市场经济的喧闹混杂着国家主义话语,新的媒介代替了传统的图像传播方式,人们试图通过越来越浩大的仪式和排场来宣扬主流意识形态,阅兵式、奥运开幕式、世博会……一场又一场声光电俱全的豪华仪式制造着新的视觉影响方式,但是,真正能够深入人心的国家与人民的沟通方式在哪里？通过对中国官方艺术的研究可以看出,国家形象的传播在新的时代里面临着巨大的挑战。今天的国家形象宣传是一个新的课题,无论借新媒体技术之便利,还是倾举国之力的优越条件,我们已经拥有了前人未有的物质基础,而唯一需要改变的是观念。

注释:
① 百度百科,http://baike.baidu.com/view/15856.htm。
② 这里特指政治宣传范畴里的公共图像。广义的公共图像属于公共艺术中的一种,是指通过公共空间、公共媒介传播的图像信息,区别于个体化的艺术创作和欣赏,公共图像带有"强行进入人们的生活空间"(易英)的意味。现代广告亦即公共图像之一,本文所述的政治性公共图像就是一种政治广告。
③ 中华人民共和国历史简述部分参考自维基百科/中华人民共和国/历史。
④ 这是一幅以毛泽东到安源组织工人运动(1921年)并举行安源路矿工人大罢工(1922年)为题材的油画。1967年夏,当时的中央工艺美术学院装潢系在校学生刘春华承担了绘制的任务,该画被称为"开创了无产阶级美术创作的新纪元","文革"期间在中国美术界具有和样板戏一样的地位。该画的单张彩色印刷数量累计达9亿多张(不含转载),被认为是"世界上印数最多的一张油画"。
⑤ 张法:《论主旋律艺术》,《甘肃社会科学》2009年第1期。
⑥ 张碧梧,1905年生,江苏江阴人。自幼喜爱绘画,14岁到上海谋生,曾在先施公司、永安公司当职员。业余自学月份牌画,早年曾为上海一些印刷厂画月份牌。1949年受聘为上海人民美术出版社特约年画作者、年画组组长,中国美术家协会会员。
⑦ 刘康:《寻找新的文化认同:今日中国软实力和传媒文化》,《文艺研究》2010年第10期。
⑧ 朱其:《新国家主义的美学焦虑》,《南都周刊》2010年第22期。

农民工的自我赋权与影响:以北京朝阳区皮村为个案[*]

◆ 王锡苓 汪 舒 苑 婧

一、研究问题的提出

随着农村经济体制改革的不断深入,农村出现了大量剩余劳动力,他们告别土地涌入城市,成为城市的迁移者。据统计,2009 年农村外出务工人员达 1.4533 亿,农民工总量达到 2.2978 亿。[1]这一庞大的群体散落在城市,成为城市建设和发展不可缺少的力量。然而,涌入城市的农民工在医疗、住房、子女教育等方面并未得到与城市居民同等的待遇。他们走出了农村,却并未融入城市,他们的文化需求、愿望淹没在城市的喧嚣中,成为城市生活的"边缘人"。

然而,这不意味着他们的文化表达权利也同样被淹没或自我沉寂,"随着传播渠道的增多和传播权力重要性的加强,一些社会阶层和阶级已经开始通过新的传播途径来传递他们的声音,从而使政府政策向有利于他们的方向倾斜"[2]。他们采用各种方式诉说他们的经历和愿望,并欲以此唤起打工者的自我认同,动员他们参与社区文化建设,争取自我权益。

本文探讨的是一个农民工群体自建文化活动的案例,他们借助诗歌、话剧、音乐以及视觉传播符号(打工博物馆、图书馆)等方式进行自我赋权运动,并以此构建打工群体社区文化。

皮村位于北京市朝阳区金盏乡,毗邻温榆河,距市中心 40 多公里,是一个典型

---

* 原载于《现代传播》2011 年第 10 期。

的外来人口聚居区。这里本地村民1000多人(基本上以出租房屋为生,已然不是严格意义上的农民),外来迁移者(即农民工)达到5000多人,他们多在位居此地的工厂做工,或做小生意。2002年,"北京市工友之家文化发展中心"在北京市工商行政管理部门的批准下正式成立。在它和皮村几位打工先觉者(如孙恒,原为音乐老师,辞去原职后来北京打工,并开始创作打工者歌曲、发行唱片)的倡议和具体实施下,在香港乐施会的帮助下,创建了"皮村打工艺术博物馆"。与此同时,他们利用发行唱片的第一笔版税建成了面向打工子女的同心实验小学,以及同心互惠二手超市。在区政府的支持下,建立了工友图书馆、新工人剧场等。以此为依托,带动了皮村打工群体的文化活动,如不定期放映电影,邀请其他剧团演出话剧或自编自演文艺节目,健身、舞蹈或乒乓球比赛等。那么,这些自建文化活动给皮村的打工者们带来了什么影响?它所承载的社会价值和意义是什么?在脱离土地却融入不了城市的尴尬困境下,打工者该如何寻觅属于自己的文化和身份认同?为了理解并解释这些问题,我们于2010年6～7月对居住在皮村的打工者进行了实地调查。

二、几个概念及其相关研究

(一)赋权理论及其相关研究

"赋权"概念出现于20世纪六七十年代的西方社会科学中,并逐渐在许多学科得到阐释和应用。社区研究者将赋权定义为"个人、组织与社区借由一种学习、参与、合作等过程或机制,获得掌控与自身事务相关的能力,以提升个人生活、组织观念与社区生活的品质"[③]。赋权最本质的特点是赋予社会成员管理自我、社区及相关事务的权力,并在管理和解决问题中与他人分享知识和技能。由于这一特点,赋权理论在社区研究、发展传播学研究、媒介素养、女性研究等领域中都有相应的阐述和运用。根据Fawcett的观点:"社区赋权是一个提高群体控制重要地位的过程,这些重要地位对于社区成员是非常重要的。"[④] Cornell赋权群体(Cornell Empowerment Group)将赋权描述为"一个有意识的、以地方社区为中心的、正在进行的过程,包括相互尊重、危机反思、人道的群体参与,通过这一进程,使那些不能分享宝贵资源的人们能够接近并控制这些资源"[⑤]。从这些论述可以看出,赋权是一种机制,通过这种机制,社区组织及其成员被动员起来,通过对话和社会行动参与到社区发展之中。

近年来,国内学者逐渐运用赋权概念及其理论探讨媒介技术赋予使用者的自主意识与权力。如韩鸿探讨了赋权型影像,认为它作为弱势群体相互沟通和自我发展的工具,鼓励那些因生活、经济、教育等原因长期处于"失声"状态的群体,通过影像来表达自我,进而增加社区民众尤其是穷人与妇女的发言权和决策参与权。⑥如丁未等讨论了手机与农民工自主性获得的关系,认为赋权是一种自我效能,通过提升主体强烈的个人效能意识,增强个体达成目标的动机。⑦与此类似,杨善华、曹晋等从新媒体技术所赋予使用者的主体性出发探讨由此生发出的影响与作用。⑧

(二)身份认同

严格而言,身份认同(identity)是一个复杂的、流动的社会学和心理学范畴。伯格(P. Berger)认为身份认同是社会授予、社会维持和社会转化的一种社会心理。身份认同代表了整体社会的价值和生活模式,是社会化的产物,而且因社会变迁而改变。从理论层面看,一种身份的确立,受两方面因素的影响:一是先天的、主观的;二是后天的、客观的。主观认同是个人情感投寄或自我感受,但不代表全部;而客观认同则是别人或政府对自我背景的理解和立场审视,忽视这个因素,身份认同便无从说起。身份认同的塑造和建立,不只要考虑主观因素,客观的、他人接纳与否和态度冷热,同样十分关键。陈清侨认为,身份认同不是一件容易确认的事,有两重意义需要审视:一方面,在社会的认同中,自我必须透过生活实践辨认出(identify)己身之所属;另一方面,人在自我确认的漫长过程中,又无法不受别人对自己认同与否、如何认同的影响。⑨吉登斯(Giddens)认为,人拥有多重社会认同,但多数人都是围绕着一种主要的认同来组织其生活中的意义和经验。⑩

(三)农民工身份认同

由于我国城乡二元制度的历史安排,迁移到城市的农民工面临着制度身份与职业角色错位的状况,其身份认同出现了不确定性和模糊性。从不同的角度理解农民工的身份认同具有不同的维度,如阶层认同、地缘认同、人际认同、组织管理认同、生活方式认同等。若考虑农民工从农民向城市居民的转变过程的话,其身份认同主要包括两个方面,即目前的身份意识和未来的身份归属意识。⑪陈映芳将城乡迁移群体表述为"城市新移民",并用"非市民"(non urban citizen)这一特定概念来叙述他们居住、工作、生活在城市却无法获得城市居民身份及权利的实际状况。这一表述与本文所关注的打工者群体吻合。根据相关理论,citizenship 被认为包含了"权利"(right)和"身份认同"(identity)两个要素,其中权利是 citizenship 的地位(status of citizenship),属于法律层面;而身份认同是 citizenship 的感受(feeling of citizenship),属于心理层面,是法律地位之外的另一种归属政治共同体的方式。中国的农民工,既是一种制度,也是一种广被确认的身份。[12]

在本研究中,农民工的身份认同指在社会认同层面上的一种心理感受,并通过概念化将其衍化为具体的测量指标。本研究认为,农民工自我赋权运动,能够提高该群体的集体归属意识与凝聚力,创建自身特定文化,向城市彰显农民工群体的文化形象。然而,在制度安排仍未松动的现实环境里,赋权运动唤起的身份认同仍具有一定的局限性,农民工对自身的认同混杂了自建文化活动之外的诸多制度因素。尽管如此,自建文化活动对该群体的自我认同具有一定的积极影响。

(四)赋权运动与自建文化

皮村农民工自建文化活动被学者艾晓明和卜卫称为是视觉社运,并认为这是一种利用视觉可见性进行抗争、打破主流话语权垄断、以主体身份进行自我叙述的一种形式。视觉社运以不同的视觉文本,敞开符号商品世界的表层,再现处于消费社会边缘的各种主体,以及与阶级、性别的关系。视觉社运是视觉消费社会的真实倒影,它以视觉方式把记忆与历史结合,并透过情感动员社会运动,促进社会变革。[13]本文将皮村自建文化活动视为自我赋权运动的载体,借助其视觉再现,动员社区成员的自我意识和参与意识,以独特的方式表达自我权利。

三、研究目标与方法

此次调查的主要目标是探索皮村自建文化活动的自我赋权的影响,包括对自我身份的认识、打工者群体的凝聚力、对融入城市生活的感知等,以便更好地理解在现实环境下,制度安排与农民工自我赋权运动的博弈与制衡。

此次调查采用定量研究与定性研究相结合的方法,对皮村自建文化的发起人之一王德志、皮村打工者以及皮村原住民共九人进行深访,了解皮村农民工自建文化活动的兴起与发展、普通打工者对自建文化的认识与参与、皮村原住民对外来打工群体的态度及对自建文化活动的态度。问卷调查采用拦截访问,在皮村和社区文化中心共调查120人,访员填写形式进行调查。最后,运用SPSS18.0进行统计分析。

四、自建文化活动的影响分析

(一)调查对象的基本构成

120人的样本中,男性为72.3%,女性为27.7%。主要是21~30岁和31~40岁两个年龄段中的青壮年人,平均年龄33岁。他们绝大多数接受了初中程度的教育(占样本60%),主要在工厂做工。

另外,这些打工者来皮村的平均时间近两年(22个月),其中,一年以内的打工者占绝大多数(68%),说明近年内涌入皮村的人数之众。来皮村之前换过的工作平均为2.5个。他们在皮村租住的房屋面积平均为19.5平方米/人,人均7.02平方米/人(调查对象在皮村的家人平均为2.78人)。

表1 调查样本的人口统计指标

文化程度	人数	比例(%)	从事工作	人数	比例(%)	年龄	人数	比例(%)
小学及以下	22	18.3	在工厂做工	77	64.7	20岁以下	13	10.8
初中/中专	73	60.8	自己开门店做生意	7	5.9	21~30岁	44	36.7
高中	18	15.0	从事服务行业工作	15	12.6	31~40岁	38	31.7
大专	6	5.0	业务	5	4.2	41~50岁	19	15.8
大学本科以上	1	0.8	没有工作	9	7.6	51~60岁	5	4.2
合计	120	100.0	正在找工作(失业)	1	0.8	61岁以上	1	0.8
			其他	5	4.2	合计	120	100.0
			合计	119	100.0			

(二)调查对象参与社区文化活动的情况

调查显示,打工者业余时间主要以看电视、聊天、打牌、上网等活动为主(如图

1)。他们参加"皮村社区中心"的各种活动如表2所示。

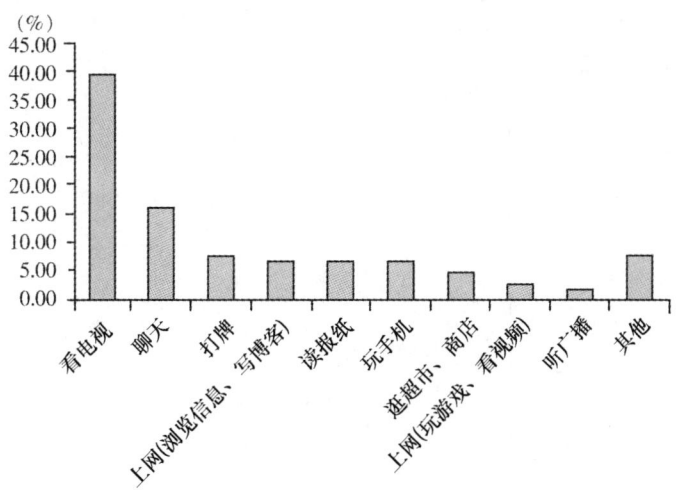

图1 调查对象花费时间最多的余暇消遣方式

由表2可知,调查对象参与"皮村社区文化中心"的各项活动较频繁,即社区文化中心对打工者的影响力较强。具体地,他们平均每周三次前往参加活动,每次活动的平均时间接近1.5小时。参与的项目包括两类:其一,文体活动,如打乒乓球、跳健身舞、看电影/节目;其二,学习活动,包括读书、读报、参加夜校及参观博物馆。此外,我们将去同心超市购物和让自己的孩子去同心小学上学也作为参与社区文化中心的项目。在调查中,我们重点询问了调查对象对参观打工博物馆的印象或感想(设置开放题),有98人回答了他们的具体感想,且多肯定了以视觉传播形式反映打工群体的集体感知与争取话语权的做法,认为它"反映了农民工的具体情况,社会对农民工还是非常重视的""可以更多、更详细地了解关于打工者的信息",是"很朴实的农民工的真实写照""为打工者服务,(看了以后)长了见识""记录了最底层人的生活的点点滴滴,很真实""劳动光荣""希望继续扩大投入资金""有自豪感"。可以说,皮村自我赋权、自建文化活动得到了打工群体的响应。

结论1:视觉文化活动获得了打工者的认可,并参与其中。

表 2　调查对象参与"皮村社区文化中心"各种项目的情况

参加"皮村社区文化中心"的项目	回答人数	平均值	参加"皮村社区文化中心"的项目	回答人数	平均值
您每周到"皮村社区文化中心"的次数	116	3.00	参与具体活动——读《皮村报》或其他自办杂志	92	1.64
平均每次活动多长时间	97	82.27	读《皮村报》或其他自办杂志(分钟/周)	26	49.19
参与具体的活动——跳舞、聊天、打球	102	1.21	参与具体的活动——在工友图书馆看书	89	1.54
跳舞、聊天、打球的频次(次/周)	67	2.82	看书(分钟/周)	30	70.03
参与具体的活动——在电影院看电影	102	1.27	参与具体的活动——在打工者夜校学习	88	2.17
看电影频次(次/周)	58	1.43	参加打工者夜校多少个班	1	—
参与具体的活动——在新工人剧场看演出	96	1.35	在打工者夜校学习频次	6	3.00
看演出(次/周)	54	1.82	参与具体的活动——在同心超市购物	87	1.69
参与具体的活动——参观打工艺术博物馆	96	1.77	购物频次(次/周)	27	2.11
参观打工艺术博物馆(次/周)	26	2.31	参与具体的活动——让孩子去同心小学上学	66	1.92

注：在调查中得知,举办工人夜校的情况不尽如人意,由于工人工作时间与上课协调产生困难,只举办了1期。

(三)身份认同

调查前期,我们深访了皮村文化活动发起者之一王德志,他对"农民工"这个称谓十分敏感,认为"'农民工'是一个双重身份,'农'字已经跟我们没有关系了,但是国家政策和大家的意识还没有改过来,这里面实际涉及很多利益问题。如果我们是工人,就能享受工人的福利和待遇,就要分享一下社会进步的成果"。他认为准确的称谓应该是"新工人",而且这个"新"字目前只是一个过渡,将来一定会统一为"工人"。对自身称谓的认知意味着对自身身份的肯定。为了了解皮村打工群体的观点,我们做了相关调查,结果如表3所示,调查样本认为"无所谓"和"都可以"的超过一半;有三分之一的调查对象认为"打工者"与他们的身份比较吻合;认为"新工人"更能反映自己身份的不到一成。我们以在皮村生活的年限(按其平均时间,即22个月)作为划分依据,将其分为较短时间和较长时间两类,通过均值比较(independent-samples t test,$p=.372>.05$),可以看出,来皮村时间长、短不同的两类人对该称谓没有显著差别。这个结果一方面说明打工群体的先觉者的认识和观点并未得到该群体普遍一致的认可;另一方面也说明,身份认同涉及心理感受、制度安排、社会保障等诸多复杂因素,获得群体感知需要实践和时间的积累,一般打工者并不似其先觉者那样具有认识上的高度和敏锐性。

结论2:打工者对自己的身份认同仍存在一定的模糊性和不确定性,自建视觉文化的赋权运动并未能从根本上改变这一状况,它需要政府的制度安排和相应的政策措施的努力。

表3 调查样本对自己的称谓、对自己生活满意程度

调查样本认为别人对自己的称谓			调查对象对自己生活的满意程度		
	人数	百分比(%)		人数	百分比(%)
无所谓	38	36.89	很满意	33	28.21
打工者	33	32.04	比较满意	53	45.30
都可以	16	15.53	不清楚	2	1.71
新工人	7	6.80	不太满意	19	16.24
农民工	7	6.80	不满意	10	8.55
不清楚	2	1.94	合计	117	100.00
合计	103	100.00			

(四)融入城市的困难

身份认同关涉的一个关键问题,是融入其中生活的城市,也即农民工认为自己能够被当地人接纳和认可的程度。调查显示,打工者认为自己完全融入本地的占24.78%,认为自己部分融入的占53.85%,两者之和接近80%。对他们与当地人的关系询问时,结果并不乐观。认为自己与当地居民仍有差异(如图2),且这种差距首先表现在房产方面,这几乎是一个十分明显的、横亘在两者之间的"鸿沟"。如"他们租地、租房子就可以生活得很好,而我们累死累活收入不高""他们有固定的居住地和工作";其次是收入,如"消费时本地人只要喜欢就好,而外地人首先考虑的是实用""收入他们高咱低,北京人不干活拿高工资""本地人的生活好于外地

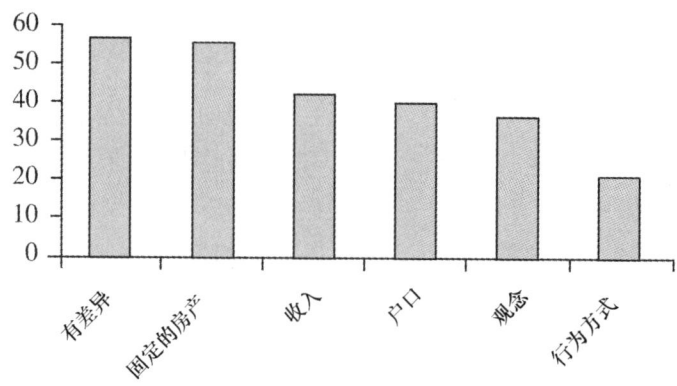

图 2　调查对象认为与本地人的差异所在(N=118)

人";再次是户口,这是关系到打工者子女就学的核心问题,"高考不公平"是他们共同的感受;最后,是观念和行为方面的差异,而这个问题也是调查对象诉说最多的问题,如"本地人感觉生活在大都市,瞧不起外地人""财大气粗欺负外地人""当地人有优越感""办事不方便,待遇不同""本地人懒惰"等,不一而足。

反映在融入城市的最大困难方面,调查对象首选"找到合适的工作""取得当地的户口"和"接受良好的教育"(见表4)。这反映出在城市落户、解决生存问题和有一技之长是融入城市的关键所在。

在目前的户籍制度下,打工群体普遍处于人—居分离、职业身份—户籍身份错位的状况。"户口"之于社会成员的意义发生了变异,而户籍制度原有的社会控制和行政管理功能也部分地趋于失效。[14]

表 4　调查对象认为融入城市最大的困难

最大的困难(第一选择)			最大的困难(第二选择)			最大的困难(第三选择)		
找到合适的工作	32	38.55	找到合适的工作	16	26.67	没有接受良好教育	10	25.00
取得当地的户口	29	34.94	没有接受良好教育	14	23.333	找到合适的工作	7	17.50
没有接受良好教育	11	13.25	技术技能比较欠缺	14	23.33	观念上比较保守	7	17.50
技术技能比较欠缺	6	7.23	取得当地的户口	8	13.33	没有见识	7	17.50
观念上比较保守	3	3.61	观念上比较保守	5	8.33	技术技能比较欠缺	6	15.00
其他	2	2.41	其他	3	5.00	取得当地的户口	3	7.50
合计	83	100.00	合计	60	100.00	合计	40	100.00

结论3:户籍制度在限制农民工身份转化的同时,也成为其身份认同、融入城

市的主要障碍。

(五)自建文化活动的影响

为了解打工群体对自建视觉文化活动的认知和态度,调查使用了里克特量表[15],分析时提取6个公共因子(累积解释率为66.42%),分别为F1:满足需求,F2:积极参与,F3:人际沟通,F4:非认同感,F5:自我行动意识,F6:实用意识。

表5 参与次数不同的打工者的态度不同

公共因子	P值	显著程度
F1:满足需求	.7194	
F2:参与积极性	.0221	**
F3:人际沟通的愉悦	.4671	
F4:非认同感	.0301	**
F5:自我行动意识	.4288	
F6:实用意识	.0367	**

注:表中"**"表示置信度<.05。

在研究中,我们假设参与社区中心活动越多的打工者,对自建视觉文化活动的认可程度越高、态度越积极。为此,将两者进行比较[16],如表5所示,两者在F2、F4、F6三个公共因子有显著差异。这说明打工者的现实参与程度与其对自建视觉文化活动的认识是高度相关的。这从另一个角度也说明,自建视觉文化活动要真正发挥其自我赋权作用,关键要动员群体的参与意识。这也是自我行动、社区行动在赋权运动中极为关键的问题所在。

结论4:对自建文化参与程度越高,打工者对该活动的认可程度越高。

为了探讨打工群体对自建视觉文化活动的态度(在这里作为因变量),将其接触媒体信息、参与自建文化程度及人口统计学变量进行多元回归,分析结果如表6[17]所示,得到多元回归方程为:

Y(打工群体对自建视觉文化活动的态度)$=23.214+9.123*X_1$(接触电视)$+9.291*X_2$(听广播)$+18.954*X_3$(上网浏览信息写博客)$+7.192*X_4$(读报纸)$+1.433*X_5$(参与自建文化活动的次数)$+7.325*X_6$(性别)

这表明,调查对象平时接触信息类媒介、参与自建视觉文化活动的程度以及性别变量都是影响其评价或认可该活动的主要变量。需要说明的是,该方程仅为初步探讨打工群体对自建视觉文化活动态度的影响因素,因变量和自变量有可能互为影响因素。但是,我们认为,由于皮村文化活动的创建引起了这一群体的认知和参与,因此,将他们对该活动的态度作为因变量。

表6 打工者认同自建文化活动的多元回归分析结果

	变量	未标准化系数		标准化系数 β	T	P
		系数 b	系数标准误			
已进入方程	X1:闲暇时间看电视	9.1929	3.0752	0.3855	2.989	.0051
	X2:闲暇时间听广播	9.2908	3.3896	0.3782	2.741	.0096
	X3:闲暇时间上网(浏览信息、写博客)	18.9543	4.1054	0.6841	4.617	.0000
	X4:闲暇时间读报纸	7.192	2.6343	0.3283	2.730	.0098
	X5:参与皮村社区文化中心的程度	1.4322	0.5773	0.3207	2.481	.0181
	X6:性别	7.3246	3.1347	0.2981	2.337	.0253

注:以上各变量 $p<.05$;变量X6转变为哑变量。

五、小结与讨论

农民工自建视觉文化活动可被视为该群体对主流垄断话语的反抗,这一自我赋权运动在表达自我、抗争的同时,唤起了该群体的自我意识和群体凝聚力。与此同时,由于户籍等因素的制度安排,在农民工身份与职业角色错位的现实困境下,农民工的自我身份认同仍带有不确定性和模糊性,而消弭这种不确定性,仅依靠自我赋权运动是不够的,它需要制度的介入和可行的政策措施,以便使这一边缘弱势群体更好地融入城市。

需要进一步思考的是,影响农民工身份认同是一个较为复杂的问题,它关涉到其他复杂的因素和变量,诸如社区文化的组织与管理、所在工厂或企业的文化建设,还包括自建视觉文化活动所获基层政府的认可与推广,以及城市文化对它的接纳程度等。希望在后续的研究中,能够就这些较为宏观层面的因素予以考察和研究。最后,本研究结论在外推农民工群体时应慎重。

(本文问卷调查得到中国传媒大学本科生李笑欣、祖昊的大力帮助,在此致以诚挚的谢意!)

注释：

① 国家统计局：《2009年农民工监察调查报告》，国家统计局网站，http://www.stats.gov.cn/tjfx/fxbg/t20100319_402628281.htm。
② 赵月枝：《传播与社会：政治经济与文化分析》，中国传媒大学出版社2011年版，第49页。
③ 维基百科词条，http://zh.wikipedia.org/zh－cn/。
④⑤ Srinivas R. Melkote & H. Leslie Steeves, *Communication for Development in the Third World: Theory and Practices for Empowerment*, Sage Publications India Pvt Ltd., 2001, p.354.
⑥ 韩鸿：《参与式影像与参与式传播——发展传播视野中的中国参与式影像研究》，《新闻大学》2007年冬季刊。
⑦ 丁未、宋晨：《在路上：手机与农民工自主性的获得》，《现代传播》2001年第9期。
⑧ 杨善华、朱伟志：《手机：全球背景下的"主动"选择——珠三角地区农民工手机消费的文化和心态解读》，《广东社会科学》2006年第2期。杨可、罗佩霖：《手机与互联网：数字时代农民工的消费》，《中国社会科学报》2009年第7期。
⑨ 转引自郑宏泰、黄绍伦：《身份认同：台、港、澳的比较》，学术中华网，http://www.xschina.org/show.php?id=12793。
⑩ 〔英〕安东尼·吉登斯：《社会学》，赵旭东等译，北京大学出版社2004年版，第39页。
⑪ 李翠玲、段学芬：《农民工的身份认同与农民工的市民化》，论文网，http://www.14edu.com。
⑫⑭ 陈映芳：《"农民工"：制度安排与身份认同》，《社会学研究》2005年第3期。
⑬ 马杰伟、周佩霞：《视觉社运：艾晓明、卜卫对谈》，中华传媒网，http://academic.mediachina.net/article.php?id=6248。
⑮ KMO检验值为.768(Barlter's Test of Sphericity, Sig=.000)。
⑯ 依据参与次数的均值，将多于或少于均值划分为两个组进行比较。
⑰ 多元回归分析部分参数为：$R=0.769, R\ Square=0.592; F=4.230, p=.000$。

全球化语境中的跨文化表达[*]
——论非文字类文化符号的传播效应

◆ 贾磊磊

处在不同文化语境中的人们,要想取得相互之间的尊重与认同,首先要实现的是对各自文化的相互了解。这种了解的路径有时是依靠对文字符号准确、生动的翻译,有时则依靠的是非文字类文化符号的直接传播。相对于复杂的文字语言符号系统,非文字类文化符号在跨文化传播中往往能起到更直接、更便捷、更迅速的传播作用。所以,这种不依赖于文字符号的传播方式正越来越受到世人的重视。所谓非文字类文化符号,主要指的是依靠视觉图像及其听觉形象进行表述的意义载体,如一幅意境深远的绘画、一支舒缓悠扬的乐曲、一场激情奔放的舞蹈、一段生动幽默的视频,抑或一座气势恢弘的建筑、一部流光溢彩的影片。这些直接诉诸人们感觉系统的文化符号对不同民族、不同国家、不同性别乃至不同信仰的人都能够产生直观的、生动的印象,有时这些非文字类文化符号甚至比语言符号具有更真切、更直接的传播效应。

跨越文化交流的异质性障碍

跨文化研究的成果表明,来自不同文化背景的人们在进行相互交流时,最难消除的理解障碍之一,是他们无法共享一种通用的符号系统。这就是说,基于不同的文化符号体系,人们在相互交流中难以正确地理解对方的意图,有时在交流的过程中甚至还会出现相互的误读。这种交流符号的异质性是"跨文化沟通的最大障

---

[*] 原载于《现代传播》2011年第12期。

碍"①。所以,要想实现不同文化语境下人与人之间、民族与民族之间、国家与国家之间的相互理解与相互认同,除了通过互译语言的方式进行交流之外,还可以采用具有同质性的语言符号进行直接的文化传播,进而克服跨文化交流中产生的认知误差,增进不同文化之间的理解与认同。

由于视觉符号直接诉诸的是人们的感觉系统,它在传播的形式上具有极大的可通约性,它不仅跨越了文字语言符号交流过程中所需要的漫长、复杂的学习过程,而且跨越文化交流过程中的异质性障碍。根据叶尔姆斯列夫的语言理论,视觉语言在表意过程中都具有"直接意指"的功能,而且视觉语言主要依赖于类似性的编码原则进行传播。这就是说,视觉语言中的"词义"不像日常语言那样是约定俗成的、任意的,而是自然的、特定的。不论在汉语中还是英语中,物与词之间没有任何类似性关系,汉语中的"轿车",英语中的"car",在形状上都与真实的小汽车相去甚远。而在任何国家的视觉语言中,汽车的意义都是直接通过汽车自身来表达的——在影像上作为表意符号的汽车与在镜头之外作为摄取对象的汽车在形状上完全一致,两者之间具有一种类似性关联。哪怕是用汽车模型来拍摄的汽车爆炸的场景,被拍摄的假汽车与汽车之间同样具有类似关系。②所以,视觉语言有时比那种通过语言文字来表达的意义更直接、更真切、更生动,也更强烈。

非语言类文化符号在文化传播中不仅能够跨越文化差异所造成的屏障,而且有时还能跨越社会意识形态的隔阂,实现不同文化的相互沟通。非文字语言符号在国家之间的文化交流活动中所起到的这种得天独厚的作用,已经被历史反复证明。美国的电影《猫和老鼠》是一部没有台词的动画片,影片的全部意义都是通过动物(动画)的形象和音乐来表达的。它进入了许多国家的电视市场,甚至还在某些国家的国家电视台播放,如朝鲜。可以肯定地说,人们接受一种视觉符号的基准线,有时可能比接受一种语言的基准线更宽泛。尤其在受市场原则主导的文化产业领域,文化产品的接受范围可能会比其他媒介表达的理念更宽广。这就意味着,视觉符号在文化思想的传播功能方面很可能比文字语言符号具有更广泛的影响力。包括有些以视觉为主体、视听结合的叙事形态,由于充分发挥了影像语言的表现力,所以往往能够得到更为普遍的文化认可。中国电影《可可西里》,一部近90分钟的电影,人物的对话与画外音一共才不到30分钟的时间,仅占全片的三分之一,其余的时间全部是在用"画面"讲故事。从传播学的角度看,这种"静默的方式",不仅具有一种符合电影本体的美学意味,而且还有一种对西藏民族文化进行认同的心理意义。《可可西里》后来分别获得东京国际电影节评委会大奖、中国电影金鸡奖、台湾电影金马奖——要知道,中国电影在海外的获奖率是在内地得奖率的11%。一部影片能够同时在海内外摘取桂冠,这充分说明除了影片的叙事主题具有某种普世价值之外,影片高度视觉化的叙事策略,也是其获得普遍认可的重要原因。

视觉符号的直观性与逼真感使其在记录历史事实方面也具有重要作用。在中国改革开放初期,国人的心理记忆中都有一幅写实主义的经典画作《父亲》。此画的作者罗中立利用"照相写实主义"的艺术手法,把中国农民质朴、憨厚的形象真实地呈现在画布上。虽然《父亲》问世的那个世代已经逐渐退却,然而,这幅作品所表现出来的中国农民那种如梦初醒又茫然若失的精神状态,却永远留在国人的集体记忆中。虽然,记录那个世代的文学作品也不乏经典之作,可不论是对人们的心理印象,还是对普通大众的历史影响,《父亲》都起到了文字语言不可替代的作用。与此相类似的还有一幅为希望工程募捐的少女的照片。上面是一个正对着镜头的乡村女孩,她那双天真而又无助的眼睛,将她内心对知识的渴望与对救助的期待同时镌刻在照片上。20年前的这张照片,可以说是家喻户晓,照片上的小姑娘叫苏明娟。不知道曾经有多少人被她的神情所感动,也不知道有多少人因她而慷慨解囊。

跨越文化传播的时代落差

尽管视觉语言在文化传播方面具有极为强大的作用,但我们在跨文化交流过程中,更多地还是习惯于依赖文字作为相互交流的工具,期望通过语言文字的识别、理解来实现不同文化的相互认同。这表明我们对文字符号有一种习惯性的依赖,以至于我们对以影像为主体的视觉文化符号的传播职能有所忽略。

目前,德国的歌德学院、西班牙的塞万提斯学院、中国的孔子学院都把语言作为文化传播的主要方式。尽管这些机构也举办了许多其他的文化活动,但是对语言的推广依然是他们的重点。这种建立在印刷时代的文化传播理念并没有随着影像时代的来临而相应地有所改变。正如维特根斯坦所云:"文化是一种习惯,或至少是一种长期形成的习惯。"③可是这种文化习惯在某种意义上造成了文化传播方式的"时代落差"。

其实,西班牙语可能是世界上最难掌握的语种之一。西班牙人说话时所要求的那种像鹦鹉歌唱一样的舌音,可能使有些人一生都未必能够掌握它的发音技巧,更不用说用西班牙语来流利、自如地进行深入的文化交流了。如果要想通过西班牙语来了解西班牙的文化,那肯定不是一朝一夕可以完成的事情。也许,我们倒不如去领略一下最具有代表性的西班牙弗拉门戈舞——它将轻声吟唱与激情的舞蹈、吉他的弹奏和热烈的击掌融为一体。舞者在表演时那种自由舒展、热情奔放的舞姿,以及在即兴表演中释放出来的畅快淋漓的狂喜,无不显示出西班牙特有的文化性格。我想,任何一个对西班牙语一窍不通的人,都可以通过弗拉门戈舞来认知西班牙民族的文化性格。况且,一个民族有些独特的文化气质,是在文字语言中很难得到尽情表述的。如果舞蹈对许多人来说还略显深奥的话,那么,足球对全世界的人来说都不会有任何疑惑了。巴西足球队是世界上目前第一支曾经四次获得世界杯桂冠的球队。由于足球的大众性,它能够整合社会各个不同阶层的人一起参与到这种群体性的运动中来。事实上,正是由于足球的不断发展,促成巴西放弃了对穷人和黑人持续了几十年的歧视。足球对于数百万的巴西人来说,既是一种运动,也是一种生活方式,还是一种社交方式。尤其重要的是,通过足球,确切地说是通过一种接近舞蹈化的足球技艺,使世人更加关注巴西,并且对巴西文化产生了强烈的认同。特别是足球中所体现的那种集体合作的团队精神,以及大家齐心协力的互助品格,都为世人树立了一种正确的价值导向。

尽管文字符号与视觉符号同样具有跨越时间的能力,可是文字符号却永远不能够跨越文化的异质性空间而被人们普遍接受。我们中国的汉字对西方人来讲,曾经被认为是艰深晦涩的"天书"。特别是蕴聚着中国传统文化精华的中国古代汉语,不要说外国人,就是我们自己也很难说能够真正读懂。在这种情况下,如果我们把中国文化的传播仅仅锁定在文字语言符号上,那么,这种愿望很可能成为一件遥不可及的玄想。

但视觉语言符号却不同,它能够跨越空间的屏障直接面对人们的视线,并且按照类似性原则组成的文化符号将各种各样的意义传达给对方。中国早期的纪录片巨匠孙明经,在探讨影像的表意功能时曾经以"一画千言"来提醒我们视觉艺术独特的传播力量。斯洛文尼亚的当代电影理论家齐泽克也反复地告诫我们"最重要的是画面"。尽管视觉艺术的力量并不是无远弗至、无所不能的,可是在世界历史上有无数的事实证明,非语言类文化符号在文化传播中往往能够比文字符号起到更为直接、更为便捷的作用。

相对于文字符号的传播功能而言,非文字语言符号提供的显然是一条文化传播的捷径。它的直观性、生动性使其承载的文化理念更易于被受众所领悟、所接受。固然,在非文字语言符号系统内,也未必能够彻底解决文化交流的异质性问题。可是,它毕竟为我们提供了一条解决这个问题的可行性通道。事实上,"今日媒体科技的发展与普及在文化的混陈过程中扮演了相当关键的角色,各地的文化是以符号形态透过视觉影像流动于世界,而视觉影像成为地球村住民认识彼此的中介"④。

跨越文化沟通的媒介边界

我们知道,对任何一种语言的真正理解没有数年的时间是不可能的,如果想通过语言来传播文化,包括传播那些较为深刻的文化内容,那么,不经过长时间的学习更是不可能的。这些还不包括有些文化词语可能会因为找不到与之相互对应的另一种词汇而无法真正被传播。客观地讲,世界上不同文化的传播,都共同面对着不可消除的语言屏障。语言是陷阱,面对不断增加的国际文化交流活动,我们与世界各国的相互理解与相互交流极为迫切。所以,仅靠单一的文字语言来进行沟通,更是远远不能满足当前文化交流的现实需要。况且,在疾速变化的世界局势面前,不同文化之间的了解与认同,迫切需要压缩沟通成本与时间成本。我们不可能在遇到所有的交流困难时,都先掉回头去学习语言,等到学完了语言再来解决我们面临的种种问题。这样,将会延宕文化交流的时间进程,进而阻碍实现文化传播的最终目的。

在传播媒介被影像所主导的时代,我们信息的获取渠道主要来自于影像——确切地讲来自于电脑屏幕、电视屏幕、电影银幕和手机屏幕。这四块屏幕主导了我们对这个时代的感知系统,甚至决定着我们对这个世界的认知。如果我们不能够利用视觉媒介来正确地传播我们的文化,而还只是停留在文字语言的界地内,那么,轻则我们可能被铺天盖地的异质性文化所覆盖,重者我们也许就要被这个由视觉符号所覆盖的时代所淘汰。

美国哈佛大学政治管理系的迈克·桑德尔教授,曾经开设了一门以"正义"为主题的政治课程,在迈克·桑德尔充满智慧与传奇的教课过程中,这门当时只有15名学生的公共课,后来选课学生高达1 100多人。2009年哈佛大学把这门课向全世界公开。公开的方式是将讲课的内容剪辑成12个小时的电视节目,在美国公共电视频道播出——这是美国电视史上迄今为止唯一的一次课堂讲座。我们在此并不是赞誉迈克·桑德尔教授的课讲得如何精彩,而是想说,我们对于学术研究的成果,应当找到更生动、更精彩,甚至更通俗的方式进行广泛传播。特别是在视觉文化领域加强对文化思想的推广,使我们的研究对我们的社会发展真正起到推进作用。从这种意义上讲,我们对学术思想所进行的任何传播,都与这种研究本身同样重要。

由此可见,在多元文化越来越受倡导的今天,我们不仅应当在国家之间、民族之间建立通畅的文化交流渠道,以确保文本意义的迅速、有效、准确地传播,而且还应当在文化交流活动中充分利用现代化的传播媒介与传播方式,实现文化意义的互译与互动,防止由于传播方式与传播路径的不当所带来的对文化意义及其文化价值观念的理解错位,更要避免因此所引起的不必要的纠纷与冲突。著名文化学者鲁思·本尼迪克特曾经说过:"20世纪所面临的障碍之一就是我们仍然怀有模糊不清以至偏颇的观念,不仅对日本何以成为日本民族,而且对美国何以成为美利坚民族,法国何以成为法兰西民族,俄国何以成为俄罗斯民族也是如此。各国之间由于缺乏这方面的知识而彼此误解。"[⑤]本尼迪克特的意思是,各国不仅对其他民族的文化不甚清楚,就连本民族的文化特质也并不真正了解,这样便难免造成彼此之间在文化上的许多误解。其实,消除这些误解的重要方式就在于加强相互之间的交流,而加强这些交流的主要方式就在于增加不同的交流通道,而不要把所有的交流方式都寄托在单一的文字语言上。我们完全可以通过音乐、绘画、舞蹈、电影、电视这些非文字类的语言符号来传播文化,并且在此基础上加强与其他不同文化群体之间的相互理解与相互认同,进而促进文化之间的和睦相处。

在2011年10月举行的第四届中欧文化对话中,欧盟文化中心合作组织副主席查尔斯-艾蒂安·拉加斯曾指出,一种真正的对话,即便存在着语言上的差异,还是要互相努力倾听和理解对方的观点……准确地说,实现这一目标的最佳途径是携手合作,解决共同问题或者制造共同的艺术作品。易言之,在暂时无法克服语言障碍的时候,对话双方完全可以通过解决共同面对的某些问题以及通过共同创造艺术作品交流思想,实现相互的沟通与理解。

跨越文化认同的心理盲区

其实,通过视觉的方式来传播思想,并不是文化交流的唯一目的。世界上许多国家都曾经以非语言类文化符号作为国家形象的标志。澳大利亚曾经以拳击袋鼠作为澳大利亚的标志——作为一种非文字类文化符号,拳击袋鼠将"澳大利亚"这一抽象的国家概念,转化为一种让人觉得真切生动的形象。在第二次世界大战时期,澳大利亚驻扎在新加坡的空军曾经将拳击袋鼠图案印在战斗机上,以此表明澳军与英军的区别,使拳击袋鼠的形象首次获得国际的认可。1983 年,"澳大利亚二号"帆船在"美洲杯"帆船赛中一举夺冠,船长在进出港口时挥舞着画有拳击袋鼠的旗帜向公众致意,使得拳击袋鼠的旗子在澳大利亚风行一时。2000 年澳大利亚奥委会以 1300 万的高价为悉尼奥运会买下了拳击袋鼠标志的使用权,该标志在奥运会期间颇受欢迎。⑥澳大利亚的文化形象由此获得了世界性传播。

当然并不是所有的国家在建构自己的文化形象时都是那么自然、那么成功。德国最近也推出了国家形象宣传片,想以此来传递其核心的文化价值观。其设计意图是想表达建设多元文化社会、鼓励移民掌握德语"融入"社会的文化理念。形象片口号之一是"Rein ins Leben"(融入生活),但德文中的"rein"除了融入之意外,还有"清洗"的意思。许多儿童第一次看到该片时,竟以为是肥皂广告。片中德国各个领域具有移民背景的足球明星、摇滚歌手甚至政府部长,都向镜头伸出了涂着德国国旗的舌头。可是,在犹太文化中吐舌头有怨恨、蔑视之意,该片无意间伤害了在德国的犹太移民的感情,形象片的表达方式因此受到国民的诟病。2008 年奥运会是中国对外推广自己的文化形象百年不遇的良机。同样作为奥运会的标志,我们的五个福娃却并没有起到文化传播的长久效应。这并不是说中国的福娃在造型上有什么问题,而是说由于福娃与中国传统文化标志并没有任何指涉,随着奥运会的结束,这五个福娃即消逝在人们的视线之外——并没有像澳大利亚的"拳击袋鼠"那样在国家的社会生活中继续发挥文化的影响。

塞缪尔·亨廷顿曾认为,当今世界动乱不已的原因,既不是经济问题引发的,也不是意识形态导致的,而是由文化的差异形成的。为此他预测,基督教、伊斯兰教与儒教世界三大文明的互动,将是人类维护稳定的基石。⑦我们在此未必要接受亨廷顿关于儒教的判断以及关于文明的冲突的结论,我们现在可以讨论的是,我们与伊斯兰教、与基督教互动的前提是什么？如果不能够提供一个在不同文明之间进行正向沟通的有效方式，那么，所有后续的使命都将是天方夜谭！不要说在两种文明之间，就是在两个不同民族的人之间，相互的沟通也并不是那么容易的。沉默，对于一个中国人来说，有时表示的可能是对一种意见的反对；而对于一个德国人来说，表示的可能是对一种意见的默许。美国人对童年的美好记忆可能和他们从小就吃的花生酱联系在一起，而一个法国孩子对母爱的美好记忆则可能和奶酪联系在一起。这说明生活在不同文化里的人们对同样的事物完全可能有着截然不同的心理反应。⑧更不要说，他们对不同的事物看法会产生怎样的差别。

视觉语言虽然在我们这个时代得到比书写文字更优先的地位，但是，我们应当看到，在视觉传播领域所面临的种种困境。在令人眼花缭乱的视觉表达语汇中，我们已经很难建立一种与古人那样可以被共同使用的视觉语法；我们对视觉语言的意义认同并没有一种共享的识别系统。这其中除了不同文化自身的认同差异之外，我们对视觉语言的表述规范显然没有足够的重视。看看铺天盖地的商业广告，色情、暴力、恐怖的元素比比皆是。不要说色彩与形象的表述规范，就是其传达的消费至上的价值观，也没有任何人为此负任何责任。显然，我们一方面依赖视觉符号来表达我们各种各样的诉求，另一方面又没有形成普遍依循的视觉意义的表述规则。诚如所说，在古代人看来特定的视觉表达会保留着某种一致的象征意义：红色代表危险与血迹的意思；绿色宣传着启动与安全；蓝色表示的是真理与公正。⑨我们今天却欠缺一种既深刻又准确的视觉世界语。我们现在又回到了前巴比伦通天塔的时代，在视觉图像充斥着我们生活方方面面的时候，我们却可能对其表述的意义不知所云，这其中还包括我们无法在各式各样的不同造像中实现对古代圣贤的形象认同。千百年来我们可以为孔子的一个概念而争论不休，可是却对孔子千奇百怪的视觉形象不以为然……

我们中国的非文字类语言符号的文化资源极其丰富。在建筑界有万里长城，在动物界有四川熊猫，在体育界有中华武术，在艺术界有民族舞蹈。可是，目前还没有像澳大利亚的袋鼠、荷兰的郁金香、日本的樱花、泰国的大象那样被世人普遍认可的文化符号作为国家的标志性符号。在视觉文化领域里，我们国家的文化形象是"不在场"的，这就是说，我们的文化形象时常处于缺席状态，对于他者来说这里也许是一个没有文化标志的盲区。美国当代学者在探讨文化的独特密码时曾经说："文化随着时间的推移产生和发展，虽然它的演变速度非常缓慢，一种文化可以经历几代人都没有发生重大的变迁。一旦文化真的发生了变化,它和我们大脑发生变化的方式一样是通过强大的烙印来进行。这些强大的烙印改变了文化的'参考体系',它的意义传给了下一代。"⑩我们并不是说,非要在每个领域都刻意寻找一个国家形象的象征之物,我们想强调的是,一个国家的形象是一个被建构的历史演进过程,而不是一个自在的历史生成过程。我们只有增强与不同国家、不同民族之间的文化交流,加深对各自文化的理解与认同,才能够迈向我们所向往的文化生存的理想境界。最起码,我们要在人们行走的"精神航线"和"文化公路"上设置标志性的路标,使人们知道通往不同文化国家的道路在哪里。

19世纪的美国诗人沃尔特·惠特曼曾经说过,他有一个梦想,他希望有一天全世界的诗人还有诗歌,有机会聚集在一起,集合所有的个人及其作品,一起为世界带来和平。如今,距惠特曼讲述美好理想的时代已经过去两个世纪了。也许,在惠特曼的诗意理想尚未实现的时候,我们能够把世界各国的画家、音乐家、艺术家聚集起来,共享视听的文化盛宴,一起为世界人民祈祷平安,祝福团圆!

注释:

① 陈国明:《跨文化交际学》,华东师范大学出版社2009年版,第30页。
② 贾磊磊:《电影语言学导论》,中国电影出版社1996年版,第18页。
③ 〔英〕路德维希·维特根斯坦:《文化的价值》,钱发平编译,重庆出版社2006年版,第127页。
④ 邱志勇:《文化创意产业的发展与政策概观》,见李天铎编著:《文化创意产业读本:创意管理与文化经济》,远流出版公司2011年版,第31页。
⑤⑧⑩ 〔美〕克洛泰尔·拉帕耶:《文化密码》,陈亦楠、李晨译,南海出版公司2008年版,第2、8、16页。
⑥⑨ 〔加〕阿尔维托·曼古埃尔:《意象地图》,薛绚译,云南人民出版社2004年版。
⑦ 陈国明:《跨文化交际学》,华东师范大学出版社2009年版,第33页。

消费主义文化传播、仪式缺失与社会信仰危机*

◆ 蒋建国

目前,关于西方消费社会和消费主义方面的理论研究已较为深入,学界运用了大量理论分析中国消费社会的诸多问题。但是,消费主义作为意识形态的影响不仅涉及消费领域,它还与整个社会文化和价值观念都有直接关联。当下,消费主义导致的社会信任缺失,消费主义与个人主义、犬儒主义结合导致日常仪式的缺失,以及由此产生的社会信仰危机,值得我们高度重视。本文拟就此问题展开探讨,以厘清其中的原因和逻辑关系,并由此进行批判性反思。

一、消费主义文化传播与社会信任的缺失

改革开放30多年来,随着中国经济发展水平和综合国力的迅速提升,民众消费水平也得到不断提高。尽管2010年中国的基尼系数已超过0.5,社会贫富悬殊越来越大,但是,由不断壮大的富裕阶层所引导的消费潮流,在社会上具有广泛的传导性和感染力。如2010年,中国的奢侈品消费额已位居全球第二,最新公布的《世界奢侈品协会2010—2011年度官方报告》称,截至2010年年底,中国内地奢侈品市场消费总额已经从2009年的94亿美元攀升到2010年的107亿美元。中国已成为全球奢侈品消费最快增长国,预计将在2012年超越美国占据全球奢侈品消费榜首位;中国奢侈品消费者呈现出"低龄化"特征:73%的中国奢侈品消费者不满45岁,45%的奢侈品消费者年龄在18岁至34岁之间;尽管中国人的奢侈品消费大

---

* 原载于《现代传播》2012年第4期。

部分还集中在服饰、香水、珠宝、手表等,但私人度假酒店、顶级家私、艺术品投资、豪华游艇也渐渐受到中国买家的关注。这一变化显示出这一消费群体已经开始由消费奢侈品向消费奢侈生活方式转变。①可见,中国作为一个发展中国家,其国人对奢侈品的追求却反映了当前消费主义文化的流行态势。消费主义强调商品的符号价值,追逐快感、梦想,强调个人主义与及时行乐,片面追求位置消费和炫耀性消费。消费主义文化在市场化的运作和推动下,与大众文化结合在一起,引导着生活潮流和社会价值观,并在大众传媒的操纵下,潜移默化地影响着消费者的意识形态和价值取向,不断促使消费者以"我买,故我在"证实身份认同。

随着经济全球化和传播全球化的发展,消费主义日益与当代文化中世俗化的东西互渗而成为特有的文化景观。如果说,在现代社会出现了生产拜物教和消费拜物教,那么,后现代社会却出现了"传媒拜物教"。当代传媒以跨国资本的方式形成全球性的消费意识,其文化霸权话语渐渐进入国家和民族的神经之中。于是,在倡导多元价值、多元社会的文化语境中,大众在多元主体之间,将个体感性差异性推到极端,甚至以个人的绝对差异性为由,割裂个人与他人的同一性,在广告传媒和文化经纪人的操纵下日益以产品的市场需求取代人们对精神文化的需求。②传媒消费主义表现出强烈的强制性和诱导性,使当代商品拜物教更易于被接受和认可。在传媒所倡导的身体商品观的影响下,消费者更关注身体,身体的可消费性与被消费性可以说无处不在。在不断塑造身体文化的过程中,消费主义文化得到了广泛的传播和认同。

从20世纪80年代开始,由于西方福利国家危机以及新自由主义的全球化,社会主义的乌托邦日益被怀疑,人们越来越沉溺于市场和消费之中。在新的全球化时代,社会生活日益虚拟化和仿真化,主体被人们消费的各种形象和仿真物彻底渗透和肢解了。③这种"主体"的消解,是消费者在重视身体消费的同时,忽视了精神消费的公共价值和文化意义,它进一步推动了个人主义的盛行。鲍曼(Zygmunt Bauman)认为,消费是彻底个别的、孤立的,而且最终是孤独的活动;这种活动的满足,有赖于抑止与诱发、缓和与刺激欲望,而欲望总是私人的、难以沟通的感觉,没有所谓的"集体消费"这种东西。没错,消费者可能在消费过程中聚集在一起,但即使是在这个时候,真正的消费者还是完全单独、个别经历的经验。聚在一起只是构成消费动作之隐私的基础,并且提高其乐趣。④鲍曼所强调的"个体消费",是指在后现代语境下,消费者以自我为中心的价值取向。在个人主义导向下,消费者的欲望不断膨胀,并将消费活动视为实现人生价值的基本手段,它会导致对"集体生活"的厌倦。所以,福山(Francis Fukuyama)一针见血地指出:个人主义是现代民主的基石,但是过分的个人主义难以获得社会凝聚力,从而会对社会民主产生负面影响。因此,向后物质主义价值观的转变就有可能意味着某种社会资本在减少。⑤

社会资本是现代民主社会的力量之源,而信任是社会资本的重要组成部分,也是社会团结的基础。吉登斯(Giddens, A.)将信任定义为,对一个人或一个系统之可依赖性所持有的信心,在一系列给定的后果或事件中,这种信心表达了对诚实或他人的爱的信念,或者,对抽象原则(技术性知识)之正确性的信念。⑥显然,对他人和事物所保持的信心,是产生信任的重要条件。因此,卢曼(Niklas Luhmann)认为,信任指的是对某人期望的信心,它是社会生活的基本事实。当然,在许多情况下,某人可以在某些方面选择是否给予信任。但是,若完全没有信任的话,他甚至会在次日早晨卧床不起,他将会深受一种模糊的恐惧感折磨……⑦可见,没有信任,个人的日常生活会产生严重的危机,这将对社会团结和文明进步产生裂变的危险。但是,以自我为中心的消费主义是排斥甚至破坏信任的。过分自私的消费主义者已患上物欲症和自恋癖,他们被"物"所包围,丧失了对"他者"的关怀意识。由此可见,消费主义过分渲染机会主义和快感文化,对他人的不幸和社会危机视而不见,使社会信任问题发展成为严重的社会问题。

正如卢曼所认为的那样,信任应该主要理解为与风险(risk)有关的、产生于现代的概念。⑧在现代社会,随着各类风险的不断增多,信任问题所面临的不确定性因素进一步增加。随着消费主义的兴起,无节制的消费伴随着各种消费风险,对现实生活产生强烈的压迫和危机。各类自然风险、经济风险和技术风险的频繁出现,使消费者面临更多的陷阱,无法规避和做出客观的判断。而市场规则下身份伦理向契约伦理的转型,使商品交易打破阶级和等级结构,对个体利益的诉求导致了最广泛的利益博弈。作为交易终端的消费者,在信息不对称和逐利主义的影响下,往往承受更多的消费风险,因此,当代风险文化与消费主义的结合,极大地冲击了传统道德伦理秩序,在法制规则不健全的状况下,其危害程度更深,违背了消费作为满足快乐的终极意义,⑨对于消费者的社会信任感,也产生了极大的负面影响。

随着社会贫富分化不断加剧,富裕阶层的炫耀性消费和漠视社会公德的行为也饱受诟病,一些所谓的"黄金宴""豪车会""天价会所"已引起公众的强烈不满;而另一方面,富裕阶层在社会慈善活动中的吝啬举动甚至引起国际舆论的批判。由于教育、医疗、住房等方面的沉重压力,贫困阶层消费信心和消费水平不断下降,在分享改革成果过程中始终处于劣势地位,这进一步加剧了社会仇富心理的蔓延。近年来,中国大批富豪移民海外,除了中国产权制度等方面的因素之外,富人们普遍缺乏安全感和社会信任是重要原因。而大量生活在底层的民众,由于得不到基本的生活保障,在消费方面所承受的精神压力日益严重;尤其是通货膨胀造成购买力水平的不断下降,使下层民众的不满情绪不断高涨,社会阶层之间的不信任感日益严重,并成为群体性事件和突发事件的导火索,直接危及社会稳定和可持续发展。

二、消费社会与日常仪式的断裂

以"我买故我在"为口号的消费社会,将消费视为生活的第一主题,并宣扬消费是实现人性解放和自由民主的良好途径,这在很大程度上迎合了许多刚刚富裕起来的中国民众的消费心理和文化诉求。在经历了集体主义生活方式的长期压抑之后,改革开放不仅解放了生产力,也解放了消费力。随着"供给制"的废除,民众的消费自主性得到了极大释放。尤其是当民众解决了温饱问题之后,对发展型、享受型消费开始向往,这正是民众领略"现代性"的必经之途。从家庭耐用品的升级换代到对汽车、洋房的追求,丰富的消费市场与多元的消费价值观使许多富裕起来的消费者显得无所适从。而这种史无前例的消费观念变革,使中国传统消费文化黯然失色。几千年以来,中国一直处于农业社会的自给自足型消费模态下,尽管近代上海、广州等大都市深受西方文化的影响,但广大内陆地区仍然长期处于传统的农业社会消费形态。农业社会注重生产、积累,轻视消费、浪费;重视宗法伦理和等级差序,轻视个性需求和自我表达:这在消费观念上体现为"黜奢崇俭"和"宗亲趋同"。家庭作为基本的消费单位,对中国传统消费文化影响巨大,"礼仪""节俭""忠孝"作为维系家庭的核心理念,使传统消费文化呈现强烈的趋同性和整体性。陈来认为,中国人文思想的起源是西周的礼乐文化⑩,同样,中国传统消费文化也建立在礼仪文化的基础之上。中国传统消费文化遵循宗法社会的传统,家长制为家庭的理性消费奠定了基础,社会等级化使消费差序化十分明显,而礼仪消费在整个社会关系中起着黏合作用,尤其是祭祀消费在维系消费仪式和传统方面的意义十分明显。

然而,随着消费主义文化在社会的广泛传播,民众对传统文化中礼仪的聚合作用越来越漠视。在中国仪式传统中,婚礼、葬礼是人生最重要的仪式,但是,最近一项对2440人进行的在线调查显示,72%的人感觉日常仪式活动缺失仪式感。婚礼实际上是一个仪式,拜天地、拜父母、夫妻对拜……礼敬生命万物神灵,是贯穿于整个婚礼的精神,这就使得婚礼不仅神圣、庄严、具有美感,更具有重要的教育意义。而在当下中国,婚礼大多在酒店举行,酒店作为营利场所,无法提供一个神圣空间,故婚礼也就失去了神圣感。同时,许多人喜好西式婚礼仪式,尽管可能只是追求其表面形式,但也会在潜移默化中认同其背后的文化价值,慢慢背弃中国文化精神。[11]可见,随着民众对奢华和时尚的片面追求,传统礼仪正面临着消解的危险。正如詹姆逊(Fredric Jameson)所言:我们整个当代社会体系逐渐开始丧失保持它过去历史的能力,开始在一个永恒的现在和永恒的变化之中,而抹去了以为以往社会曾经以这种或那种方式保留信息的种种传统。[12]

由于现代性的影响,传统礼仪难以发挥文化聚合和社会信仰的作用。对于消费主义者而言,购物天堂远比礼仪殿堂重要,人与物的关系远比人与上帝(神)的关系重要。因此在消费社会,唯一能和哥特式大教堂比肩的便是超级购物中心。它们不断排挤、吞并规模还不够大的购物中心,并散发出更强烈的购物荷尔蒙,向那些住得更远的消费者大抛媚眼。[13]鲍德里亚(Baudrillard,也有人译作"波德里亚")总结道:我们的超级购物中心就是我们的先贤祠、我们的阎王殿,所有消费之神或恶魔都汇集于此,也就是说,所有的活动、所有的工作、所有的冲突以及所有以同样抽象方式废除了的季节……在如此统一了的生活内容里,在这篇无所不包的文摘里,不可能再有什么感觉:产生的梦幻、诗意与感觉的东西,即重大的搬迁与浓缩形式,建立在不同成分相互间有机连接基础之上的比喻与矛盾的重大意象,是不可能再存在了。[14]显然,在消费社会,消费不仅是日常生活最重要的展布,而且,消费正在通过对空间和时间的占有和挤压,排斥宗教信仰和日常仪式。

在消费社会,仪式已改变了原初意义,其宗教信仰的功能正在日益缺失。霍尔(John R. Hall)和尼兹(Mary Jo Neitz)指出:从超时空的角度说,仪式定义最重要的内容是,它们是标准化的、重复的行动。在现代世俗社会,远离赋予传统仪式以意义的文化背景,仪式就不仅是标准化的、重复的,而且还是毫无意义的。[15]尽管消费社会将仪式赋予日常消费活动中,尤其是在商业文化礼赞中,各种庆典和消费场景极为壮观。但是,这类带有明显消费导向和功利目的的营销活动,已经远离了仪式的本质内涵,此类仪式难以让参与者得到精神洗礼和价值观的认同。从某种程度上看,这类经过商业包装的"伪仪式"恰恰是消费主义文化传播的重要途径。

而传统社会在很大程度上是仪式社会,仪式在社会教化和道德约束方面的作用不断得到强化,民众对神灵的祭祀和崇拜也延展到日常生活当中。通过仪式的强化,"士成乎学,吏成乎义",民众则遵规守矩,因此传统礼仪将"时常省问父母,朔望恭谒圣贤"作为日常生活的准则。与传统的集体性的、宗教性质的仪式不同,日常仪式化行为在表达和实践上大都以个人的或者小团体的形式出现和完成,其规模较小;同时日常仪式化行为因其日常性,行为本身及其实践均较具体甚至细节化。就功能层面而言,当传统仪式在整合集体、团结集体的方面起到重要作用的时候,日常仪式化行为更注重建立行为人内心的平衡和秩序,使行为人在遭遇生活变化时能更积极地参与社会。[16]在传统社会,日常仪式化对民众保持内心的安宁和对未来的美好寄托有着极为重要的作用。也正是由于日常仪式化活动的承传,民间文化传统和宗教信仰才能得到很好的保存并发扬光大。

改革开放以来,随着农村联产承包责任制的推行和城市国有企业改制的深入,集体仪式离个人生活渐行渐远。尤其是随着传统家庭的解体和新生代对传统习俗的疏离,典礼意义上的仪式与年轻人的日常生活难以建立联系。而在广大的农村地区,随着许多青壮年远离故土,乡村社会中许多日常仪式已无法承传,一些与民俗相关的礼仪和文化活动已无法开展。中国农村民众的休闲活动,以看电视、打麻将、买六合彩最为典型。而城市居民则在享受信息社会的种种便利的同时,产生了严重的传媒依赖症和物欲症。在印刷时代,文化人将写信和记日记作为日常仪式的重要组成部分;而在新媒体时代,民众将上网作为获取信息和休闲娱乐的主要方式。信息拜物教与商品拜物教一起,成为消费社会的重要特征。在消费社会,由于没有坚定的精神信仰,人们迅速地厌倦于他们已经听说的东西,所以不停息猎奇求新,因为没有其他东西能够激发他们的想象。渴求新奇的人充分意识到自己生活在一个新世界正处于形成过程中的时代,生活在一个历史不再被考虑的世界里,因此他老是不断地空谈"新事物",好像新事物就因为其新而必定是有效的。[17]这种"喜新厌旧"的生活方式,往往会导致日常仪式的疏离与隔膜。

追求新奇和刺激是消费的原动力,却与仪式化生活背道而驰。在日常生活中重视仪式则意味着要严格遵守社会秩序、服从礼仪规范的基本程序、有着较为执着的精神信仰和良好的礼仪训练。但是消费社会所倡导的个人主义和享乐主义思想,恰恰与规范化、日常化的仪式活动有着明显的矛盾与冲突。消费主义者排斥集体活动,重视个体的感官享受;而礼仪文化强调参与者内心的自我调适和超越,能够以强烈的信仰引导理性的生活。消费社会在很大程度上是排斥仪式化生活的,尽管消费社会的仪式性活动名目繁多。但是这些仪式性活动都贴上了消费的标签,并不能促进理想、共识和信仰的形成。尤其是随着社会风险的加剧,许多商业性促销活动已成为消费风险的直接推动者。消费社会在不断消解着传统仪式的文化内涵,又以不同面目包装各种"伪仪式活动",并将"物的包围"不断强化,借以瓦解消费者的精神信仰和文化传统,使消费者丧失抵抗力,逐步放弃对传统仪式的信仰和追求,从而进一步消解了日常生活的仪式活动。这也是消费社会对传统文化进行颠覆的重要方式。

三、犬儒主义与社会信仰危机

在消费社会,消费主义者沉醉于自我享受,对公共生活和集体活动漠不关心,对"他者"缺乏应有的信任。为了掩饰内心的不安,他们以不断"购买"和"消费"证实自身价值;他们以商品拜物教和信息拜物教寻求精神寄托,对日常仪式和文化传统视而不见;他们在自我解放中放弃了对"社会共同体"的追求;他们玩世不恭,愤世嫉俗,好自我表现,伪装成饱学之士却没有公共关怀精神……这就是消费主义者与现代犬儒主义者的杂糅。贝维斯(Bewes,T.)指出,现代犬儒主义是一种幻灭的处境,可能带有唯美主义和虚无主义的气质而重现江湖。犬儒主义背叛了崇高的价值,而对于这些价值领域而言,真理和诚实的抽象化比行为和想象的政治品格产生了更为深远的影响。[18] 与魏晋名士沉溺宴饮、寄情山水的心境不同,现代犬儒主义者是在丰裕的消费社会中出现的,他们无处不在,如那些沉迷于肥皂剧、商品广告、汽车旅馆、子夜舞院、好莱坞B级电影、机场的平装惊险小说、名人传奇、浪漫小说的人完全可能是犬儒主义者。现代犬儒主义是新的拜物教形式,传统拜物教建立在行为者对自己行为意义的"非知"之上,是有待启蒙的幻想,而新的拜物教则是启蒙了的或后启蒙的意识形态。[19] 在消费社会,现代犬儒主义者明知理想、信仰和人文关怀的重要性,并且他们都接受了现代启蒙,但是,他们在行为上却在反启蒙,这种"知其不可为而为之"的方式,已成为他们构建犬儒主义意识形态的表征。

吉登斯认为,犬儒主义是一种通过幽默或厌倦尘世的方式来抑制焦虑在情绪上影响的模式。[20]现代犬儒主义者则更愿意怀疑一切,他们在消费主义的影响下,厌倦公共生活和拒绝参与民主政治,他们以"活在当下"为由头,在消沉中构建以自我为中心的精神世界。学者徐贲认为,现代犬儒主义的彻底不相信表现在,它甚至不相信还能有什么办法改变它所不相信的那个世界。犬儒主义有玩世不恭、愤世嫉俗的一面,也有委曲求全、接受现实的一面,它把对现有秩序的不满转化为一种不拒绝的理解、一种不反抗的清醒和一种不认同的接受。犬儒主义在其他现代社会的大众文化中也存在,但是普遍到一般人觉得左手、右手之间的信任都出现了危机的情况却并不多见。这种危机是整个公众政治和道德生活危机的冰山一角。[21]

现代犬儒主义还表现为虚无主义,并直接导致社会信仰的缺失。斯罗特蒂克(Peter Sloterdijk)将犬儒主义定义为"启蒙的虚假意识",他说:"幸福,只能被认为是某种失落,或者某一美丽的异乡,它无非是一种预言而已,我们眼中饱含泪水向它靠近,却永远也不能到达这一美丽的异乡。"[22]的确,现代犬儒主义者追求虚无缥缈的"异乡",它反映了消费社会中大众精神生活和文化心态的一个重要的面向。改革开放以来,国人的经济收入和消费水平都有了显著提高,但是许多人的幸福感却没有提高多少,反而感觉到人情冷漠、社会信任度下降、社会焦虑感和失落感日趋严重,传统文化与日常仪式的断裂性日益明显,人们常常会叩心自问"心何处安放"。近年来,随着社会群体性事件的不断增多,民众的不安全感和社会风险意识也在逐步提高;人们在探讨"国学热"的同时,也在反思社会危机的深层原因。人们发现,以社会团结为基础的共同体离自己的生活很远,而普遍意义的社会信任却远没有得到认同。正如亚斯贝斯(Jaspers, K.)所言:事实上,在今天没有任何事业、任何公职、任何职业被看作是值得信任的,除非在每个具体的场合都揭示令人满意的信任基础。每个不乏见闻的人都对他所熟悉的领域中的欺骗、犯规、不可靠的现象司空见惯。只有非常狭小的圈子内尚有信任,但这信任绝未扩至整体。危机是普遍的、包含一切的。[23]可见,人们对社会信任已深感失落和怀疑,这恰恰是现代犬儒主义兴起的社会基础,也是仪式化生活和社会共同信仰缺乏民意支持的重要原因。

由于缺乏信任和共识,现代社会信仰危机正日益显现。李向平用"精神走私"

来表达当下中国民众的信仰问题。这种信仰方法,采用私人甚至是隐私般的表达方式,神灵对自己的保佑或许与别人没有关系,就好像人们到寺庙里烧香拜佛那样,各自买香,各自求佛,私下许愿,天机不可泄露;愿望一旦满足,各自还愿,个人的心机,个人自了。许多政治精英、商业精英、民间社会精英或宗教精英,在他们表达各自的私人信仰的时候,大多是碍于自己的身份、地位,无法公开表达,只好借助于各种非宗教、非体制的形式,私下里了却自己的心愿。他们依赖自己的人际关系,不去信任熟人之外的任何关系,这就造成了宗教信仰层面的身份认同危机,可谓"信仰却不信任"。[24]可见,这种信仰但不认同的方式,是将信仰作为私人利益和精神寄托的表达方式,它在本质上体现为自私性和牟利性,违背了宗教信仰的普世精神和博爱原则。从某种意义上看,这种不顾及"他者"的私人信仰,是当下中国文化危机和精神危机的重要原因。因此,中国人拥有私人信仰,并不见得就能实现信仰的社会共享与社会团结、信仰的规范性建构,并不见得就是宗教社会性的确认。恰恰相反,他们反而可能会导致信仰的公共性、社会性的严重缺乏,最终构成宗教危机。[25]

尼采所言的"上帝死了",在消费社会里更是一针见血。在当下中国社会,由于消费主义、个人主义的盛行,真正意义上的宗教信仰日益缺失。正如西方社会理论家们所指出的那样:宗教在整合传统社会和向人们提供生活意义方面具有举足轻重的作用,但随着现代性的出现,宗教作为一种社会建制已经衰落。[26]随着宗教信仰的衰落,"共同体"的构建已经成为时代的幻想,人们难以在现实中找到"温馨感觉",宗教信仰与精神层面的分裂正日益严重。丹尼尔·贝尔(Daniel Bell)不无洞见地指出:现代主义的真正问题是信仰问题。用不时兴的语言来说,它就是一种精神危机,因为这种新生的稳定意识本身充满了空幻,而旧的信仰又不复存在了,如此局势将我们带回到虚无。由于既无过去又无将来,我们正面临着一片空白。[27]可见,信仰缺失直接导致了虚无主义和犬儒主义的流行,在消费社会,迷失在物欲汪洋中的消费者,难以找到精神的彼岸。

信仰危机不仅是个体产生焦虑和精神病灶的源头,更为严重的是它损害了公众利益和民主自由的价值观。正如丹尼尔·贝尔所言:信仰危机带来的直接后果是城邦意识(civitas)的丧失。所谓"城邦意识"是指古代城邦国家的公民们自愿地遵守法律、尊重他人的权利,抵制以牺牲社会幸福为代价去追求个人富足的诱惑……总之,是指公民们自愿地尊敬他们作为其中一员的"城邦"。"城邦"意识丧失以后,取而代之的是每个人的自由行为,放纵各自不道德的欲望,而这些欲望只有在牺牲公众利益的基础上才能得到满足。[22]在消费社会,由于消费主义作为意识形态的主导作用日益明显,消费者的"城邦"意识日趋衰落,越来越多的消费者在物化的生活幻象中放弃了理想和信仰的追求。对人的意义和人生价值缺乏深入思考,对公众利益和权利缺乏人文关怀,对人文景观和生态环境缺乏亲近之感,对民族和国家的命运缺乏关切之情,对自然灾害和社会灾难缺乏悲悯之心……如此自恋的生活方式与人的本性和人生的终极意义渐行渐远。[20]显然,信仰危机不仅是社会危机和文化迷失的重要表征,也是个人不幸和走向堕落的重要原因。

注释:

① 黄鹤、穆静:《中国奢侈品消费呈"低龄化"》,《人民日报》(海外版)2011年6月2日第2版。
② 王岳川:《全球化消费主义中的当代传媒问题》,http://www.cctv.com/tvguide/tvcomment/tyzj/zjwz/7481.shtml。
③⑲ 汪行福:《从商品拜物教到犬儒主义——齐泽克意识形态论研究》,《马克思主义与现实》2007年第3期。
④ 〔法〕齐格曼·包曼:《工作、消费与新贫》,王志弘译,台湾巨流图书有限公司2002年版,第42页。
⑤ 〔美〕弗朗西斯·福山:《大分裂:人类本性与社会秩序的重建》,刘榜离等译,中国社会科学出版社2002年版,第64页。
⑥⑧⑳ 〔英〕安东尼·吉登斯:《现代性的后果》,田禾译,译林出版社2000年版,第30、27、120页。
⑦ 〔德〕尼克拉斯·卢曼:《信任》,瞿铁鹏等译,上海人民出版社2005年版,第1页。
⑨ 蒋建国:《和谐社会视野下的社会主义消费文化建构》,《探索》2005年第4期。
⑩ 陈来:《古代思想文化的世界——春秋时代的宗教、伦理与社会思想》,三联书店2002年版,第10页。
⑪ 《七成国人缺失日常仪式感 再造礼仪之邦从婚礼开始》,http://culture.ifeng.com/whrd/detail_2011_05/19/6489505_0.shtml。
⑫ 〔美〕弗雷德里克·詹姆逊:《文化转向》,胡亚敏等译,中国社会科学出版社2000年版,第19页。
⑬ 〔美〕约翰·格拉夫、大卫·瓦恩、托马斯·内勒:《流行性物欲症》,闾佳译,中国人民大学出版社2006年版,第6页。
⑭ 〔法〕让·波德里亚:《消费社会》,刘成富、全志钢译,南京大学出版社2001版,第8页。
⑮ 〔美〕约翰·R.霍尔、玛丽·乔·尼兹:《文化:社会学的视野》,周晓虹、徐彬译,商务印书馆2004年版,第97页。
⑯ 吴艳红:《日常仪式化行为的形成:从雷锋日记到知青日记》,《社会》2007年第1期。
⑰㉓ 〔德〕卡尔·亚斯贝斯:《时代的精神状况》,王德峰译,上海译文出版社2006年版,第83、45页。
⑱ 〔英〕提摩太·贝维斯:《犬儒主义与后现代性》,胡继华译,上海人民出版社2008年版,第8页。
㉑ 徐贲:《当今中国大众社会的犬儒主义》,http://www.aisixiang.com/data/detail.php?id=4392。

㉒ 转引自〔英〕提摩太·贝维斯:《犬儒主义与后现代性》,胡继华译,上海人民出版社2008年版,第37页。

㉔㉕ 李向平:《信仰但不认同——当代中国信仰的社会学诠释》,社会科学文献出版社2010年版,第19、20~21页。

㉖ 〔美〕约翰·R. 霍尔、玛丽·乔·尼兹:《文化:社会学的视野》,周晓虹、徐彬译,商务印书馆2004年版,第89页。

㉗㉘ 〔美〕丹尼尔·贝尔:《资本主义文化矛盾》,赵一凡等译,三联书店1989年版,第74、303页。

㉙ 蒋建国:《消费时代的大众传媒与物欲症传播》,《马克思主义研究》2010年第11期。

公共外交与国际传播*

◆ 叶　皓

在2009年召开的第十一次驻外使节会议上,胡锦涛指出:"开展好公共外交直接关系到我国国际形象,是新形势下完善我国外交布局的客观要求,也是我国外交工作的重要开拓方向。"在现代国际政治研究领域,公共外交作为一个术语,早在20世纪60年代就由艾德蒙·古利恩提出。他认为,"公共外交旨在处理公众态度对政府外交政策的形成和实施所产生的影响。"汉斯·塔克则直接把公共外交描述为"由政府开展的塑造海外交流环境的努力"。美国作为现代公共外交最早的实践国,其国务院把公共外交定义为"由政府发起交流项目,利用电台等信息传播手段,了解、获悉和影响其他国家的舆论,减少其他国家政府和民众对美国产生错误观念,避免引起关系复杂化,提高美国在国外公众中的形象和影响力,进而增加美国国家利益的活动"。日本外务省的定义则是"为在国际社会中提高本国的存在感,提升本国形象,加深外界对本国理解,以对象国民而非政府去做外交工作,包括政策发布、文化传播、对外广播"。

近年来国内专家学者也对公共外交的定义、意义、条件以及与公共事务、政府外交和民间外交的差异,进行了介绍分析。[①]一般认为,我国的公共外交以政府为主导,以外国政府和公众为对象,以国际传播、公关和交流援助为手段,以影响外部公众态度、推进本国外交工作为目的,社会各界普遍参与,向国外公众介绍我国国情和理念。传统的政府外交,是一种少数对少数的、领导人之间的、外交官之间的外交,倚重的是领导人和外交官的能力;而公共外交既继承了传统外交工作的诸多

---

* 原载于《现代传播》2012年第6期。

特征,又倚重和借助大众传播,实现国家层面对国外大众的外交。其核心的本质区别就是通过传播来影响国际公众的态度,塑造本国形象。

当今世界,作为身处不同政治、经济、文化和历史背景下的国外公众,其对一个国家的认知和态度,在很大程度上由媒体主宰。从这个角度可以说,国际传播是公共外交的核心载体,是决定公共外交成败的重要因素。没有传播,就没有公共外交。本文试图分析公共外交和国际传播的关系,特别是就如何有效地借助国际传播来提升公共外交水平作一探讨。

一、公共外交新格局:传播决定国家影响力

在当代国际政治中,"受众"的态度,在很大程度上,取决于媒体所提供的"拟态环境"。"拟态环境"理论于20世纪20年代由美国学者李普曼提出。其逻辑基础就是,受个人的时间空间限制,绝大多数的公众,只能通过新闻媒体来了解外部世界。因此,人的态度和行为已经不再是对客观环境的理解,而变成对媒体提供甚至提示的某种"拟态环境"的反应。这个理论对于公共外交的意义在于:国际传播决定了国家的影响力。

从传播学的角度来看,媒体为国际受众提供了一个有关国家的基础信息流,然后国际受众根据自己特定的文化和价值观背景,对这些信息流进行筛选、消化和吸收并做出判断,且通过集体表达的形式达成国际社会舆论。因此,媒体对某国的信息搜集和传播能力、美誉度和公信力及构成特征等,均对公众对该国的态度产生巨大影响。

(一)现代媒体的介入促成内政外交一体化

在传统的纸媒时代,由于信息传播的速度有限,国际公众对某一事件的集体态度形成的时间长、影响力相对有限。只有明确涉及外交的事件,才会通过媒体放大成为国际政治领域的博弈。但在网络媒体高度发达、信息扩散呈几何级速度增长的今天,小小的事件都有可能被具有强大辐射力、反馈力的互联网放大为内政、外交领域的博弈:新兴媒体催生内政外交交叉融合。如"艾未未"事件,内政引发外交。对他的处理,本来仅仅是我国政府对违反本国相关法律的中国人进行依法处理的个案,但迅速被西方炒作成"人权问题",并以此作为外交问题对我施压;又比

如"钓鱼岛"事件,本来是外交问题,但由于互联网迅速扩散成为网民表达民族主义的话题,进而出现可能引发影响国内稳定的内政问题。也就是说,互联网时代,外交内政的边界越来越模糊,媒体对内政外交的影响力不断加大。无论是内政管理还是外交活动,都应高度重视舆论引导,发挥媒体的积极作用。

(二)现代媒体成为国内公众参与外交的"新闻广场"

当代媒体实际上已经成为一种社会全员参与的"新闻广场"。在这个"广场"中,公民通过对外交事件的讨论、评价等方式发声,从而对外交的环境、政策实施过程和结果产生影响。公众借助传媒的参与,使得外交工作的"路线图"由传统的中央政府对中央政府的"两点一线"转化为"多点多维",也即借助媒体的"广场效应",两国的中央政府、地方政府、社会组织、企业、公众群体、个体等等都能围绕外交的不同层面进行"全通式"的互动。一方面,通过公众参与,公共外交进一步社会化,外交工作的内涵和影响力都获得了充分的提升和扩大。另外一个方面,公众通过媒体发声来影响外交也是一把"双刃剑"。当公众受到偏激声音的引导,"新闻广场"上的声音就会越发不理性。如民族主义情绪往往会通过媒体的"广场效应"发酵、放大,对外交反而起到负面干扰作用。也因此,外交部门开始面临如何协调国内众多行为体,共同致力于外交的任务。也就是说,公共外交既要做国外公众、舆论的传播工作,还要做国内公众、舆论的引导工作。

(三)国际传播直接影响国家软实力

公共外交和国家的软实力密切相关。软力量的核心因素就是,能够成功地说服或者影响他国完成其不愿意完成,或者对别国利益没有好处的事情。[②]显而易见,一国的国际传播手段先进、传播能力强、美誉度高,该国的文化理念和价值观念就能广为流传,就能掌握影响世界、影响人心的话语权。以美国为例,20世纪末布热津斯基的《大失控和大混乱》一书就明确提出,增强美国文化作为世界各国"榜样"的文化和意识形态力量,是美国维持其霸权地位所必须实施的战略。美国从"冷战"一脉相承下来的意识形态输出工作,在一定程度上触发了苏东剧变和颜色革命。而当今美国不仅是经济、军事、高新科技的超级大国,也是文化上的强势传播国家。它控制了世界75%的电视节目和60%以上广播节目的生产和制作,占据了世界电影总放映时间的一半以上,总票房的三分之二。与美国相比,尽管我们的

GDP 跃居全球第二,我国的软实力水平远远不能和经济社会发展的成就与势头相匹配,不能与我国的国际地位和影响相适应。中国的形象在国外公众中的认可度没有明显上升,"中国威胁论""中国崩溃论"不绝于耳,"西强我弱"的国际舆论格局没有根本改变。这个强弱的格局,既有意识形态矛盾的因素,同时也有我们国际传播不够、手段不多、不会说"中国故事"等诸类原因。

(四)新媒体已成为公共外交竞技场

以互联网为代表的新媒体,凭借其高度的信息扩散能力和多向互动的全通性特征,已经并会越来越成为基于意识形态和国家利益之争的政治博弈平台。目前,全球访问量最多的 100 个网站有 94% 设在美国。全球 7240 万个网站中,美国占 73.4%。在网络信息资源中,英文信息约占 90%。由于网络等新媒体的传播具有开放、多元、瞬时、互动、无障碍等传统媒体难以企及的优势,因此成为直接干预外交议程和结果的工具。③例如,奥巴马政府大力打造国务院的"E 外交"、白宫的"Web2.0 时代"、五角大楼的"网络司令部"三位一体的新媒体外交。针对推特(Twitter)新媒体在美伊关系中扮演的角色,《华盛顿邮报》认为"一种新的、强有力的力量正在生成。"英国《卫报》称:"伊朗危机证明了,Twitter 已成为一项强有力的政治工具。在此之前,美国一直找不到一种方式既可以影响伊朗,又不使自己过于陷入其中。"美国政府正投入 7000 万美元,以期打造一个"地下互联网"和"移动电话通信网",来帮助一些国家的反对派绕开所在国的主干网络和网络监控,实现与外界的"自由联络"。甚至,外交界出现了一个新名词"微博外交"。目前,全球至少有 62 位首脑使用类似微博的网络平台进行互动,包括梅德韦杰夫、奥巴马、陆克文、查韦斯等等。可见,网络等新媒体日益成为公共外交的平台,成为一种外交竞技场。

(五)媒介素养是现代外交官的必备能力

媒介素养指的是人们面对媒介各种信息时的选择能力、理解能力、质疑能力、评估能力以及思辨的反应能力。作为一名外交官,其能力素质不仅体现在处理国际事务的能力上,更体现在处理与媒介关系的能力上。应对得当,就会为外交加分;应对失当,不仅事倍功半,往往还带来外交上的被动。一名高明的外交官,必然是一名善于处理与媒体关系、善于利用媒体的外交官。周恩来、陈毅等老一辈无产阶级革命家在借助媒体做好外交工作方面为我们做出了榜样。在现代公共外交中,我国外交官以高度的媒体素养为外交加分的例子不胜枚举。2001年杨洁篪作为驻美大使,就南海中美撞机事件答CNN记者提问。当时他巧妙地使用了美国公众所熟知的Townhouse住宅做了生动的比喻:"有一个家庭,一所房子,一个前院,有一伙人总是在这家门前的街上开着车徘徊,不到你的前院,但就是日日夜夜、月月年年地在靠近前院的地方开来开去,家里有人出来查看,结果家人的车子被毁,人也失踪了。……我想美国人民能够做出非常公正的判断,到底应怪罪谁。"正因为在对话里使用了美国老百姓熟知的居家形式,借助了美国人重视住宅隐私权的西方理念,杨洁篪的一番话迅速改变了美国观众的心理天平。采访播出去之后,美国媒体自己的调查发现,美国公众对这次事件的态度,前后发生了180度的转变,支持、同情中国的声音一下子占了上风。

二、公共外交新理念:从"对外宣传"走向"国际传播"

新中国成立以来,长期使用对外宣传的概念来表达对外传播和文化交流活动,"宣传"的英译"propaganda"在国外具有贬义性质。1991年1月,中国政府成立国务院新闻办公室;1997年,中共中央宣传部发出通知,将"宣传"一词的英译由"propaganda"改为"publicity"。这些变化标志着中国的公共外交日渐摆脱传统"对外宣传"的影响,愈来愈认同、接近国际传播的现代公共外交的理念。

"对外宣传"和"国际传播"是我们在不同历史时期进行公共外交所采取的不同理念。两者之间的差异,可以从六个方面来概括。(1)对外宣传立足于本国主体,国际传播则立足于国际受众。(2)对外宣传侧重直接,国际传播侧重间接。(3)对外宣传侧重媒介的一元性,国际传播则侧重媒介的多元性。(4)对外宣传侧重刚性,而国际传播兼有柔性。(5)对外宣传重视信息筛选,国际传播重视信息公开。(6)对外宣传是单向,而国际传播是双向。

从"对外宣传"走向"国际传播",要实现以下六个方面的转变。

(一)立足点从"以我为主"转向"以国外受众为主"

刘云山同志在对外宣工作提要求时强调,要重视研究国外受众的接受习惯,善于运用现代化手段和国际通用规则,不断增强对外宣传的吸引力、亲和力。从近来我国公共外交以及外宣领域的发展趋势来看,传播的特征越来越明显。

第一,公共外交的受众具有明显的变化性。全球经济和政治秩序有一个不断演变发展的过程。市场化、全球化以及国际政治舞台上力量的此消彼长和新的均衡态势,决定了当前的全球政治格局,既不是基于意识形态之争的东西两大阵营冷战状态,也非理想主义的世界大同状态,而是处于一种中西既相互密切依存、又相互博弈不休的新均衡态势。虽然西方国家继续对中国实施战略防范、牵制和遏制政策,但总体而言已不再把中国视为不共戴天的敌人,并且开始承认中国在政治、经济和社会发展中独立探索出的成功路径,要求中国在世界上发挥更大作用。④基于这样的共识,我们可以看到,从过去的敌我分明,到今天的求同存异,随着公共外交受众的变化,对外宣传的方法也应有相应的调整。

第二,公共外交的受众具有高度的特殊性。顾名思义,公共外交的对象是国际受众。首先,国际受众长期以来接受的是西方媒体的舆论宣传,往往具有一套根植在内心的强烈的西方价值观。而这种价值观和我们所倡导的价值观是大相径庭的。其次,西方受众普遍对社会主义国家政府以及媒体抱有敌对怀疑态度。再次,国际受众基本是成长在不同历史、文化、风俗习惯下的人群,文化上的差异也同样导致对特定领域、特定话题的各种傲慢和偏见。最后,语言的障碍。在一个文化里约定俗成的概念、名词,往往很难用另外一种语言来准确表达。这四个方面的特殊性,决定了对外宣传的难度远远高于我们一般性的对内宣传。作为公共外交载体的国际传播,则必须认识受众、读懂受众,站在受众容易接受的角度去进行传播。

第三,公共外交的受众具有主动的选择性。在当代社会,信息传递者和接受者的关系并非是我们理解的简单主客体关系,而是在同一个信息传播系统中的相互依存和相互作用的两个主体。通俗地说,就是受众接受信息具有选择性。比如,美国学者约瑟夫·克拉珀提出,受众一般只注意那些与自己的欣赏习惯、观点相符合或相一致的内容,对不符合的消息则加以回避或拒绝;同时,受众只记住了那些与自己观点、风格、品位相一致的内容。因此,这个选择性心理,在很大程度上决定了宣传的效果实际上依赖于受众本身。特别是对于中国而言,从冷战时代开始,西方阵营就通过媒体对社会主义国家进行歪曲丑化,无论是"中国威胁论"还是"中国崩溃论",潜移默化中都使得西方受众对中国媒体传达的信息疑虑重重。因此,西方受众的选择性,容易导致我们发布者"自说自话",受众"将信将疑"。因此,我们必须从受众的需要出发,站在他们的角度有效地介绍中国,清除他们的误解。

过去的对外宣传工作,我们比较强调"以我为主",不太了解国际受众,很少分析国际受众的心理、文化特征。比如,在过去的外宣中我们较多地宣传中国近年来的建设成就与崛起的势头,而对发展中存在的问题和崛起后承担的国际义务宣传较少,这不仅无助于西方受众对我们的认同,反而会强化西方受众焦灼忧惧的心理,让"中国威胁论"有更多空间,从而降低了对外宣传的效果。2010年年底,国务委员戴秉国发表长文《坚持走和平发展道路》,用近万字来回应外界对中国崛起产生的疑虑和不安。文章内容直接针对国际受众的心理,坦诚地采取了答疑解惑而不是自说自话的形式,有针对性地回答了有关中国和平发展的十大问题。戴秉国强调中国越发展就越能惠及世界,所谓中国欲取代美国、称霸世界的观点只是一个神话。这些都在海外引起了很大反响。大量媒体评价说,这篇文章文字平易近人,态度直接诚恳,在很大程度上消除了西方公众对中国崛起的疑虑和担心。站在受众的角度讲话,显然效果比过去那种以我为主的讲法有效得多。

(二)话语体系从"中国官方语言"转向"国外受众语言"

话语体系就是语言的形式。福柯把话语定义为"隶属于同一的形成系统的陈述整体"⑤。话语之所以重要,是因为话语的符号带有强烈的暗示性,直接影响受众对信息的接受程度。新时期的公共外交实践所采用的话语体系,必须从过去单纯的中国官方语言转向境外受众的老百姓的语言。而我们传统的官方外宣话语体系,容易引发下面几个问题。

第一,"宣传恐惧症"。从冷战时代过来的西方受众,对于共产主义阵营国家的媒体报道,具有深深的不信任感。这从西方世界对"宣传"(propaganda)二字所赋予的负面含义就能看出来。"宣传"一词源于拉丁文,本身是一个中性的词汇,主要是指宗教教派各自的布道行为。但是,第二次世界大战纳粹德国使用了大量和空前的宣传手法之后,"宣传"一词在西方社会逐渐转变为贬义。二战之后,"宣传"一词又和美苏冷战进一步挂钩。正因为此,才导致了西方社会对这个词的普遍憎恶。在这个背景下,英语中的propaganda一词,无论在学术语意还是世俗用途上,终于演变成了不折不扣的贬义词⑥。尽管欧美学界也有人指出宣传的本质和当代西方社会的政府传播行为毫无二致,但可以想象在这种政治和文化氛围里成长出来的西方受众,无一例外对社会主义国家传统的官方宣传的"恐惧症"。要让他们改变这种心理,首先我们就要改变对他们说话的方式。

第二,"话语疲劳症"。我们过去的宣传,无论内政还是外交话语体系基本沿用了新中国成立后到改革开放前的符号系统,往往是口号式的、三点式的、排比式的、说教式的政治话语,甚至大话、空话、套话颇多。而这些话语符号,与时代、公众、生活脱节,形式僵化、语言死板、内容空洞、言语无味,易使受众产生审美疲劳、接受疲劳,心生厌烦。实际上,任何一种宣传语言模式过量重复之后,都会给受众带来逆反心理。2008年2月,《中国青年报》社调中心与新浪网联合实施民意调查。在参与的2166多人中,超过60%的人希望官员能"少打官腔,说话直奔主题"。试想,连长期浸淫在我们自己的文化和政治氛围里的中国人,都对官话无法容忍,何况是习惯了自我标榜舆论自由的声音并在其中慢慢成长起来的西方受众?

第三,"文化隔膜症"。在全球化背景下的公共外交特别是国际传播,其受众是长期浸淫在西方媒体下、在异域文化中成长起来的群体。处于截然不同的文化和制度下的西方民众往往不能完整理解我们所要传达的信息和观点。例如,长期以来我们对于宗教采取了批判的态度,强调宗教作为精神鸦片的一方面,但宗教则是支撑西方社会的重要精神维度。马克斯·韦伯甚至把新教和美国资本主义的迅速崛起联系在一起。而宗教领袖,往往被西方受众认为是最具有道德力的人。⑦在近年来的公共外交工作中,我们逐渐认识到了受众的重要性,特别是注意借外国媒体来展示我们的价值观和发展成就,注意采取西方接受的话语体系和符号,在提高宣传效果上取得了很大的进步。例如,党和国家领导人对"和平发展"的强调,对社会主义"民主""人权""政治体制改革"的正面诠释,都增强了对西方受众的传播有效度。可以说,正是因为我们话语体系的改变,才让更多的西方人更客观、更准确地了解中国、认识中国,有效地减少了他们的偏见。

第四,"翻译误读症"。很多具有国别特色的词语、句法,经过不精准的翻译之后,就不能成为"受众语言",会显得突兀、与境外受众格格不入,甚至与原意反其道而行之。熊光楷将军曾经以"韬光养晦"为例说明过这个问题。美国国防部在2002~2007年的年度《中国军力报告》中,把"韬光养晦"翻译为"hide our capabilities and bide our time",意即"卧薪尝胆",也就是"掩盖自己的能力,等待时机东山再起"。国外英语还有翻译成"隐藏能力、假装弱小""隐藏真实目的"甚至"隐藏野心、收起爪子"。而这些解读歪曲了中国"和平外交"战略方针的内涵和实质,给我们的正常对外交往造成了不应有的负面影响。

2008年4月13日,当时的驻英大使傅莹在英国《星期日电讯报》发表文章《如果西方能够倾听中国》,对西方受众谈奥运火炬在伦敦的传递活动。文章采用了西方受众所熟悉和接受的话语系统,语言风格和传统的官方话语迥异。傅莹讲述了奥运圣火在伦敦传递遭到干扰带给中国人,尤其是年轻一代的情感冲击,同时用数字和事实介绍了西藏经济、社会、文化发展的现状,既向世界说明了中国的立场,又充分表达了期待中西方相互理解与尊重的愿望——"世界曾等待中国融入世界,而今天中国也有耐心等待世界认识中国"。结果各界公众反响热烈,起到了非常好的效果。

(三)传播方法从"讲道理"转向"说故事"

有效传播依靠的是情感的语言。要让我们的声音特别是中国发展的奇迹能够被国际特别是西方受众接受,就必须少讲道理、多讲故事,特别要善于提炼中国经验,讲中国的故事,制造一种正面情感的影响,真正靠情感来吸引人、感染人。

第一,善于运用"常人法"(plain folks)。国际传播的立足点是受众,那么语气和关注的内容,就应该多是常人的角度。要善于从以小见大的角度,避免过多的宏大叙事、避免精英主义,而是应大量采取对中国人个体的跟踪写实,让西方受众既深入了解中国,又觉得中国媒体和中国普通老百姓是一体。这次中国国家形象宣传片,可以说就是一个比较成功的典范。第二,善于运用"美词法"(virtue words),注意采用人们"喜闻乐见"的语系讲故事,特别是注意不避谈问题,而是要在强调探索中国模式的框架之内,谈民主、谈人权。第三,善于运用"移情法"(transfer)。注意发挥宗教、非政府组织人士在西方受众心目中的特殊光环和地位,有意识地让他们发挥国际传播的重要作用,为我所用。而不要让受众觉得,每次都是中国各级政府在说话。第四,善于"自我批评"。如果国际传播给西方受众的感觉只是唱赞歌,那么,再好的制作质量,都会打折甚至起到适得其反的作用。在国际传播领域,我们应该充分认识到适度的自我批评和亮出问题,恰恰有利于我们的声音被接受。重要的不是问题本身,而是在亮出不足之后,用较大的篇幅和时间来反映我们解决问题的决心、方法和进程。第五,善于使用"事实片段"。所有的事件都有两面性。当出现一个媒体事件时,不是要去隐瞒它,而是可以采取截取和放大我们所需的内容的方式来进行,重点讲述我们如何解决它。这一点,实际是西方媒体习惯采用的方法。

归根结底,对于西方媒体浸淫已久的西方受众,他们最习惯的叙述方式,就是讲故事式的"情感"路线，或者"感性"路线。过去我们的对外宣传中，往往重视摆事实、讲道理，而对受众的感性和情感接受度不太留意。"南海撞机"事件中，我们也曾大量引述历史疆界和军事规则的道理，但实际上西方受众不愿听。而当我们的外交官开始用美国老百姓住宅隐私权的情感故事来打比方的时候，我们的话语影响力和接受度一下子就不一样了。同样，在西亚、北非局势动荡问题上，我们强调的是不干涉别国内政的外交原则，而西方国家则从普通老百姓的人权角度进行宣传，突出老百姓的呼声被打压，因而使得其宣传更为直击人心。在一定程度上，公共外交不能"用理性对抗感性"，而应该"用感性对抗感性"。

（四）主体从"官办"走向"民办"

外交的定义一般是：国家以和平手段对外行使主权的活动，通常指由国家元首、政府首脑、外交部长和外交机关代表国家进行的对外交往活动。也就是说，外交主体无非是国家领导人和外交官。而公共外交则强调组织主体的非官方化和个人主体的多元化、社会化。在国际政治经济文化的舞台上，"民间"的外交主体，总具有更好的亲和力和外交弹性，进退都可以游刃有余。从"官办"走向"民办"，公共外交包括以下几个方面的主体：第一，具有国际影响力的文体名人都可以成为公共外交载体。例如，BBC主持人在姚明退役新闻的评论中，就直接说姚明本身就是中国的"软实力"的重要组成部分。姚明本身作为沟通中美的桥梁，自觉不自觉地就成为公共外交的一个具体载体。第二，思想库可以作为政府外交的补充。例如，有学者认为公共外交实质上是一场"思想之战"，而思想库就是公共外交"思想工厂"和"议程设定者"，并在公共外交中承担了政策理念传播平台的重要功能。⑧美国存在外交官和学者之间转换的"旋转门"，其高度重视智库在公共外交方面发挥作用的经验值得我们借鉴。第三，跨国公司也被认为在公共外交领域担任和发挥着不容忽视的角色和作用。相互依赖的国家间关系更多地会表现为在政策互动基础上的讨价还价过程，在此过程中，跨国公司能够发挥其独特的公共外交功能。⑨第四，众多NGO组织都可成为公共外交的主体。甚至具有特定属性的群体，还更具有外交亲和力。第五，数量庞大的华侨、留学生和出国的旅游者，本身也是公共外交主体的重要组成部分。这个庞大的群体可作为公共外交的天然使者，所拥有的潜移默化的影响力不可小觑。

(五)内容从"政经利益"走向"文化交流"

政府外交所关注的内容,基本是国际政治和经济领域所涉及的双边利益问题,也即行使国家主权的问题。而主权国家外交的宗旨是,以和平方式通过对外活动实现其对外政策的目标,维护国家的政治经济利益,扩大国际影响和发展同各国的关系。因此,传统外交尽管活动形式多样,但无论是访问、谈判、交涉、缔结条约,还是发出外交文件、参加国际会议和国际组织等等,其直接内容就是政治经济。政治经济涉及国家核心利益,因此是刚性的接触,交涉难度大。而公共外交侧重的是文化交流,它是一种软力量的交流、柔性的交流,容易引起对方的理解,也更容易被接受。通过软力量的交流来促动和影响政治经济的交流,会起到事半功倍的作用。

通过公共外交传播的中国文化,既包括传统文化,也包括现代文化。可以说,公共外交是一个文化上求同存异的过程,而不是传统的政府外交的意识形态对立和利益斗争的过程。文化交流的特点就是,越是民族的,就越是世界的;越是有特色和差异,就越有吸引力。西方受众对中国文化感兴趣,这恰恰就是公共外交工作的突破口。正是通过传播中国文化,我们才能更加有效地影响国际受众对中国的态度,进而间接地影响国家在政治经济领域的利益。

(六)传播模式从"被动应付"走向"主动设置"

议程设置问题,是新闻传播效果的决定因素。及时和准确地设置新闻议程,才能在国际传播中赢得主动。议程设置理论由美国学者麦克姆斯和肖提出,其核心观点就是,大众传播虽然不能决定人们对某一事件或意见的具体看法,但可以通过提供信息和安排相关的议题来有效左右人们关注哪些事实和意见。也就是说,媒体最终不能影响人们怎么想,却可以影响人们去想什么。因此,要影响国际受众的头脑和态度,我们的国际传播理所当然要在议程设置上下功夫。

国际传播议程设置的基本内容,就是面对国际受众进行宣传策划和危机公关。对于日常性的传播来说,以什么样的形式发布什么样的信息,在什么时间点推出什么样的内容,都需要通过传播主体的预先精心设计。可以说,没有策划,就没有成功的传播。实际上,西方公共外交部门有专门应对媒体的专家,俗称"spin doctor",有组织地驾驭一波波的新闻浪潮,在强大的视听冲击波中引导公众形成所希望的偏好。这里值得提出的是,对于国际传播而言,有直接的和间接的两种方式。直接的方式,就是采取类似新闻发布会、官方新闻联播甚至"购买"政治广告时间的方法,但这个方法具有一个根本的缺陷,那就是公众在接受政府信息的时候总会在内心深处有所保留甚至抵制。⑩而通过策划,让这些信息最先由社会人士发出,由少渐多,由国内到国外,由不清晰到清晰,最终可以更有效地传播出政府所要传达出的信息。这里一个经典的例子就是普京对俄罗斯石油大亨霍多尔科夫斯基的抓捕。俄罗斯当时经济寡头严重,普京既要打压经济寡头,又要避免西方势力介入搅局把内政事件搞成外交事件,因此他采取先从舆论上布局的方法,通过社会和媒体多方指责霍多尔科夫斯基涉嫌偷漏巨额税款。足足等到信息传播一年后,舆论都发酵起来,才以诈骗、逃税等罪名逮捕了霍多尔科夫斯基。其后普京本人立即出席俄工业家和企业家联盟代表大会并发表讲话,强调俄罗斯保障企业家的合法利益,国家对违法现象进行打击,人们不应对执法机关进行无端指责。对比我们对一些司法个案的处理,就显得缺乏策划、比较仓促,导致了原本是内政问题,被西方炒作成为涉及人权的外交事件。因此,当前我们要针对西方敌对势力对中国的攻击、西方受众对中国的误解,有意识地加强国际传播策划,讲透中国的故事,讲清中国的道理,说服西方的受众,揭穿西方敌对势力的谎言。

除了日常性传播的策划之外,突发事件的国际传播,更需要进行议程设置。在这类议程设置中,必须解决好国际受众的"信息饥渴症"。一方面,中国是一个社会主义国家,长期以来在西方媒体冷战思维的渲染之下,在西方受众心目中显得神秘和封闭;另一方面,突发事件本身具有吸引全球眼球的特征,从国际国内突发事件的舆论引导实践来看,凡是处理得好的,都是能够在事件发生后迅速完成"信息赈灾"的。所谓"信息赈灾",就是指像赈灾那样及时有效地应对来自公众和媒体的"信息饥渴"。只有让客观、权威和公正的声音先入为主,才能压缩具有敌意的、虚假的信息在舆论平台的传播。这里的难点在于,外交领域无小事,而西方国家往往爱把简单的内政问题和人权、民主扯在一起形成国际政治事件。因此,长期以来我们都采取"无可奉告""多做少说"的策略。但是,不说或者少说,反而使得西方媒体能够更加从容地用自己的声音对我们进行污蔑、对全球受众进行误导。因此,如何说、说到哪一步,都需要我们的精心策划。

三、公共外交新机制:整合资源、有效传播

新时期的公共外交工作,牵涉面大、涉及面广,需要整合多方面的资源和力量,

充分提升国际传播的影响力和有效度。

(一)整合"三外"力量

应该建立外交、外宣、外经外贸部门之间的工作协调机制。构建大外交、大外贸、大外宣的工作格局。在外交战线,应有意识地加强与经济外交和国际传播的结合;在外经外贸部门,加强对外交和国际传播意识的培养;在外宣部门,加强和外交、外经外贸的融合。要通过干部交流、挂职等多种方式,加强部门之间的人力资源的整合。在干部来源渠道上,既重视传统的语言、外交、外贸、新闻业务的"专才",也有意识地培养和引入"通才",培育一批具有国际视野和国际沟通能力的公共外交行家里手。在信息发布方面,我们目前采取的是涉外部门统一发布的形式。在条件许可的情况下,应该考虑由涉外部门提供平台,由相关部门甚至半官方机构、民间社团领导人对外发布,以改变西方受众觉得我国信息发布被政府高度控制的感觉。同时,由各个部门自己说,也能把问题说得更清楚、更专业。

(二)做大做强主流媒体

我们应进一步抢占国际舆论的话语权,使得我们的媒体,也能成为创造出受众"拟态环境"的重要主体。目前时代华纳、迪斯尼、贝塔斯曼、维亚康姆、新闻集团、索尼、TCL、环球、日本广播公司世界九大传媒集团,控制了全球50家传媒公司和95%的世界传媒市场。同时,这些超级传媒集团还根据传媒业发展的新特点,实行跨国、跨区、跨媒体、跨行业经营,既拥有广播电视,又拥有电影、音像、报刊、出版等系列业务,实现了各种媒体优势互补。而我国尚未产生世界级的新闻传媒集团。因此,我国应该从国家战略的角度,进行媒体战略重组,尽快建设若干语种多、受众广、信息量大、影响力强、覆盖全球、在国际范围内有较高知名度和较大话语权的新闻传媒集团。同时,进一步提升现有国家级传媒力量的美誉度、国际信任度。特别是应进一步开发人才资源,提高媒体从业人员的国际竞争力,培养和引入一批既懂传播业务,又具有国际视野的高层次新闻采编、策划经营专业技术人才。此外,还应该努力构建跨文化翻译团队,能够站在相关语言的文化环境里进行翻译,以让这个语言的受众能够更加透彻和顺利地理解我们所要表达出的声音。

(三)巧妙借助境外媒体

我们自己的媒体,面对西方的偏见,对于西方受众的影响力,是一个从弱到强的过程,这个过程,需要一定的时间。而境外主流媒体则在国际受众中有较高的信任度,其塑造的"拟态环境",能够更加顺畅地影响国际受众。因此,国际传播中,我们要学会巧妙借助国外主流媒体的力量。在做大做强我们自己媒体的同时,应该主动出击,争取多在西方主流媒体上发出我们自己的声音。这其中包括,多邀请国外著名媒体人和学者来国内,多鼓励我们的文化名人和学者走近国际媒体,多和西方主流媒体进行合作拍摄专题片等等。要在"走出去"通过各种传播媒介向他国展现我国良好形象(如孔子学院、中国文化中心、国家形象宣传片等)的同时,通过"请进来"的方法有意识地吸引外国媒体和学者来本国考察、访问、学习、交流。甚至,还应加强同西方的公关公司合作。因为他们不但通晓西方传媒运作方式,知道百姓关切的问题,懂得如何引导舆论,而且在上层社会具有丰富的人脉资源。[①]同他们开展有效的合作,对改善中国的形象,化解一些公关危机将取得事半功倍的效果。

(四)重视国内舆论引导

任何一个国家,好的公共外交都是从国内做起的。特别是国内的舆论,其本身也是全球舆论平台的一个重要组成部分。如果自己的舆论本身出了问题,公共外交和国际传播不但走不出去,而且可能还会帮倒忙。以网络舆论为例,目前国内网络上的声音存在两种倾向:一个是"西化"的倾向,另外一个则是极端民族主义倾向。这两种倾向,都具有很大的煽动力和迷惑性,都能在一定程度上影响网民乃至更广大的民众的态度,进而也影响外交工作的环境,甚至影响国内稳定。如果我们不注意加强引导,西方势力就会把这些公众作为目标,用这些极端的声音来对付中国政府。在这个意义上,引导国内舆论与引导国外舆论同等重要,维权和维稳必须同时兼顾。2011年菲律宾总统阿基诺就任后的首次访华,由于时机恰恰在"南海争端"之后,网络上开始流传攻击我国外交"软弱"的声音,国外一些媒体也借机做文章。这就告诉我们,在开展外交活动时,必须高度重视对国内舆论的引导,力争为外交工作创造好的舆论环境和氛围。

(五)妥善处理国内突发事件

中国处在社会转型和矛盾高发期,更是全球媒体关注的热点地区。在这个方面,可以说所有的突发事件和处理,都是国际受众了解和认识中国的重要窗口,关系到中国的国际形象。在这类国内突发事件的处理中,应该吸收借鉴我们以往应对危机的经验和教训:第一,不说不如说。特别是,我国处在经济高速发展和社会转型期,突发事件本身就是一个伴随这个过程的不可避免的现象。在网络媒体时代,捂是捂不住的,反而会败坏国家的形象。第二,迟说不如早说。随着微博等新媒体的应运而生,如果主流声音介入得太晚,迟说、缓说,就会谣言满天飞,给敌对势力可乘之机。第三,被动说不如主动说。被动说总会导致信息可信度的降低,从而带来被动。第四,说的过程就是让西方受众认识中国的过程。过去我们对国内突发事件总是倾向于"捂着、盖着",从效果上看它反而更加强化了西方敌对势力攻击我们的口实。而现在我们主动、及时发布信息,这本身就是中国国际形象改进的一个象征,也是攻破西方敌对势力谣言的最好契机。

西藏"3·14"事件前期,由于未及时允许境内外媒体实地采访,一些西方媒体歪曲报道事实,用谣言、猜想等拼凑抹黑中国政府和人民的报道,造成中国在国际舆论中的被动,境外奥运圣火传递也受到多方阻挠。而新疆"7·5"事件发生后,当地政府第一时间公开信息,反而在舆论上没有处于被动。汶川地震发生后仅18分钟,政府毫不隐瞒,迅速通过新华网向全国、全世界发布消息。震后10多天,国务院新闻办每天召开新闻发布会,把地震灾情和抗震救灾信息面向全球进行实时传播。同时,组织邀请境外国外记者进入灾区进行报道。及时、透明、大量、有序的信息公开,不但没有干扰赈灾、影响人心,相反起到了动员社会、凝聚人心、稳定情绪和舆论监督的积极作用,获得了国内国际社会的一致好评。

(六)用好新兴媒体平台

随着网络普及程度在全球的不断提高,对于国际传播而言,受众总体结构和特征出现了新的趋势。这就是:受众结构大众化、多元化、全球一体化。国际受众能够接收到的信息,国内受众也可以从互联网获知。而从用户规模角度来看,互联网更远远超过其他传统平面媒体。更重要的是,网络媒体导致传播客体主体化。也就是说,受众本身突然具备了传播能力,因此不再满足于处在单纯的被动的信息接受地位。因此,受众开始发布信息和观点,并以此反向影响传播者和传播方式,使得双方之间的关系进一步复杂。现在,面对国际互联网上的大量有害和不实信息,我们已经不能简单用封堵屏蔽的办法来解决。每一个国际网民,都可以成为即时性信息的发布员和接收员,这对国际传播提出了非常大的挑战。从这个角度看,网络是公共外交的一把双刃剑:它既可以作为一国传播自己形象的有效载体,也会成为诋毁一个国家的工具。如何用好、用足网络,是一个值得深入研究的公共外交的大课题。因此,我们一是要发挥好博客、微博等新兴媒体在公共外交中的作用,让它们成为外交官以及每一个公共外交主体的有力武器,成为展示中国成就、优化国家形象和与外界善意沟通的重要窗口和平台;二是要认真研究西方国家在运用新媒体方面的进展和实践经验,吸收其值得借鉴的做法和技巧,为我所用;三是注意发挥新媒体在公共外交中所起到的互动、反馈等作用,扩大公共外交的覆盖面和影响力。

(七)提升外交人员的媒介素养

公共外交对外交官的媒介素养提出了新的要求。我国政府新闻发言人制度由外交部首开先河,也取得了明显成效。但《中国青年报》曾在一篇报道中引用了两位长期观察国际事务的专业人士的话:一方面,中国外交在透明化、"平民化"方面确实做了很多事情,但另外一个方面,外交系统人员对与大众传媒沟通的熟悉程度仍然不够。甚至,在外交部年轻的外交官那里,仍觉得"一定要管住这帮记者,否则,他们就会欺负你"。这主要是因为在传统的政府外交中,我们不用多和媒体打交道。而在公共外交中,和媒体打交道特别是和境外媒体打交道存在风险,不能仅仅靠胆量和信心来对媒体说话。如果没有较高的媒介素养,效果往往适得其反,国家、个人的形象都会受到影响。因此,必须大力提升我国外交人员的应对媒体的能力,把媒介素质作为衡量外交官工作水平能力高低的重要标尺,加强应对媒体知识、技巧的理论学习和实践训练。在提升、培训的内容方面:一是让外交官认识媒体、了解媒体的功能、价值和本质,特别是要了解境外媒体的特点;二是要了解媒体是如何制作新闻和发布信息的,熟悉媒体的流程特别是议程设置方法;三是掌握和媒体打交道的方法,把握好应对媒体的尺度;四是认真总结、继承和发扬我国外交队伍长期以来在应对媒体方面的成功经验和做法,学习借鉴西方外交人员和媒体打交道的方法,善于借助媒体开展公共外交活动。

(八)培养"民间大使"

身处国际舞台的文化名人、体育明星,其言行、态度和外交素养,往往能展示和宣传一个国家、地区的形象,甚至能开拓特定的市场,起到政府外交所不能起到的作用。这一类人,可以称作"民间大使"。例如,最近走红的林书豪"林疯狂",被台湾等众多地区争抢作为形象代言人。另外,姚明、刘翔、李娜等名人,实际上也都起到了"民间大使"的作用;实际上,随着中国经济社会的不断发展和全球化进程的加快,我国公众出境的数量和频率不断上升(去年出境达到1.4亿人次),"民间大使"的外延也在不断扩展。不过,出境的个体,如果缺乏一定的外交素养,则会起到相反的作用。因此,一方面,我们应该大力挖掘和培养具有国际影响力和知名度的文化名人、体育明星,通过他们来发挥"民间大使"的作用。另一方面,应该加强对全体出入境人员的培训,让他们加强与外国人、外国媒体打交道以及处理突发事件的能力,树立良好的自身形象。

(九)建立效果评价体系

衡量公共外交特别是国际传播工作水平的高低,不能仅仅停留在统计每年投入多少资金、派出多少人员、开展多少活动、发表多少演讲、进行多少报道、摄制播出多长时间的片子等方面,而是要建立一套立足于国际受众的客观评价体系。也就是说,要让国际受众对中国的接受度、美誉度成为衡量公共外交工作水平高低的最终标准。因此,应该充分发挥媒体、学术院校以及专业调查统计组织的力量,对国际受众进行有关心目中中国形象的深入调查。这个调查统计的过程,实际上也就是发现我们公共外交不足的过程。在依赖媒体调查和科学统计的同时,我们也可以充分发挥受众个体的力量,邀请一批客观、对中国不存太多偏见的国际受众担任中国媒体形象的信息反馈员,定期对他们进行访谈,了解我们公共外交的真正成效,从而从根本上避免我们的对外传播自说自话、自我评价、自我欣赏的局面。

(十)加强国际传播研究

公共外交和国际传播本身是一个全新的课题。在公共外交、国际传播的本体研究方面,我们的重点应该是研究国外受众、研究西方主流媒体的传播手段,从政治学、外交学、心理学、社会学、新闻学、传播学、语言学等多个角度,为构建公共外交体系提供强有力的理论支撑,达到充分了解国际受众、充分了解并学会使用西方媒体的技巧和方法。让我们的国际传播内容具有越来越多的文化性、科学性主题,并通过故事性、艺术性的手段具有非意识形态的说服力,来更有效地塑造我们中国的良好国际形象。

李长春同志在中华全国新闻工作者协会第八届理事会第一次会议上指出,要进一步提高对外传播水平和能力,努力营造客观友善、于我有利的国际舆论环境。作为公共外交核心载体的国际传播,其重要战略地位不言而喻,必将成为今后公共外交工作的增长点和主要着力点。

注释:

① 参见刘炳香:《公共外交:理论、实践及对中国的借鉴》、赵可金:《公共外交的理论与实践》、韩方明:《公共外交概论》等著作以及全国政协外事委员会创办的《公共外交季刊》。
② 周庆安:《公共外交研究的四个理论维度》,《公共外交季刊》2010年第2期。
③ 季萌:《新媒体外交与美国的实践》,《公共外交季刊》2010年第4期。
④ 例如,2009年11月奥巴马总统访华期间发表的《中美联合声明》宣布:"各国及各国人民都有权选择自身发展道路。各国应相互尊重对方对于发展模式的选择。"
⑤ 〔法〕福柯:《知识考古学》,谢强、马月译,三联书店1998年版。
⑥ 《布莱克威尔政治学百科全书》把宣传定义为"为按照既定方向改变人的态度和行为而对各种象征性符号进行的精心操纵"。《牛津大辞典》将宣传解释为"有关当事人对于信息和思想的系统性传播,尤指为鼓励或灌输一种特定的态度和反应的具有倾向的传播",其贬义已经不言而喻。而代表着当代西方普罗大众认知水平的"微软电子百科全书",干脆把宣传说成"欺骗性和误导性的系统化信息传播"。
⑦ 实际上,达赖喇嘛曾在很长一段时间针对我们的传统宣传方式,用"宗教"和"民主"这样在西方受众看来代表正义的词汇作为他的宣传包装。这个案例从反面提醒我们,在对外传播中加深对西方受众的了解至关重要。
⑧ 王莉丽:《思想库在公共外交中的功能》,《公共外交季刊》2010年第2期。
⑨ 余万里:《跨国公司公共外交的三大功能》,《公共外交季刊》2011年第6期。
⑩ 赵可金:《准确把握全球化时代公共外交规律》,《公共外交季刊》2010年第2期。
⑪ 秘小胜:《西方媒体中的中国形象困境》,《公共外交季刊》2011年第5期。

超越功能主义意识形态:再论传播社会功能研究*

◆ 胡翼青

2011年12月底,在复旦大学信息与传播研究中心主办的"传播革命与中国传播学:超越功能主义"的学术对话会上,刘海龙的发言引起了我的关注。他试图说明功能主义有两种不同的表现方式:其一是意识形态取向的功能主义,其二是功能主义的学术路径。在他的界定中,"作为意识形态的功能主义指的是将学术研究本身作为一种维护现有体制稳定的功能,寻找那些能够通过传播活动,在不动摇既有体制的前提下,解决社会矛盾的方法。"而与之相对应,功能主义的学术路径是指自迪尔凯姆和拉德克利夫·布朗以来的一种关于系统及其作用之间相互关系的认识论框架。[①]准确地说,意识形态的功能主义是学者的一种价值准则;而功能主义的学术路径则是一种社会科学方法论。

我同意刘海龙在知识社会学层面对功能主义的划分,在学者们的日常生活中,必须面对两种功能主义的侵扰。将功能主义作为一种学术研究路径,当然存在着这样那样的缺陷,但这是任何一种学术研究路径所不能避免的问题。然而,将功能主义作为一种意识形态立场指导学术研究,则很有可能扼杀学术的多元化与创造性,使学术研究成为一种经院哲学或者干脆成为保守意识形态本身。自20世纪中叶以来的美国传播学,逐渐被功能主义意识形态的阴影所笼罩,并最终使自身的创造力逐渐衰竭。因此,寻找传播研究中的功能主义意识形态并加以检讨,可能是当代学者突破学科框架的一个重要手段。

我很早就开始关注传播学中功能主义意识形态最为明显的领域:传播社会功

---

* 原载于《现代传播》2012年第7期。

能研究,并且曾受这种意识形态的影响不假思索地顺着拉斯韦尔和施拉姆的思路对传播学功能进行了洋洋得意的补充。② 然而,这绝不是一个拾遗补缺的问题,而是一个需要反思和重新建构的问题。在传播社会功能研究领域,功能主义意识形态从何而来,又如何超越,回答这些问题不仅关涉传播社会功能研究的进展,而且还有利于进一步拓展传播研究。

一、拉斯韦尔及其功能主义意识形态

关于传播社会功能的明确表达,最早出现在拉斯韦尔的 1948 年的论文《社会传播的结构与功能》中。在这篇论文中,拉斯韦尔提到了我们耳熟能详的"五 W 模式"。在讨论完传播的模式之后,拉斯韦尔又讨论了传播的三种功能,其中监视环境功能是,使社会各部分在对环境作出反应时相互关联以及使社会遗产代代相传。③ 许多教科书描写到这里就戛然而止,然而问题恰恰就从这里开始了。讨论社会功能有多种逻辑和意识形态,拉斯韦尔的逻辑和意识形态到底是什么呢?

拉斯韦尔的逻辑是从类比开始的。他宣称:"如果详细考察,就可发现人类社会的传播,与身体组织和低等动物群落的分化现象有许多相似之处。""在研究各种生物时,可把它们看作在满足自我需要,维持内部平衡的过程中,也改变着环境。对食、性和其他与环境有关的活动,可作比较研究。"④ 这是自斯宾塞以来常见的功能主义视角,其逻辑就是将人类社会生物现象等量齐观。

再往下看,拉斯韦尔的逻辑似乎变得更清楚些。他所说的这三种功能决定了三类传播角色的社会分工:"考察任何国家的传播过程,我们都看到三种专门人员。一种调查整个国家的政治环境,另一种使整个国家对环境的反应相互联系,第三种把一定的反应方式从老一代传给年轻一代。外交官、使馆人员和驻国外记者是第一种人的代表,编辑、国内记者、新闻发言人是国内反应的联系者,家庭和学校的教育者则传递社会遗产。"⑤ 功能决定结构,这是标准的结构功能主义。因此,将结构功能主义引入传播研究并奠定传播研究基石的人确实非拉斯韦尔莫属。有学者甚至认为拉斯韦尔是传播主流学派唯一的创始人:"只有拉斯韦尔范式才具有奠基者的特征……它明确提出了媒介的功能主义理论……后来,罗伯特·默顿、查尔斯·赖特和塔尔科特·帕森斯等一些学者对这一理论进行了补充,使之进一步明确。"⑥

然而,看到这一点是远远不够的,我们还必须进一步分析拉斯韦尔的语境是什么。他进一步分析说:"今天,世界政治的权力结构深受意识形态冲击和美苏两大国的影响。两国的统治人物都把对方看作潜在的敌人,不仅认为国家之间的分歧可能要通过战争来解决,而且紧迫地感到,对方主流意识形态会诉诸本国的不满分子,削弱本国统治阶级的权力地位。"在这种意识形态的对立和斗争中,传播将是一个重要的武器:"传播的功能之一,就是提供关于对方的行动和实力的情报。由于害怕自己的情报渠道被对方控制,导致情报被截留和歪曲,于是出现了诉诸秘密监视的倾向。因此,国际间谍活动的强化走出了和平时期的正常水平。还努力封锁消息,以对付潜在敌人的侦察。此外,传播还被用于积极地同对方境内的受众建立联系。"⑦所以,拉斯韦尔的传播功能是在意识形态的控制与反控制的背景下发挥作用的。

所以拉斯韦尔的所谓三大功能,其实就是一种功能:社会控制。拉斯韦尔曾经明确表达过这种控制观:"现代的大众传播工具,给印刷厂、广播设备和其他形式的固定资产与专门资产的控制者带来巨大的优势。但也应注意到,受众稍迟些也会'还嘴'。许多大众传媒的控制者采取抽样调查的科学方法,以加速走完整个传播环路。"⑧拉斯韦尔希望传播能够发挥比人员和武器技术更为重大的作用,去消除异己,掌控社会。在拉斯韦尔那里,传播功能都是正面的,都是维护社会秩序的,这是一种单向度的意识形态思维。这种民主现实主义的意识形态,反对广泛政治参与,强调统治者对被代理人进行托管,对敌对意识形态进行警告和镇压。"其暗含的观点是:社会由匿名、孤立的个人聚合而成,个人接触强有力的媒介,媒介的功能是强化或改变社会行为"⑨。这一点,在传统的传播学教材中是没有讨论的,而拉斯韦尔资质平庸的弟子查尔斯·赖特也没有理解老师提传播功能时的意味。他很不应景地提出了传播的娱乐功能,其实与拉斯韦尔的语境相去甚远。

就这样,拉斯韦尔将国家的使命与美国传播学的使命紧密地结合在了一起,使后者在很长一段时间中成为一门为主导意识形态服务的学科。而他本人的政治立场也更加坚定地站在了主流意识形态的那一方。早在出道之时,拉斯韦尔就深受李普曼的影响而立志成为一名为民主现实主义服务的社会科学专家。经过战争的洗礼,作为一个政治学者,拉斯韦尔深度地陷入了美国的政治进程,似乎更为自觉自愿地受到政府和主流意识形态的摆布——他直接把反对共产主义意识形态和维护美国主流价值观、美国精神作为了自己后半生的重要职责,成为冷战中最为坚定和活跃的反共学者之一。他甚至使用内容分析法亲自从事情报搜集工作。他的学生是这么评价拉斯韦尔的研究工作的:"战时传播项目远非只是一个研究项目;它在本质方面是一种情报努力的组成部分。"[10]正是基于这些行为,高海波指出:"为提醒人们注意这一点,我更愿将《社会传播的结构与功能》看作'传播学的冷战宣言',而不是'传播学的独立宣言'。"[11]在拉斯韦尔等人的努力下,在二战中和二战后,美国的知识界和宣传机器使美国民众形成了一种舆论共识。这种舆论共识坚定地维护着这样一个一极化的美国形象:"一个现代大陆国家,拥有巨大的生产力、巨大的财富以及和谐的社会。"[12]与之相对应的则是苏东国家落后和极权的统治方式,民众生活得非常痛苦。

如果不了解这些背景,我们就无法理解以下的问题:为什么传播学会渐渐变成一门应用性学科而被美国统治者所利用;为什么当高度对抗的冷战意识形态格局崩溃后,大众传播理论越来越无法解释当下的传播现象。如果用更尖锐的语言来表达,是否可以这么说:基于拉斯韦尔"五W模式"之上的美国传播学仅仅是一种功能主义意识形态,我们这么多年来所说的传播理论在很大程度上只是美国的社会控制思想,而且这种意识形态在当今这个多元化的社会早已破产,变成了过时的经院哲学,然而我们还把它当成普适性规律加以研究和维护。

二、功能主义学术路径的夭折

然而,我们不能认为结构功能主义传播研究全是意识形态,它其实曾经有过完全不同的可能性。如果摒弃意识形态的立场而走到学术的路径上来,结构功能主义完全是可以在传播功能研究方面深入拓展的。默顿就曾有过这样的尝试。

作为帕森斯的学生,默顿对结构功能主义在学术上的拓展作出了巨大的贡献。针对其他学者对功能主义保守意识形态的批判,默顿对帕森斯那种大而无当的宏大理论作出了自己的修正,并且认为事物远不像人们想象的那样只发挥正面的功能,也可能发挥反面的功能或根本没有发挥功能:"功能就是观察到的那些有助于一定系统之调适的后果。负功能就是观察到的那些有助于削弱系统之调适的后果。还有那种非功能后果的实际可能性,即后果与考察的系统完全不相关。"[13]而且,事物的功能并不见得总是显在的,也有可能是隐在的。通过这种分析,默顿就把功能主义意识形态作为自己批判的目标,并试图通过改造让它回复学术路径。

默顿非常天才地指出，事物的功能往往会出人意料。比如说主观的目的可能与实际的后果之间存在一致或不一致两种情况，因为某些功能是"有助于系统调适、为系统参与方期望和认可的客观后果"，而另一些功能则"无助于系统调适、系统参与方不期望也不认可的客观后果"。⑭默顿举例说，霍皮人的祈雨仪式可以被看作是潜功能存在的典型案例，在科学家看来，迷信的祈雨仪式是无法求到雨的，但这种仪式的真正功能是对于该群体文化而言的，它可以表达一些感情，加强群体团结。这个例子十分经典地展示了社会功能的多元化，并显示了默顿设计的学术路径所具有的灵活性，这种灵活性是与其理论的自反性紧密结合的。

在1948年与拉扎斯菲尔德合作的《大众传播、流行品位与组织化行为》一文中，默顿提到了传播的一种负面功能和潜在功能——麻醉功能。默顿的表述是：大众传媒可能使"群众在政治上冷漠而迟钝"，而这种功能是一项"很少被人觉察的社会效果"。⑮在那篇文章中，默顿一共提到了三种功能，他倾向于认为社会地位赋予的功能以及社会规范强制功能具有正功能和显功能的特征，而亮点则主要来自于麻醉功能。默顿大概是第一个表述出传播的目的可能与结果相悖的学者。他意识到，在大众传播中，存在着与不利于系统调适的相反的因素，这种观点是在吉登斯与贝克之后，才真正被人重视的。也正是因为如此，功能主义不再是一种"存在即合理"的保守意识形态。

吴予敏认为，二战以后的美国传播学是循着默顿所设计的框架前进的，⑯这虽然有利于我们重新认识默顿在传播学中扮演的重要角色，但这种观点值得商榷。因为后来传播学的道路确实不是跟随默顿功能主义学术路径而是拉斯韦尔的功能主义意识形态在前行。默顿的三功能说在传播学的诸种教材上，也只能是拉斯韦尔三功能说的陪衬。

在全力以赴应对冷战的美国，拉斯韦尔的功能理论毫无疑问更受社会上层和传播知识共同体的青睐。这一方面当然与学理有关，默顿的功能研究虽然有着很强的学术可塑性，但与此同时也有明显的不确定性。因为反功能与潜功能往往是预料不到的结果，更不要说非功能了，所以这种学说很难深入研究下去。当然，从另一方面来看，统治阶级对传播的文化整合作用的关注显然要远远超过对其负功能的关注，因为在当时，大众传播的文化整合功能确实相当强大，传媒很多负功能并没有充分地表现，即使有一些负功能比如暴力信息的传播，也与传媒传播的内容有关，而并没有被看作传媒所固有的负功能，也就谈不上如何去杜绝传播的负功能。在拉斯韦尔那里,功能总是有益和必要的,这更容易证明现有统治方式和社会秩序的合法性。所以,正向的社会控制功能得到更多关注也在情理之中。

对于当时的主流意识形态而言,功能主义的学术路径既没有实际用处,又不好把握,因此在此后的美国传播研究中,功能主义意识形态逐渐战胜功能主义学术路径,并成功地把主流传播学意识形态化。

三、帕克与他的传播社会功能学说

比默顿更不受重视的功能研究是帕克和芝加哥学派对传播社会功能的分析,然而比照起默顿的思想,这一分析更具启发性。在1922年出版的《移民报刊及其控制》一书中,帕克提出了一对相生相随的传播功能,即社会认同功能与社会区隔功能。在他的行文中,这对功能就是一个事物的两个方面。

帕克是从移民美国化这一问题入手来讨论传播的社会功能的。帕克认为在彻底融入美国文化之前,移民们就其社会心理而言是非常焦虑的。"对新环境的陌生感加强了他们对原有亲属关系的依恋""民族意识不可避免地变得特别突出",而移民报刊减少了这种焦虑。正是有了移民报刊,"分散在全美洲和全美国各地的本民族成员可以保持联系与相互理解"。在这里,移民报刊发挥了典型的社会认同功能。然而,这种社会认同功能同时也就是一种社会区隔功能。帕克认定:"根据观察,如果没有一家自由发表意见的报刊,那么民族主义是不会有效存在下去的。"移民报刊及其民族主义的倾向在很大的程度上防止了移民群体在较短时间内因不适应美国而与当地居民或社区发生激烈的冲突。正如帕克指出的那样,"也许美国移民比本地人在保护本民族语言与观念方面更成功,他们在自己的家里和社区中重新营造了母国的文化氛围。这种成功的明证就是移民经常能在这个国家的每个地方都看到与自己使用一种语言的人,使他们因此感觉美国很好。"⑰移民就此形成了一个个民族文化群落。当然,这种民族文化之间的社会区隔,又进一步地强化了群体内的社会认同。

然而,帕克的智慧并不仅限于此。他看到了这种社会区隔同时也发挥着另一种更大层面的社会认同功能:移民因移民报刊而美国化。他并不认为移民报刊能一直把民族主义的情绪高涨地保持下去。他认为移民报刊最终还是会让移民美国化。"移民用本民族语言和报刊帮助他找到在新世界中的出路。如果说外语报纸可以保持移民们旧的回忆,那么与此同时它也是通往新经验的入口。因为这个原因,外国语报纸经常被看作移民美国化的一个代理机构。"由于在美国定居,多数移民开始越来越关心美国的社会现实而不是他母国的社会现实(除非发生像世界大战那样的战争)。他们需要更多地了解美国以帮助他们适应美国的生活,在这个意义上,他们逐渐脱离了母国的文化。"受到美国生活的影响,移民的文化就像他们的语调一样,逐渐变得既不是美国人也不是外国人,而是变成了两者的混合物。"于是移民报刊的编辑方针就发生了更大的变化。"读者对社会问题的探讨没有什么兴趣,所以报纸越来越多地突出新闻中具有戏剧性的方面,越来越贴近读者的生活,更多地刊登本地的政治新闻、劳工新闻和流言蜚语。"[18]甚至某些移民报刊的用词风格和新闻价值观都开始向美国报纸靠拢,它们用词更简洁,越来越关注有人情味的东西,越来越注重报道的趣味性。这样一来,这些移民报刊本身就发生了向美国报纸的转型,除了语言和规模外,它们逐渐与美国报纸的轨道靠拢。当然,移民最终还是会成为美国报纸的读者,随着他们对英语的日益掌握,他们逐渐融入了美国文化,因此他们也将逐渐适应并喜爱美国的报纸。"养成读外语报纸习惯的移民,最终要被当地的美国报纸所吸引。"[19]当移民报刊对某些移民时间较久的移民不再具有吸引力时,这些移民的美国化进程便告一段落。所以社会区隔的结果是更大范围的社会认同。

归纳帕克的发现,在我们的日常生活中,传播的社会功能就是这样一种两重性结构:一方面它因为社会认同而导致社会区隔;另一方面,它因为社会区隔而强化了社会认同,两者之间相互建构。通过这样一种互动方式,社会的文化整合成为可能。这种传播功能说不但远比社会控制的功能主义意识形态更贴近社会现实,也比默顿更清楚地说明了传播负功能和潜功能是如何产生的:如果我们过于片面强调传播的认同也就是强行说服或过于强调传播的区隔,就会带来尖锐的社会矛盾和不可预知的风险。

四、超越功能主义意识形态:何以必要

传播的社会功能研究并不仅仅是个形式主义的领域,不是教材上的那些教条,而是直接关系到我们如何看待传播的社会角色以及相应的社会运作方式。

拉斯韦尔式的社会控制观念(当然不仅仅是他一个人的功劳,而是那一代学者的集体智慧。比如路易斯·沃思就曾经说过,他把舆论共识观点看成是社会学研

究的中心任务)崩盘于"越战"。当时,由美国传媒长期营造的强大的舆论共识几乎在一夜之间就土崩瓦解了,各种传播方式再也无法通过守望功能、协调功能和教育功能去维系所谓的舆论共识。当美国民众发现大众传媒上关于"越战"的重要信息多有欺骗之嫌,并开始质疑和寻找真相的时候,美国重新回到了观念多元化的时代。"二战中形成的舆论共识一旦在越南战争中破灭,就再也没有在下一代人中重新形成。关于舆论共识的讨论往往使从前的和谐与共识的丧失。"㉓过于追求认同以至于要求舆论一律,其结果必将招致反对和新的社会区隔。

同样的情况其实也出现在我国。我们也曾经有过一个宣传造就强大舆论共识的时代,然而这一时代也因为"文革"的结束而各一段落。当前,中国的改革开放如火如荼,单向传播的时代已经结束,以前曾经拥有的舆论共识在当前也受到了严峻的挑战。在这样一个合作大于对抗,融合胜过对立的时代,如果传播研究仍然把以拉斯韦尔为代表的功能主义意识形态作为传播功能研究和制造共识的指针和原则,显然是不合理的。如果不能超越功能主义意识形态,我们很有可能以一种落后于时代的控制观去驾驭当代社会并引发各种失控。

尤其是随着微博等新媒体技术的全面兴起,传播的反功能、潜功能和非功能大行其道。大家利用微博平台来实现自己的话语权,然而多元化的动机和各种偶然性因素的介入致使这一媒体充斥着各种混乱:有人扯淡,有人审丑,有人围观,有人传播流言,有人自我娱乐。这些行为,有的走到社会主流媒体的对立面进行质疑,从而体现出强大的传播反功能;有的看不出有什么显在的功能,但在无形中对社会产生着各种压力;还有一些传播既没有目的,也没有效果,从而呈现一种非功能的状态。传播的功能变得比以往任何时候都要更加多元化,它在具体情境中被不断重构。这样的传播方式正在颠覆着我们对传播社会角色的理解,也正在使我们的传播控制走向失效。再用所谓的传播的三功能说来强行套用,根本无法阐释和理解当代传播。因此对于当代传播作用的反思,我们需要更为灵活的建构主义视角。

在新媒体传播方式的主导下,我们是否还能强行回到拉斯韦尔式的社会控制时代,还是努力建构一种新型的社会传播秩序,是一个值得讨论的问题。或者准确地说我们应当造就一种什么样的舆论共识,是强行制造认同还是在求同存异基础上达成共识。面对这种混乱,要求强化社会控制的声音甚嚣尘上。然而我认为,这些混乱恰恰就是长期过于强调社会控制的结果,它是过于强调舆论一律后所形成的观念区隔。只是因为微博的技术赋权,它才从潜伏状态变成显在状态。如果我们抱着一种僵化的功能主义意识形态来对待这个问题,认为我们还能通过灌输、教育和严厉的言论管制来控制社会和舆论,很有可能带来更为尖锐的社会矛盾和社会敌对情绪。考虑到传播功能的两重性结构,建构在承认多元价值观基础之上的社会认同,可能是最为可行的方式。

再回到帕克和他的移民报刊,帕克令人信服地指出了移民报刊基于社会区隔功能基础之上的强大社会认同功能。所以他建议应当给予这些媒体充分的自由而不是对它们进行控制,让它们自由地表达。也许这一建议对卡耐基金会而言,是一个令人失望的结果,但我们今天应当好好听听帕克的建议。如果灵活地运用传播手段,给差异性的观点多一些表达的空间和平台,新的共识必将在差异性观点的交流中生成和再造,尽管它不再是铁板一块的舆论一律。

注释:

① 刘海龙:《中国传播研究中的两种功能主义》,《新闻大学》2012 年第 2 期。

② 参见胡翼青:《论传播的经济功能》,《江苏社会科学》1999 年第 2 期。

③④⑤⑦⑧ 〔美〕拉斯韦尔:《社会传播的结构与功能》,见张国良主编:《20 世纪传播学经典文本》,复旦大学出版社 2003 年版,第 200、202~204、201、205、205 页。

⑥ 〔法〕贝尔纳·米耶热:《传播思想》,陈蕴敏译,江苏人民出版社 2008 年版,第 13 页。原文中将赖特翻译成怀特,本文特作修正。

⑨ 〔美〕汉诺·哈特:《传播学批判研究:美国的传播、历史和理论》,何道宽译,北京大学出版社 2008 年版,第 76 页。

⑩ 〔美〕哈罗德·D. 拉斯韦尔:《世界大战中的宣传技巧》,张洁、田青译,中国人民大学出版社 2003 年版,译者序,Ⅺ。

⑪ 高海波:《美国传播学的冷战宣言:重评拉斯韦尔的〈社会传播的结构与功能〉》,《国际新闻界》2009 年第 2 期。

⑫⑳ 〔美〕唐纳德·怀特:《美国的兴盛与衰落》,徐朝友、胡雨谭译,江苏人民出版社 2002 年版,第 518、593~594 页。

⑬⑭ 〔美〕罗伯特·K. 默顿:《社会理论和社会结构》,唐少杰、齐心译,译林出版社 2006 年版,第 152、153 页。

⑮ Lazarsfeld, P. F. and Merton, R. K. (1948), "Mass Communication, Popular Taste, and Organized Social Action", In L. Bryson(ed.), *The Communication of Ideas*, New York: Harper, p. 105.

⑯ 吴予敏:《功能主义及其对传播研究的影响之审思》,《新闻大学》2012 年第 2 期。

⑰⑱ Robert E. Park, *The Immigrant Press and Its Control*, New York: Harper, 1922, p. 49、55、66, p. 449、84、72.

⑲ 〔美〕罗伯特·E. 帕克等:《城市社会学》,宋俊岭等译,华夏出版社 1987 年版,第 79 页。

二十年来中国电视对外传播理念嬗变初探*
——以中央电视台为例

◆ 崔屹平 李 宇

2012年是我国通过整频道开展电视对外传播的第20个年头。1992年10月1日,中国第一个面向海外的24小时国际卫星电视频道——中央电视台中文国际频道(CCTV-4)——正式开播,此后,电视对外传播事业取得了长足的发展。电视对外传播是我国整个对外传播的有机组成部分,并发挥着独特的作用。北京大学2012年年初完成的一项研究发现,在俄罗斯受众能接触到的中国对俄传统媒体中,中央电视台俄语频道名列使用率排行榜的第二位,三成以上受众通过中央电视台俄语频道了解中国,其使用率为31.3%,仅次于中国出版的俄文图书(41.5%),远高于报纸、广播等其他对外媒体。[①] 在我国电视对外传播的发展历程中,中央电视台无疑扮演着举足轻重的角色,"中国电视外宣事业是在中央电视台诞生的"[②]。本文主要以中央电视台为例,研究我国电视对外传播20年来发展历程中传播理念的变化。

一、电视对外传播的发展历程

对外传播是指一国跨越国界、信息流向由内到外的传播,或一国针对境外受众的传播。电视对外传播就是通过电视频道(如中央电视台中文国际频道CCTV-4)、电视节目产品(如音像制品)或其他渠道(如互联网)等方式开展的对外传播。对外电视传播是随着时代的演变和科技的进步而出现的一种对外传播形式,并随着传播技术的发展在对外传播中发挥着日益重要的作用。

---

* 原载于《现代传播》2012年第8期。

我国电视对外传播的发展历程与国内电视整体发展密不可分,同时受到国内外政治、经济环境变化的影响。我国电视对外传播历史大体上可以分为四个阶段:孕育期(1958~1991)、起步期(1992~2000)、探索期(2001~2010)和发展期(2011年至今)。

(一)孕育期(1958~1991)

从1958年我国电视事业诞生开始到1991年,电视对外传播基本处于孕育期。在这个阶段,我国电视机构还主要是以邮寄的方式向海外寄送专题节目。随着国际国内形势的变化,寄送对象和内容有较大的改变。1990年,全国对外宣传工作会议召开,强调要加强电视对外宣传的力量。次年7月16日,中央电视台成立了对外中心。[③]至此,我国电视对外传播从某种意义上正式在国家层面被提上了议事日程,这也为我国开办第一个对外电视频道奠定了基础。

(二)起步期(1992~2000)

从1992年到2000年,我国电视对外传播处于起步期。在这个阶段内,我国电视对外传播的主要亮点是开办了第一个对外卫星频道。1992年10月1日,中央电视台第四套节目正式创办并对外开播,这是中国电视对外传播史上的一个里程碑。此后,我国的电视传播进入了多语种时代。1997年6月27日,中央电视台英语国际频道开始对外试播。2000年9月25日,中央电视台英语国际频道正式开播。在起步期内,我国电视对外传播进入了卫星传播阶段。1992年10月1日,中央电视台第四套节目通过卫星对外传播,信号可以覆盖80多个国家和地区。1997年10月,中央电视台中文国际频道使用卫星K波段覆盖北美,用户可使用直径1米的天线直接接收。从寄送节目转变为卫星直接传送播出节目,既提高了新闻的时效性,又扩大了节目的信息量。[④]与此同时,从20世纪90年代开始,多个省市开播了国际频道,或者通过卫星在海外播出。

(三)探索期(2001~2010)

从2001年到2010年,我国电视对外传播处于探索期。在探索期内,中央电视台在这十年间新增了四个语种的国际频道;另外,将英语国际改版成为英语新闻频道。就传输覆盖而言,2001年广播电视"走出去"工程被列为国家广电总局的重要工作议程,电视对外传播的传输和覆盖能力随之进入了大发展阶段。在此基础上,从 2004 年开始,"长城平台"投入运营。2004 年 10 月 1 日,长城(美国)平台率先开播,以商业化运营模式,通过卫星直接入户。另外,我国对外电视积极利用新媒体进行节目传播和覆盖,中国网络电视台 2009 年底创建,实现了对 190 多个国家的覆盖。

(四)发展期(2011 年至今)

进入 2011 年之后,我国发展电视对外传播的力度明显加大。2011 年 1 月 1 日,中央电视台纪录频道的国内版和国际版同时开播。2011 年 5 月,中央电视台的视频发稿平台正式运营。这个平台按照国际传媒通行的发布方式和发布渠道,将中央电视台拥有版权的新闻报道直接传送给全球各类媒体和新闻合作与服务机构,实现新闻的二次传播。这是我国电视对外传播在传播渠道和传播策略方面的一个重大尝试和创新。2012 年,中央电视台非洲分台和北美分台正式建成并投入使用,这是电视对外传播事业的一个里程碑。

二、20 年来我国电视对外传播理念的变化

在电视对外传播中,传播理念决定着传播内容、方式、渠道等,扮演着至关重要的角色。纵观我国 20 年来电视对外传播的发展,其理念发生了较大的转变,集中体现在指导理念、制作理念和运营理念等几个方面。

(一)指导理念:从对外宣传到国际传播

长期以来,对外电视被等同于对外宣传。20 世纪 20 年代,拉斯韦尔《世界大战的宣传技巧》中给宣传下过一个定义:"它仅指以有含义的符号,或者稍微具体一点而不那么准确地说,就是以描述、谣言、报道、图片和其他种种社会传播方式来控制意见。"1937 年,他将该定义修正为:"宣传,从最广泛的含义来说,就是以操纵表述来影响人们行动的技巧。"⑤事实上,宣传与传播存在着本质的差别。对外传播较为中性,是一种媒体行为,而对外宣传则带有很强的政治色彩,是一种政治举动。虽然在现代中国文化中,"宣传"被赋予正面的、积极的意义,但是在现代西方文化中,"宣传"的英语原词"propaganda"具有强烈的贬义色彩。

20年来,我国电视对外传播最重要的转变,就是在指导理念上从"宣传"到"传播"的变化,具体体现在节目内容、制作手法和表达方式上,也体现在电视对外传播的运作方式上。正是因为理念的变化,我国电视对外传播逐渐开始按照国际电视媒体的运作方式进行节目制作和媒体管理。其中,新闻采集就是一个显著的例子。在以"宣传"为指导的时代,对外电视的新闻采集和制作必定要"自己人"来完成,即使是外语节目也是如此。但是,海外受众,尤其是外语受众,对他们所在地区发生的新闻——如果是由当地记者采集和制作,他们会感觉其更具接近性、亲近感,甚至可信度。正是得益于理念的转变,中央电视台不仅在北京本部聘用了143位外籍雇员,还在全球35个国家雇佣了50多名海外特约报道员,尤其在亚洲基本实现了全面覆盖,重大国际新闻现场报道力量的投放能力越来越强。2012年第一季度,海外特约报道员一共给中央电视台提供了2700条报道,约占国际新闻播出总量的40%,其中十几个非洲特约报道员在2012年第一季度提供了930多条非洲新闻——这里面很多是独家新闻。

指导理念的变化直接影响了运营理念和操作方式的革新,其中最为显著的一个案例就是CCTV日语化频道。CCTV日语化频道在2012年1月22日正式播出,其前身是CCTV大富频道,该频道开播于1998年7月1日,信号覆盖全日本。CCTV日语化频道是在CCTV-4的基础上,对新闻和时事访谈等时效性节目以及重大或突发事件报道采用同声传译方式实时播出,而将电视剧、综艺、专题等非时效性节目叠加日文字幕后延时播出;该频道同时播出当地新闻、天气等本地化内容。2012年4月1日,该频道进入日本"SKY PerfecTV!"的基本层。"SKY PerfecTV!"是日本唯一的卫星电视平台,由日本及海外约250个电视频道组成,汇集日本和世界影视精华,是日本妇孺皆知的主要收费电视平台。现收视客户350余万户,约1100万人,近日本总人口10%。该平台的主打是其基本层(精华频道套餐),现由在250个频道中严选的61个代表性精华频道组成,收视费3890日元/月(一般收看一个单独频道的收视费约数百到数千日元/月),物美价廉,广受欢迎。基本层签约客户60余万户,约180万人。CCTV日语化频道是我国电视对外传播理念和操作方式的突破,为我国对外电视本土化操作、运营、管理以及节目制作、播出等方面进行了有益的尝试,积累了经验。

(二)制作理念:从"立足中国"到"走向世界"

我国对外电视的内容在过去20年中逐渐从仅仅关注中国到关注世界,这种制作理念的变化集中体现在新闻节目中,同时也反映在专题和纪录片等类型的对外电视节目中。如果仅仅关注中国,而忽略世界其他地区在政治、经济、文化、社会等方面的发展变化,则难以在目标国受众中引起关注。当然,很多海外受众希望通过我国电视对外传播渠道了解中国的政治、经济、文化等方面的信息,因此,关于中国的内容必不可少,只是要比例得当,并增强针对性。

就新闻而言,中央电视台对外电视频道的国际新闻报道与20年前相比已经有了质的改变,不仅数量有了较大的增长,在深度和广度上也有较大的变化。2003年伊拉克战争期间,中央电视台中文国际频道进行了长达一个多月的密集报道,推出了"关注伊拉克战事"直播特别节目,累计直播时长达408小时,最长的一天曾连续直播20小时。这是对外电视频道第一次长时间、大规模、高密度报道国际事件,是我国电视对外传播从"立足中国"到"走向世界"的标志性事件。不过,当时因为囿于海外新闻报道力量,"关注伊拉克战事"直播特别节目主要是同声传译和收录改编美国有线电视新闻网(CNN)的报道。目前,国际新闻已经成为中央电视台各语种国际频道的重要新闻主题,当有大事情发生时,更是不遗余力地进行关注和报道。不过,随着驻外记者数量的增多,国际新闻更多的是来自中央电视台自己的记者,而不再借用境外媒体的资源。

当然,这是我国电视整体实力提升的结果,尤其与海外采编力量的加强直接相关。近年来,中央电视台国际新闻采编网络发展迅速。截至2011年底,中央电视台海外记者站数量达到70个,共有台派记者262人、特约报道员56人、当地雇员125人。他们分布于全球64个国家和地区,基本建成覆盖全球的电视新闻采编网络,为中央电视台提升海外记者站的新闻采集能力、突发事件现场到达能力、热点地区持续报道能力和获取独家报道能力提供了重要保障。随着中央电视台海外记者站站点的逐步增加,全球采编网络初步形成,体现在屏幕上,是央视国际新闻自主采编比例正在逐步加大,重大突发事件央视记者到达现场能力不断提高,获取信息能力不断增强。据统计,2009年海外记者报道首播量为3053条,平均每天8条,约占国际新闻总体首播量的12%。2010年海外记者站发稿量超过6000条,发稿量翻了一番,日均达到17条,约占国际新闻总体首播量的17%。2011年海外记者站发稿播出量达到13 647条,日均发稿量已经提升到37条,占国际新闻播出量的40%。

中央电视台还针对某一特定国家或地域进行本土化节目制作和播出,从选题到制作都在目标国家或地域完成。例如,中央电视台非洲分台制作播出了针对非洲的《直播非洲》栏目,这是一档时长60分钟,以报道非洲新闻为主的日播新闻节目,非洲新闻的比例达到90%以上,其定位是报道一个真实的非洲。另外,中央电视台纪录频道在肯尼亚建立了纪录片制作基地,并在2011年11月制作了三集纪录片《魅力肯尼亚》,从中国人的视角来诠释这个非洲国家。

(三)运营理念:从简单落地到立体传播

对外电视频道的节目在制作播出后,需要通过信号传输和覆盖才能抵达受众。覆盖就是通常所说的"落地"。在对外电视发展的孕育和起步阶段,海外落地的主要渠道是卫星和邮寄,较为单一。经过20年的发展,现在我国电视对外传播已经构建了一个立体多元的落地渠道体系。从技术手段来说,既有卫星、光缆,又有网络、手机;从操作方式来说,既有免费覆盖,也有商业经营;从内容提供形式来说,既有通过频道的直接传播,也有视频发稿的二次传播;从落地方式来说,既有频道入户,也有酒店落地。

1. 技术手段:卫星、光缆和网络、手机并重

就技术手段而言,在传统的卫星、光缆之外,目前我国对外电视正积极利用新兴传播手段。中央电视台充分利用所属的中国网络电视台,创新传播方式,探索对外电视频道落地的新渠道。从2011年起,中国网络电视台开始在境外建设本土化网站,现在已经完成了俄罗斯俄语本土化网站和非洲英语本土化网站的建设。其中,2012年1月建成的中国网络电视台俄罗斯俄语本土化网站,通过与塔斯社等俄罗斯本土媒体合作强化本土报道,在内容上更加贴近本土用户的需求和习惯。值得一提的是,随着移动通信技术的发展,手机成为视频传播的重要渠道。我国相关公司在乌干达和莫桑比克获得了手机电视牌照和频点,采用我国的移动多媒体广播标准(CMMB)投资建设移动多媒体运营平台。中央电视台及时抓住这一机会,与这家公司合作,在非洲发展手机视频业务。2012年1月,中央电视台正式推出"CNTV我爱非洲"iPhone和iPad客户端,提供中、英、法、阿四种语言的24小时电视直播和权威、及时的中、非要闻播报。

2. 操作方式:免费覆盖与商业模式并举

长期以来,我国电视对外传播以免费覆盖为主要运营方式,中央电视台授权一些国家和地区具有一定影响力的电视机构免费播出国际频道的节目。从2004年

开始,中国电视对外传播开始尝试进行商业模式的运作,正式启动了中国电视长城平台项目。根据世界不同地区观众的需求,长城平台的频道组合分别由来自中央电视台、地方电视台、香港电视台等的30多个汉语、英语、西班牙语和法语综合和专业类频道组成,该项目由中国国际电视总公司所属的中视国际传媒有限公司(简称"中视国际",英文简称"CICC")负责其海外落地运营。截至2012年年初,长城平台全球用户数约为85 000户,已经在美国、亚洲、欧洲、加拿大、拉丁美洲和非洲落地,并将向大洋洲和世界其他地区扩展。

3. 内容提供形式:频道直播与视频发稿兼用

从内容提供形式来说,既有对外电视频道在海外的实时、线性播出,也有通过视频发稿平台的二次传播。中央电视台国际视频发稿平台在2011年5月正式对外发稿,它由中央电视台国际电视总公司旗下的央视国际视频通讯有限公司负责运营。该平台通过卫星线路和网络传输平台,向全球发布了中央电视台采集的、符合国际视频通稿标准的新闻素材,这改变了我国对外电视只依靠频道播出的线性传播方式,而成为多渠道传播的"内容提供者"。据统计,截至2011年年底,通过国际视频发稿平台,境外电视媒体累计采用央视各类新闻素材271 285次,日均800次,平均每天有70多家境外电视频道(电视台)在选用央视的新闻报道,涉及中国政治、经济、社会、民生以及国际热点事件。

4. 触达方式:入户与酒店兼顾

从落地的受众触达方式来说,既有频道入户,也有酒店落地。在我国电视对外传播的初期,整频道入户是最为主要的落地方式。随着落地工作的推进,落地方式日益精细化,也更加注重针对性和策略性。于是,酒店成为我国对外电视落地的重要目标。以英国为例,中央电视台不仅大力推进整频道落地,也积极开展酒店落地项目。2003年,英语国际频道(CCTV-9,现为CCTV-NEWS)进入英国主流直播卫星平台BskyB播出,覆盖英国和爱尔兰1000万用户;2011年11月,中央电视台中文国际频道、英语新闻频道和纪录频道通过威讯IPTV公司在Freeview上播出,一举覆盖英国1160万户家庭。与此同时,中央电视台在2012年伦敦奥运会前成功进入了500家酒店。家庭是对外电视频道的重要目标,酒店无疑也是触达高端人士的重要渠道。

结　语

纵观 20 年来我国电视对外传播的发展历程,传播效果一直是所有工作的核心。从传播效果来说,电视对外传播有两种不同的理念:一是"播出即效果",二是"市场即效果"。所谓"播出即效果",也可以说是"存在即效果",即认为把节目信号覆盖了目标国家或地区就实现了对外传播,多少有些"宣传导向"。按照这种思路,很多省市频道不惜投入重金办对外频道,为本省或本市提供一个"外宣窗口"。所谓"市场即效果",即强调市场导向,以市场效果来衡量传播效果。笔者认为,我国对外中文频道要加强市场导向,这也是未来发展的需要;订户愿意付费收看的是具有市场吸引力和竞争力的频道,这也是传播效果所在。在国家对电视对外传播事业的高度重视下,我国对外电视频道应根据海外市场的特点调整频道布局和传播理念,对资源精耕细作,将资源优势转化为市场优势,提升传播效果。特别需要指出的是,市场导向并不是强调以市场利益为核心和根本出发点,市场仅仅是手段,服务国家对外传播大局才是根本目的。

注释:

① 数据来源:2008 年度国家社会科学基金重大项目课题"我国对外传播文化软实力研究"研究报告。
② 张长明:《传播中国:二十年电视外宣亲历》,人民出版社 2011 年版,前言。
③ 赵化勇:《中央电视台发展史(1958—1997)》,中国广播电视出版社 2008 年版,第 239~241 页。
④ 张长明:《让世界了解中国——电视对外报道 40 年》,海洋出版社 1999 年版,第 46~48 页。
⑤ 转引自李彬:《媒介话语:新闻与传播论稿》,新华出版社 2005 年版,第 55 页。

电视文化的意识形态建构功能刍议[*]
——兼论电视作为"视听的共同体"

◆ 杜 彩

电视文化是由特定的社会集团在具体的历史语境中生产的,电视文化的本质应被理解为一种特殊的意识形态形式。也就是说,电视作为一个非常工业化和资本化的娱乐业分支也必然会反映主导阶级的信仰和价值观系统,即主导阶级的意识形态。电视文化应该放在经济基础、上层建筑的总体关系之中加以考察,电视要表现和促成特定的信仰和价值观念,而所有这些都相关于它们被生产、传播和接受的语境。像电视这样的大众文化形式之所以能为意识形态分析提供一个至关重要而且成果累累的领域,正是因为它再现了科技、经济利益、意义系统和娱乐休闲活动的交叉关系。20世纪80年代以来,电视的意识形态研究已经越来越成为一门显学,成为马克思主义大众传媒研究的一个重要领域。这种研究方法把电视作为一种特殊的意识形态实践,即作为个体赖以体验并了解现实社会生活的一种复杂的再现系统来加以考察。电视意识形态研究的目的就是阐释电视的叙事、主题和视听语言等复合策略是如何支持并维护显在的价值信息的,这种方法并不限于戏剧式电视叙事节目,它同样适用于新闻、纪录片以及其他种类的电视节目。

一

电视文化的意识形态分析同样要以马克思主义意识形态理论作为逻辑起点。马克思主义的意识形态理论,经历了一个发展的历史过程。在马克思、恩格斯早期

---

[*] 原载于《现代传播》2012年第11期。

著作《德意志意识形态》中,马克思、恩格斯把青年黑格尔派的各种唯心主义观念统称为"德意志意识形态",但他们又指出了各种意识形态皆具有相对的独立性质,都为经济基础所决定,同时又反作用于经济基础。恩格斯认为国家必然会产生相应的意识形态,并成为支配意识形态的首要力量,这已经是"人类历史的发展规律"。

在20世纪,意识形态理论已经被世界范围内的各类政治家、理论家普遍使用。列宁和卢卡契都在20世纪20年代对马克思的意识形态概念作了中性化的表述,去除意识形态从法国19世纪以来所具有的虚假意识的贬义,使之成为受一定社会制度、具体社会历史环境制约的观念意识的概念。如列宁在经典著作《党的组织和党的出版物》中主张,写作事业"根本不能是与无产阶级总的事业无关的个人事业",应当成为党的事业的一个部分。卢卡契则在《历史与阶级意识》《审美特性》等著作中,用异化与对异化的审美超越的理论模式,对马克思主义文化思想作了富于辩证精神的理论阐释,也启发了后来的法兰克福学派等进一步批判资产阶级审美意识形态的虚幻性以及这种审美意识形态与统治阶级意识形态的"共谋"关系。

在中国,用意识形态的方法阐释文化问题是从马克思主义传入中国开始的,新民主主义文化事业从一开始就是新民主主义革命事业的一部分。中国马克思主义在意识形态的问题上,更重视意识形态的建构,强调一定的意识形态对社会变革与历史进步所具有的积极推动作用。意识形态是个体与社会相互联系并相互作用的中介,其性质和作用主要由具体的社会关系来决定。在以往的阶级社会中,统治者和剥削阶级把意识形态作为控制劳动人民思想、观念、情感的机制和手段,具有虚幻性和欺骗性的反动作用,而在一种新型的进步的社会关系中,意识形态可以发挥积极的建设性的作用,包括文化在内的意识形态能够对人们的生存和发展产生积极作用。伊格尔顿曾经指出,文化包括文学艺术应该是与人的存在的积极方面或者说是与人性相联系的意识形态现象和人类创造。[①]中国马克思主义文化建设特别重视考察研究处在社会底层和社会矛盾的焦点上的人民大众的审美经验与情感体验,以1942年的毛泽东《在延安文艺座谈会上的讲话》为标志,中国马克思主义已经提出了相关问题以及解决这些问题的基本路径。

经典马克思主义的国家学说强调国家是暴力机器,强调国家的镇压职能,而西方马克思主义的国家学说则更强调国家的意识形态职能,重视意识形态在国家中的作用。葛兰西最早把对现代资本主义国家问题的考察转到意识形态视角,他认为,西方统治阶级主要是依靠意识形态来实现其统治功能,甚至将其"文化领导权"

渗透到社会公众的常识之中。阿尔都塞认为,葛兰西"有一个'值得注意的'想法,即国家不能归结为(镇压性)国家机器,而是像他说的包含有若干'市民社会'的机构:教会、学校、工会等"②。艺术作为一种特殊的意识形态形式,它的产生、发展和社会作用都必须放到历史唯物主义的总体框架中去理解和说明,才能得到科学的解释。③艺术的特殊性是"使我们看到","使我们觉察到","使我们感觉到"某种暗指现实的东西。④我们可以把意识形态国家机器理解为某一社会机制:教会、学校、媒介等等。社会通过意识形态机构把个体"询唤"为主体。也就是说,意识形态国家机器是通过提供想象性图景,使每一个个体都能于社会中找到并接受属于自己的位置,从而屈从于权威的意识形态场域。阿尔都塞还指出,拉康有关想象和象征的理论,有益于重新系统地形成关于意识形态的某些观点。

阿尔都塞的意识形态理论对20世纪60年代末期的以法国《电影手册》为中心的电影意识形态批评的形成起了最重要的影响作用。从20世纪80年代中期开始,中国学术界便如饥似渴地汲取西方现代电影理论的最新研究成果。阿尔都塞、博德里、拉康、杰姆逊等人的有关电影意识形态批评的相关论述相继被译介。国内从事电影批评的许多人迫不及待地将西方的意识形态电影批评方法运用于本土的电影批评实践之中。近年来,电视的研究越来越与电影的研究联系到了一起,当然,"电视"和"电影"是两种不同的媒介:它们的制作工艺、表现体系、社会目的以及发行和传播的机制手段均不相同。尽管电视的问题与电影的问题存在着区别,在某种程度上,电影研究的方法仍然可以应用于电视研究上。理论和实践已经证明,像电影意识形态批评一样来展开对电视大众媒介的意识形态思考,不仅是科学的,而且是必要的。

二

20世纪90年代中期,国内学者已经针对电视大众传媒展开意识形态批评。现在看来,这些立足于精英文化立场的"电视传媒的文化批判"更着眼于电视传媒的负面效应,所以不免有些过激。他们借鉴"法兰克福学派"的大众文化批判理论,以精英文化的视角来展开对中国本土大众文化和大众传媒的批判。20世纪90年代以来,伴随着主流意识形态的式微和社会核心价值观念的不断瓦解,"意识形态开始转型,即由政治意识形态转向科技意识形态,再转为金钱意识形态甚至消费的意识形态。"⑤而电视文化在此基础上开始全面兴起,并同市场经济的功利主义、享乐主义合谋,成为影响当代中国社会生活的新潮流。在这种电视传媒的影响下,"追名逐利的芸芸众生似乎又走上玩世主义的新迷途,即在思想观念上是无政府的个人主义,在艺术趣味上则是对崇高的挖墙脚造成的小市民气。"⑥的确,在社会问题成堆的今天,影视娱乐主义却无视这些严重的问题,某些电视台不断追随观众胃口而制作、播出实用性和娱乐性的节目,减少甚至取消了有思想性、论争性的节目。

与此同时,国内学者也密切关注国外有关于电视传媒的文化批判,美国学者布热津斯基的《失去控制:21世纪前夕的全球混乱》出版后不过半年,就被译介到国内。布热津斯基在该书中指出,全球性超级大国应有"全球军事势力范围、全球经济影响、全球文化——意识形态的吸引力和由上述因素积累而产生的全球的政治实力"。比如,美国在国外播放电视节目的数量,比其他任何国家都多,即便如此,布热津斯基仍然对美国的传媒特别是电视发出"预警"。在今天,在世界范围内,尤其是对于年轻人而言,电视仍然是了解社会和接受价值观念的最重要的媒介。在某些方面,电视仍然在替代历来由家庭、教会和学校所起的作用。电视的确"在缔造全国文化及其基本信念中占主导地位"。在布热津斯基看来,"电视对美国价值观念的形成所起的特别消极的作用",主要是因为电视节目的制播者倾向于促进观众购买商品的消费欲望,促使人们热衷于追求物质享受甚至是满足非道德的个人欲望。布氏认为,美国的电视正在逐步地成为感官的、渲染新奇的刺激,它在全国甚至世界范围内"传播道德败坏的世风",结果是导致价值观念的涣散和社会行为的失控。布氏认为,"伤风败俗和享乐主义在文化中占了这么大的优势,就必然对社会价值观念起涣散作用,并损伤和破坏曾经被人们笃信的信念"。布热津斯基还详细罗列了当今美国社会存在的诸多难题,比如以娱乐为幌子,视觉媒体大规模传播道德败坏之世风、公民意识下降、日益弥漫的精神空虚感等等。⑦在意识形态的淡化,既定价值观念"大规模地瓦解"的过程中,电视无疑已经是"罪魁祸首"之一。

当然,很多中外电视节目还是很优秀的。但是,布热津斯基注意到:16世纪英国金融学家格雷欣提出的在金融货币流通中存在着"劣币驱逐良币"的法则,在影视文化领域同样起着作用。这使"推销淫秽文化的电视制作商实际上对那些不这么干的电视制作者占有竞争的优势"。这不能不说是唯利是图的制作商利用并刺激了"人性的弱点"。⑧布氏毕竟是哈佛大学哲学博士学位的获得者,他也先后担任过肯尼迪、约翰逊两位总统的外交政策顾问及科学顾问。他最终以哲人的身份劝诫美国社会:"美国人应该认识到以相对主义和享乐至上作为生活的基本指南是构不成任何坚实的社会支柱的;一个社会没有共同遵守的绝对正确的原则,相反却助长个人的自我满足,那么,这个社会就有解体的危险","社会的特别是文化的难题,最终还是属于哲学性质的问题",美国"需要在哲学上进行反省"和"重新定向"。因此"必须要强化教育,反复向公众灌输这样的思想,不能仅仅因为新奇精巧的东西和新技术不断涌现而改变了社会生活的外观,就放弃持久的价值观念。归根结蒂控制人类共同命运之势力的成败取决于具有极端重要意义的哲学或文化规模",而"重新重视生活的哲学和精神方面的意义","重新尊重人的精神安康"将是十分必要的。⑨布热津斯基的观点启示我们:在当今简单地将西方特别是美国定位为文明中心,将美国文化当作"全球娱乐业的典范"的时候,美国自己的有识之士的头脑却要比我们清醒得多。西方发达资本主义国家都如此重视意识形态建设,我们社会主义的当代中国更应当如此。

显然,当电视借所谓以"一种轻松的方式来消解人们的精神压力""满足文化消费的需要"为理由,把满足观众视听感官的快适作为至上的目的,而不再直面今天的社会问题,不再具有必要的思想性、论争性以及价值判断的时候,就会像费瑟斯通所说的"遵循享乐主义,追逐眼前的快感,培养自我表现的生活方式,发展自恋自私的人格类型"⑩,就不免使人们认为电视文化对核心价值观的生成具有很强的破坏性。时至今日,国内有的学者也针对当代中国传媒文化的现状发出了类似的声音:"在今天这一'后革命'的消费主义时代,以消费性的娱乐话语来稀释公众政治关怀和冲动是有效的。'娱乐至死'的价值取向在青少年中的蔓延,遮蔽了他们的政治关切和社会参与,放纵型的传媒娱乐性消遣也会导致受众的政治冷漠症和娱乐偏执狂。"⑪在目前中国这个价值日趋多元,不同的社会群体和社会阶层对于什么是"应是人生"有着截然不同的理解和取向的复杂社会里,消费主义和拜金主义,导致功利主义价值观在人们的生存空间中的统治地位不断升级,从而使得人们日益迷失了对精神意义的眷念追求,我们凭什么来判断文化的价值属性,从而坚守和维护文化的社会主义核心价值体系?

三

意识形态的最核心内容是价值观。意识形态"它作为反映处在一定社会关系中的人们的思想要求、利益、愿望的那一部分思想观念,是作为一定社会、一定阶级和社会集团的信念体系和行为规范而存在的,它的作用就是为了凝聚人的思想,把人的行为引导到同一的方向,共同参与到变革社会的实践中去。这是一个社会得以维持和发展的必不可少的精神力量,要是一个社会的社会成员对社会的共同信仰体系和行为规范失去了认同感和依存感,那么这个社会对社会成员也就必然失去了吸引力,它的凝聚力也就趋向瓦解。这才是意识形态的根本属性,表明它不仅有认识的属性,同时还有价值的属性,不仅有理论的功能,同时还有实践的功能"[12]。意识形态作为一个国家的核心价值观的最集中体现,其功能是动员社会成员,凝聚起他们的力量,为实现共同的目标去进行奋斗。

电视机制本身同样也是一种意识形态机器,电视也是以一种基本的意识形态效果为基础的。这种意识形态效果包括将电视观众构造成一个处于中心位置的主体或想象中的统一体。所以,可以把电视同样看成是一种从事替代的精神机器,观看电视也是一种意识形态的日常仪式。[13]电视的收看更是具有同时性的效应,当亿万人同时都在收看《新闻联播》这样的共同仪式,其重要性甚至与电视的资讯内容同等重要。也就是说,电视是特定民族国家为其成员建构起来的主要共同场域之一。电视也能够使人们具有"空间的认同感":不仅是唤醒了共同的记忆,而且也唤醒了"相遇的体验及团结之情"。电视"将国家的政治意念转化成人们的生命体验、情感和日常生活。"[14]电视媒体通过这种方式跨越其传输空间,创造了许多新的"社群",使许多原本互不相干的团体围绕着电视而获得"共同的体验"。比如,我们中国人都接纳了一种集体历史文化观念,我们中华民族是生活在以黄河流域为文化发祥地的有着几千年辉煌历史的民族。而每当我们在电视上看到波涛汹涌的黄河,同时从电视里听到激情澎湃的《黄河》钢琴协奏曲的时候,这种把自己定位为中华民族一员并形成"这是伟大的祖国,是我们生长的地方"的"想象的共同体"的认同感便会油然而生。尽管我们自己也许并没有亲眼见过黄河,但电视为我们所有中华儿女提供了想象的文化家园,一种源于历史的文化认同。电视作为一种现代传媒,可以形成为一个共享的"视听"共同体,那些天南地北不曾相识的人们在观看同一电视节目时,必然会在心理上建构起一种文化共同感,形成一个"想象的共同体"[15]。安德森把民族定义为"一种想象的政治共同体",即是说,民族是以"想象"的方式建构的,是一种"特殊类型的文化人造物"。当然,想象不是虚构,而是一种"想象性关系",正如阿尔都塞把意识形态界定为个人与社会之间的想象性关系,个人与民族属性的关系也是以想象性的方式来建构的。这也就是阿尔都塞所谓的意识形态的"询唤"功能,"将主体复制变成属民,并且将主体本身复制变成属民—主体"[16]。这样看来,意识形态确实是任何特定社会所必需的某种意义形式,它有助于持久性维持这一社会状况,它会给社会成员提供一种共同的归属感。

电视文化的意识形态建构功能不是用电视来演绎思想或观念体系,而是主要讲电视文化在其自身发展的历史过程中所形成的最基本的结构特征——诗意审美与价值、意义之间的张力与平衡。在电视文化创作的实践过程中,诗意审美与价值、意义这两者实质上是互为依存,难以偏废的。电视文化之所以被视为意识形态形式中的一个特别重要的门类,不仅由于它本身包含着科技工艺的、经济利润的、娱乐休闲的成分,还由于它不像其他意识形态形式那样以系统的、理论的形态出现,而是在具体的电视形象描绘和情感表达中体现了某种思想观念和价值倾向。比如,当观众被电视作品所描绘的人物和事件、所传达的情感感动之后,就会把储存在自己心底的生活经验调动起来,并通过情感的相互激发和转移,把电视作品中所表达的思想情感转化为自己内在的思想和爱憎倾向,成为自己为理想而奋斗的内驱动力。也就是说,电视工作者要把核心价值观的理念传达具体地化为一种电视观众的内心感动。我们要把电视文化从根本意义上看作是通过震撼观众的视听,来达到传播核心价值观的最有效途径之一,从而使我们的电视观众可以凭直观的视听和心灵的感动而接受这些观念,而且由此所获得的这种价值观,比之于任何抽象说教都更能深入人心,更能转化为驱使自己实践的内在精神力量。这样看来,电视文化比之于一般的理论形式的意识形态更具有认识的价值的属性以及实践的功能。因为从事实践的人是需要一定情感和意志激发的,正如马克思所说:"思想根本不能实现什么东西,为了实现思想,就要有使用实践力量的人。"[17]这样,电视这一"视听的共同体"使原本无法相互交谈和难以彼此沟通的人们,可以知觉到有数以亿万计的"观众同胞们"都属于同一个精神场域。电视文化的作用就是为了凝聚这些人的思想,把人们的行为引导到同一的方向,共同参与到变革现实社会的实践中去。

　　电视文化的意识形态建构功能要求电视的叙事、主题和视听语言等复合策略能够支持并维护显在的意识形态价值信息，这并不仅仅限于电视剧，它同样也针对于新闻、纪录片以及其他种类的电视节目。比如，中央电视台的《感动中国》作为一档年终人物盘点节目，十年以来，始终以弘扬社会主义核心价值观、巩固共同理想基础、凝聚民族精神力量为己任。这种坚持鲜明的意识形态导向、彰显深切的人文关怀的电视节目，在目前的中国社会产生了巨大而深远的影响力。这种"给人以力量，给人以鼓舞"的主旋律电视节目，被广大观众称赞为"一部让整个民族为之动容的年度精神史诗""一部记述社会主义核心价值体系建设的年度发展报告"。《感动中国》借助国家电视台的传播渠道，聚焦于推动当代中国发展进步的主体社会力量，坚持"贴近实际、贴近生活、贴近群众"的原则，成功评选出了一个又一个平凡而高尚、朴实而光彩的典型人物。无论是坚守正义和良知的刘姝威、科学巨匠钱学森，还是普通邮递员、自费奔赴地震灾区救援的农民兄弟群体。这些具有鲜明时代特征和广泛社会影响的典型人物，"集中体现了中华民族的传统美德和优秀品质，集中诠释了社会主义大家庭的真情与挚爱，集中反映了新时期人民群众昂扬向上的精神追求"[⑱]。身处目前经济转轨、社会转型全面提速的变革时期，面对社会上一些物欲膨胀、思想迷茫的现象，面对目前中国社会"茫然失措"的总体性意识形态氛围。人们呼唤主流的核心价值观和精神信仰的重建，这种价值导向能给予当代中国人前行的引领，这种精神信仰能给予当代中国人前行的力量。类似于《感动中国》这样的电视节目准确把握了当代中国精神文化需求的时代脉搏，适时顺应了绝大多数中国人崇尚美好、建构和谐的心愿，并立足于中国特色社会主义的现实实践，从波澜壮阔的现实生活中获取灵感，"把镜头更多地对准基层，把荧屏更多地留给群众，在人民群众创造美好生活的火热实践中发现鲜活典型、传播先进文化、塑造美好心灵、提升道德素养、弘扬社会正气，为时代立标杆，为社会树楷模，让真善美的光芒照亮人们的心灵，为推进社会主义核心价值体系建设、巩固全国各族人民团结奋斗的共同思想道德基础作出新的更大贡献。"[⑲]同样，中央电视台的《走基层》系列报道节目，也以特写的方式把目光投向具体的日常生活和普通人，通过跟踪记录的方式呈现了完整的生活段落和具体生动的细节，并大量融入长镜头和同期声元素，这种故事化的讲述方式体现了电视报道的纪实风格和记录价值。《走基层》系列报道节目向广大电视观众介绍中国弱势群体的生活状态，关注基层疾苦,传递全社会给予基层的温暖,让人们感受到电视媒体的"以人为本"的力量,这显然是对当下电视过度娱乐化趋势的矫正,也是当代媒体价值的当然回归。

电视文化具有最广大的群众性与普及的宣传效果,必须加强这一事业,以利于在全国范围内及在国际上更有力地进行社会主义核心价值观的宣传。电视文化要描写新时代劳动人民中间的先进分子、英雄人物,达到以社会主义核心价值观教育人民的目的。电视媒体不仅是民族国家的公共事务服务渠道,更是民族文化的认同中心和国家意识形态的建构中心。正如戴维·莫利所言:"一方面把看电视理解为是一种仪式,其功能是构建家庭生活,并且提供参与到民族共同体中的符号模式以及消费和生产的行动模式;另一方面,我们也应当把看电视当作在意识形态领域内运作的一个过程。"[20]当代中国的电视文化实践,当然要弘扬社会主义核心价值观,用中国特色社会主义共同理想凝聚和团结全国各族人民,用以爱国主义为核心的民族精神和以改革创新为核心的时代精神鼓舞斗志,用社会主义荣辱观引领风尚。当然,当代中国的电视文化在建设中华民族共有精神家园中,在推进当代中国的民族国家共同体实践进程中,应该发挥其不可替代的作用。

注释:

① 〔英〕特里·伊格尔顿:《再论基础和上层建筑》,见《马克思主义美学研究》第5辑,广西师范大学出版社2001年版。

② 〔法〕阿尔都塞:《意识形态和意识形态国家机器》,见《马列主义研究资料》第4辑,人民出版社1988年版,第251页。

③ 〔法〕阿尔都塞:《保卫马克思》,商务印书馆1984年版,第142页。

④ 〔法〕阿尔都塞:《一封论艺术的信》,见陆梅林编选:《西方马克思主义美学文选》,漓江出版社1988年版,第520页。

⑤⑥ 王岳川:《90年代大众传媒的审美透视——由政治意识形态到消费意识形态转型》,《求是学刊》1995年第4期。

⑦⑨ 参见〔美〕布热津斯基:《大失控与大混乱:21世纪前夕的全球混乱》,潘嘉玢、刘瑞祥译,中国社会科学出版社1995年版。

⑧ 闵惠泉:《电视的意识形态影响力——布热津斯基媒体观述评》,《现代传播》1995年第4期。

⑩ 〔英〕费瑟斯通:《消费文化与后现代主义》,刘精明译,译林出版社2000年版,第165页。

⑪ 周宪:《当代中国传媒文化的景观变迁》,《文艺研究》2010年第7期。

⑫ 王元骧:《关于文艺意识形态性的思考》,《求是》2005年第5期。

⑬ 〔法〕让·路易·博德里:《基本电影机器的意识形态效果》,李迅译,《当代电影》1989年第5期。

⑭ 〔英〕戴维·莫利:《电视、受众与文化研究》,史安斌译,新华出版社 2005 年版,第 315 页。
⑮ 〔美〕班纳迪克·安德森:《想象的共同体:民族主义的起源与散布》第二章,吴叡人译,台北时报文化出版企业股份有限公司 1999 年版。外文见 Benedict Anderson, *Imagined Communities : Reflections on the Origin and Spread of Nationalism* , London : Verso, 1983.
⑯ 〔法〕阿尔都塞:《意识形态与意识形态国家机器》,见齐泽克等:《图绘意识形态》,方杰译,南京大学出版社 2002 年版,第 176 页。外文见 Louis Althusser, "Ideology and Ideological State Apparatuses", in Slavoj Zizek, ed. , *Mapping Ideology* , London : Verso, 1994.
⑰ 《马克思恩格斯全集》第 2 卷,人民出版社 1957 年版,第 152 页。
⑱⑲ 《李长春刘云山致信祝贺〈感动中国〉10 周年》,《电视研究》2012 年第 3 期。
⑳ 〔英〕戴维·莫利:《电视、受众与文化研究》,史安斌译,新华出版社 2005 年版,第 327 页。

论群体传播时代个人情绪的社会化传播

◆ 隋 岩 李 燕

2003年初,伴随着"非典"疫情,担心被传染的情绪在肆虐;2011年3月,伴随着日本核泄漏,担心海盐污染的情绪在蔓延。相隔8年的两次情绪,虽然都引发了较大范围的恐慌,却有着极大的区别——担心海盐污染是杭州一名网民在QQ群上发布的一条短信,本是个别的忧虑,虽显荒唐,却在短短几天内风起云涌,演化为全国范围的抢盐风波;"非典"的确是平均每五天就有一位感染者死亡,接触病毒的医护人员也不能幸免,但社会整体情绪却并没有失控。这其中的原因也许有很多,从传播学的角度,不能忽视这样一个因素——2003年,网络、手机等媒介技术远没有今天发达。截止到2003年7月,全国网民仅6800万,[1]而且远不能像现在这样通过移动终端上网,更没有微博、社交网站等自媒体,恐慌情绪只是通过传统的人际传播和群体传播[2]有限地蔓延。事实上,"非典"疫情的严重程度及对民众的影响程度远远超过核辐射带来的抢盐恐慌,"所幸"当年我们没有5亿网民、2.7亿微博用户、10亿手机用户,倘若两起事件发生的时间颠倒一下,结果很可能是另一番局面。所以说,无论是病毒,还是情绪,传播都会因其介质的不同而截然不同。以往,受制于物理空间,个人情绪的传播只能是有限范围内的。今天,以微博为代表的自媒体已经把我们推入到一个群体传播的新时代——完全可以通过微博、QQ、网络论坛、SNS网站、手机群发短信等各种新的传播媒介和传播形式,形成病毒式、指数式、核爆炸式的群体传播,使个人情绪群体化、阶层化,乃至社会化,对全社会产生影响。尤其是140个字的微博,难以准确、客观、具体、完整地描述事件,这导

---

* 原载于《现代传播》2012年第12期。

致更易于传播的不是事件信息,而是情绪信息。因此,大众传播时代难以通过大众传媒来表达的个人情绪,在群体传播时代获得了传播的更多方式、渠道和可能,完全可能成为社会情绪的导火索。

一、情绪的传播特性

情绪不仅是我们表达情感、传播思想的重要方式,也是信息,是表征各种复杂社会关系的特殊信息。不仅情绪本身是传播内容的一部分,而且对于意义理解和传播效果有着重要的影响。从传播的角度来说,情绪主要有以下特点:

一是传染性。作为传播内容,情绪可以是信息本身携带的,也可以是传播者主观表达所致。不论是哪样的情绪,在传播活动中都会受到暗示与感染机制的影响,尤其在群体性事件的集合行为中。暗示,不是通过直接的说服或强制,而是通过间接的示意使人接受某种观点或从事某种行为。感染指的是某种观念、情绪或行为在暗示机制的作用下以异常的速度在人群中蔓延开来的过程。[3] 无论什么样的传播活动,情绪多多少少会受到影响,只不过受影响的程度大小视传播参与者的理性程度等情况而有所不同。在传播者失去理智的情况下,如骚乱、恐慌等群体集合行为中,情绪间的相互暗示、相互感染尤其严重,某种观点或情绪会迅速地支配整个人群,甚至引发整个人群的过激行为。

二是积累性。除了人与人之间的横向传染,情绪在纵向上还会不断积累,尤其是负面情绪,会暂时隐藏起来。长此以往,负面情绪便可能由"星星之火"积累燃烧成"燎原之势"。

三是指导性。情绪并不是独立存在的,它常常伴随着信息而传播。作为一种态度,情绪对传播效果的影响,不仅在于它左右人们对所传播的信息的认知,还在于对行为的指导性。从微观来看,处于不同的情绪中,对于同一信息的看法会有不同,相应的行为也会有差异。积极的情绪促进人们积极地认识世界,消极的情绪则可能对他人甚至整个社会带来破坏性后果。在情绪失控的情况下,人很容易不顾后果地做出反常的举动。

四是社会性。情绪虽然是个体的心理体验,但是通过传播交流,很容易变成社会群体成员的共同心理特征。因而个人情绪,不仅仅会存在于个体自身或人际关系中,还会扩大到整个社会层面。以往的传播学研究,对以事件为主体的信息传播关注较多,忽略了情绪传播。互联网群体传播时代,个人情绪经由社会化传播变成社会情绪是一个非常值得关注的话题。

二、群体传播时代的传播特点

按照媒介来划分,我们可以把人类传播活动分为口语传播时代、文字传播时代、印刷传播时代、电子传播时代和互联网传播时代。如果从传播主体角度来看,前两个社会实际上是人际传播时代,印刷传播时代和电子传播时代应当是大众传播时代。而互联网时代,媒介技术的发展使得人人都能成为传播者,被电子传播媒介挤压的公共空间正在互联网上复兴,群体传播日益活跃,成为越来越重要的信息来源。可以说,人类社会正在从以大众传播为主导的时代向群体传播彰显的时代过渡。④

如果说在印刷传播时代和电子传播时代,大众传播形态是主导传播方式,那么在互联网传播时代,群体传播形态将成为与大众传播同等重要甚至比之更广泛的传播方式。群体传播时代,人们对大众传播的依赖越来越小,而对各种新媒介的偏好却越来越重。数据显示,北京地区电视的开机率已经从三年前的70%下降到了30%。⑤而中国网民数量最近五年则以每年6%的速度增长,到2011年12月底已突破5亿。微博这一新媒介的最新代表,则在短短两年多的时间内,从无到有,发展到有近半数网民使用。⑥

从大众传播时代到群体传播时代,传播活动正经历着一系列的变化:

其一是群体传播的传播者非专业化。大众传播时代,社会信息的提供者主要是专业化的媒介组织和传播人士,非专业者大多作为受众被动地接受传播者的信息发送活动。群体传播时代,媒介资源的丰富性增加和可得性降低,使得社会传播媒介不再垄断在少数社会精英手里,普通大众也可以通过互联网、手机等多种方式发起、参与各种传播活动。也就是说,群体传播时代每个人都可以是传播者,都能在技术许可范围内自由地参与传播活动。

其二是传播媒介多样化。大众传播时代,社会传播媒介主要是广播电视、报纸杂志等大众传媒。群体传播时代,除了传统的四大媒体之外,基于互联网技术、移动技术等新媒介技术的传播手段层出不穷,微博、BBS、SNS等争奇斗艳,各有所长又相互融合,达到了传统大众媒体所不能。

其三是传播内容个性化。大众传播时代,传播活动是一种组织行为。专业化的媒介组织依据一定的标准,通过特有的把关机制决定传播内容。群体传播时代,每个人都是传播者,把关机制的组织性减弱,个人选择的随意性、多元性增大,很多无法进入大众传媒渠道的内容得以通过个人媒介进入群体传播渠道,传播内容更趋多样化、个性化。

其四是传播过程多向化。大众传播过程基本上是从传播者到受众的单向流动。新媒介的双向互动性赋予了受众反馈的可能性,传播活动的接受者可以及时、快速地与传播者进行反馈互动。不仅如此,微博、SNS、BBS等互联网技术下大部分新媒介形态天然具有开放性,这使得每个人都能随意地与别人对话、参与某些话题的讨论。传播不限于一对一的对话,更多的是多对多的交流,因而呈现出相互交织的多向化传播过程。

以上种种传播特征集合起来,鲜明地指向了群体传播。群体传播作为群体成员交流意见、分享信息的方式,在任何时代、任何地方都存在。只不过在互联网出现之前,群体传播只能被局限在具体的物理范围内。互联网打破了物理空间对群体传播的限制,将这种传播形态从狭小的现实空间中解放出来,置于无限广阔的虚拟空间中。受众不再是大众传播时代一盘散沙式的存在,而是通过各种新媒介相互联系、相互交流,在广阔的虚拟空间内连接成一个整体。群体传播不仅更加活跃,而且在更大的范围内发生。如微博的公开性使其理论上成为一个无限大的群体集合,任何人都可以发起话题并与他人展开讨论。即便是大众传播中也夹杂着群体传播——门户网站的新闻转载是大众传播,而其后的评论则成为群体意见交流的平台,实则是一种群体传播活动。总之,在互联网时代,群体传播超越了时空限制而广泛存在于无限的虚拟空间里,传播活动比以前更活跃,范围也更广阔。因此说,互联网时代是群体作为传播主体的时代,即群体传播时代。

三、群体传播时代个人情绪的社会化传播路径

个人情绪的社会化传播,是私人情绪通过传播交流变成社会集体情绪的过程。"社会情绪是指人们对社会生活现象的各种心理感受,并通过群体成员之间相互影响、相互作用而形成的较为复杂和容易表现出来的态度体验。"[⑦]个人情绪在任何时代、任何社会传播情境下都可能产生,只不过,在拥有媒介接近权和使用权之前,个人情绪通常是在一定的物理空间内,通过人际或群体渠道小范围传播,很难得到

广泛的社会化传播。而大众传播,存在着严格的把关机制,个人情绪要想在大众传播渠道中传播,只有被选择且根据把关标准加工后才能得以传播,被选中的几率实在太小,以至于社会大众对广播、电视等大众媒体具有天然的敬畏之情,在电视上露个脸、在报纸上发个豆腐块文章都能让人激动不已。因而在大众传播时代,个人情绪很难通过自下而上的传播渠道变成社会公共情绪。

互联网引发的群体传播时代,人人都是传播者,只要身边有电脑、手机,就能随时随地把自己的心情、感受、认知、判断传播到网络上,再经过人际、群体的作用核裂变式地传播开去。这样往复循环,个体的某种情绪便能通过媒介公开传播,在暗示、感染等机制的作用下,放大为整个社会的集体情绪。

在这一过程中,意见领袖起着至关重要的作用,甚至可以说是情绪从私人性到群体性质变的关键。意见领袖尤其是社会公众人物本身比普通人拥有更多的关注度和话语权,其一举一动的影响远大于普通百姓,因而他们的嬉笑怒骂很容易在互联网平台上通过话语权优势获得广而告之的社会化传播效果。当一条带有情绪的微博被发出时,意见领袖的私人情绪也通过微博这个公共平台,以其成百上千万的粉丝数为基数同时传播开去,通过粉丝人际链条核裂变式的转发、评论,再加上其他社会名人的参与,社会公众人物的个人情绪便可能在短时间内完成从私人化到公共化的转换。

正因为如此,普通个人在情绪无处发泄的时候,往往会求助意见领袖,期望其帮忙扩散自己的诉求,以引起广泛的关注。2012年4月下旬,广州一村民不满万亩果园征地补偿标准,发微博私信求助拥有135万粉丝的农村问题学者于建嵘。于建嵘随即公布私信内容,获得数千转发和数百评论,网友纷纷表示对当事人的同情和对政府的不满,随后《南方都市报》《羊城晚报》《广州日报》等多家媒体介入报道,涉事政府不得不出面回应。如此,一名普通网友对征地工作的不满情绪,通过于建嵘这一意见领袖的话语平台,成功地进入主流大众媒体,获得了社会舆论的支持。要是他在自己的微博上直接发布,其不到200的粉丝数量根本无法获得如此关注,也无法满足他情绪宣泄的目的。正因为如此,这样的求助微博,在于建嵘等意见领袖的微博上随处可见。某些人甚至伪造名人来转发、评论某些信息,希望借助意见领袖的影响力获取舆论支持。

如果说意见领袖是个人情绪放大器的话,那么群体传播就是个人情绪社会化的真正"能量"。再有影响力的意见领袖,也不可能在互联网上"一手遮天"。截止到 2011 年 12 月底,我国微博用户已经达到 2.5 亿,⑧即使是人气最高的公众人物姚晨的微博内容也不可能完全被其 2000 万粉丝全部关注到——微博上的汪洋信息会瞬间淹没任何一条信息。因此,一条微博要真正地传遍网络世界,靠的还是一传十、十传百的群体传播。根据米勒格伦六人小世界理论,一条信息在微博上通过六次转发便可传递到世界上任何地方。在这一过程中,信息及传播者携带的情绪也会沿着这一路径影响到周围的人。笔者做的调查显示,突发公共事件中,近九成微博用户表示自己的情绪会受到别人的影响。⑨即便只是围观,也会受到感染。"情绪感染不仅通过直接的交互作用实现,而且可以通过间接的方式完成对周边人的交互影响"⑩,正是由于群体传播有如此大的作用,其本身又有匿名性特征,一些利益势力便加以利用,水军炒作本质上就是利益势力对群体传播的利用。此外,随着媒介之间的竞争愈发激烈,大众传播也在一定程度上参与着助推个人情绪的社会化传播。一方面,为了收视率、发行量,传统媒体降低了把关选择的标准——身世越离奇、经历越荒唐、哭诉越悲惨、言论越争议、行为越出格,越能获得媒体的青睐,直接推动个人情绪的社会化传播。另一方面,大众媒体作为自媒体的下一棒,参与着个人情绪的传播接力,把网络作为其重要的信息源。很多情绪在互联网上经由意见领袖和广大网友发酵成社会热点后,便会进入传统媒体的议程框架,私人情绪也由此得以从草根平台进入主流传播渠道大范围传播。

技术条件的丰富性为私人情绪转变为社会情绪提供了更多可能,但这并不意味着所有的个人情绪都会无条件地引发全社会的共鸣。事实上,私人情绪要变成社会集体情绪,除了技术条件外,还需要有广泛的社会心理基础。当下社会,任何情绪的星星之火,只要落入了社会大众心理的死灰,通过意见领袖的"放大",便能触发社会公众的集体反应,加上传统媒体的渲染,个人情绪就能形成燎原之势。在个人、意见领袖、广大网友以及大众媒体的相互作用下,人际传播、群体传播和大众传播相互交织、共同发力,推动了个人情绪向社会情绪的演变。在这一过程中,微博、博客等个人媒介是个人情绪社会化传播的技术条件,广大网友的自发传播是情绪发酵的关键,也是吸引大众媒体的基础。在群体力量的作用下,个人情绪引起了共鸣,从而成为整个社会的共同情绪。

四、群体传播时代个人情绪社会化传播的特征

与大众传播时代的信息传播不同,群体传播时代个人情绪的社会化传播,呈现出以下新的传播特征：

一是弱信息、强情绪。传播活动既是信息的沟通也是情绪的交流。以往的传播活动多指信息传播，即以信息传递为主、以情绪传播为辅。情绪交流是为了更好地理解信息、分享意义。然而当下的很多传播活动呈现出弱信息、强情绪的特征。在某种强烈的情绪推动下，一些情绪化的信息广为流传。尤其是当某种情绪获得了广泛的心理共鸣时，就更容易获得追捧。比如"中国已初步建设成为一个由月光族、啃老族、打工族、蜗居族、蚁族、牢骚族、抱怨族、行骗族、逐利族和隐婚族组成的多民族国家"。这些段子的亮点不在于信息的本身，传播者的主要目的也不是告知人们生孩子、买房子、看病就医具体得需要多少钱，而是要渲染一种不满情绪。通货膨胀、看病难、就业难，正是当下涉及社会大众的主要民生问题，是普通工薪阶层的普遍心理感受。嘻嘻哈哈的背后，是生活的无奈，也是情绪的表达；段子的情绪化，是情绪宣泄的出口，也是不满、无奈情绪的叠加。

二是讽正面、捧负面。人的七情六欲，正面的只占七分之二（喜、爱），而负面的却占七分之五（怒、哀、惧、恶、欲）。这说明人们天生对负面情绪更敏感，负面情绪比正面情绪更丰富。现实生活亦是如此，负面情绪比正面情绪更容易得到传播。从传统媒体到新媒介，无不以负面信息为传播导向。尤其是新媒介，从著名论坛到门户网站再到微博，网络空间充斥着斥责、不满等负面情绪。《2011中国网络舆情指数年度报告》显示，2011年自媒体上各领域的负面事件平均占总话题数的八成以上，微博和天涯论坛，负面事件分别占据了75.6%和95.8%，远高于其他传统媒体。即便是那些正面的事件，也往往被人们暴力解码，解构出与传播本意完全相反的意义来。可见当前社会存在的诸多负面情绪中，社会怨恨情绪尤其严重。中国社科院发布的《2011年中国社会心态研究报告》称群体性怨恨已经成为当前典型的社会心态，也是当前诸多热点事件背后的民众情绪基础。群体性事件不仅频繁发生，而且呈现出非阶级性和无直接利益参与的特性。这正是社会积怨广泛而且深重的重要表现。

三是速度快、范围广。媒介手段的丰富性，释放了群体的传播需求，不仅扩大了个人情绪的传播路径，也加快了其传播速度，扩大了影响范围。互联网技术与移动多媒体技术的拓展和融合，使得传统的通讯工具手机成了最重要的自媒体终端，微博、社交网站等各类互联网应用方式日趋便捷化，人际传播和群体传播也更加活跃。私人情绪只要迎合了某种普遍的社会心态，经由自媒体进入传播渠道后，在群体传播、人际传播的交织作用下,就会如同病毒般地大规模快速复制和感染,瞬间传遍网络空间,成为热点事件,甚至进入大众传播、组织传播等官方传播渠道,从而影响社会现实。2011年日本地震后,夹杂着恐慌、关切情绪的"缺盐"谣言在一两天之内甚至传到了最偏僻的乡村,引发了全国性的抢盐行动。中央电视台主持人赵普在微博上发布劝告民众勿食老酸奶和果冻的消息,短短两行字半天内就被转发数十万次,直接评论数万条。群体传播时代,刺痛公众神经、触发公共情绪的事件每天都在上演,令相关部门应接不暇,个人情绪社会化传播速度加快、影响范围扩大导致的舆论发酵周期缩短、舆论强度加大是重要的原因。

群体传播时代,个人情绪社会化内容之丰富、传播速度之快、影响范围之广,都是以前大众传播占主导的时代无法比拟的。尤其是负面情绪,以前所未有的力量在社会各阶层中感染、扩散。但这并不是说只有当今社会的情绪更为丰富,而是我们能看到的情绪更多了。任何历史时期、任何社会环境下的任何人都会产生种种复杂的情绪,个人情绪也会经过各种途径发酵为公共情绪。今天的个人情绪之所以更丰富、更容易社会化,原因也许是多方面的,从传播的角度可以揭示的原因之一是群体传播时代的人们有更多的途径宣泄、表达自己的情绪,个人情绪有更多的机会在广阔的空间内相互交流、交互感染,从而加剧了我们对整个社会更加情绪化的感受。

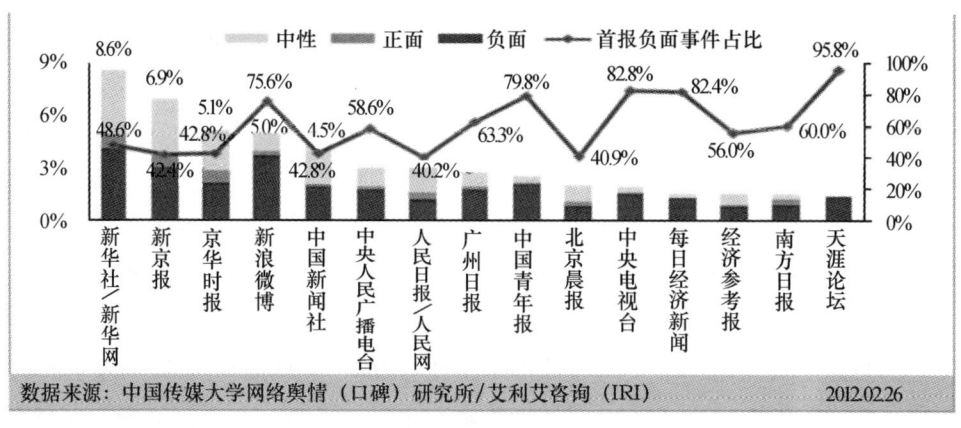

图1　2011年网络舆情引爆能力TOP15

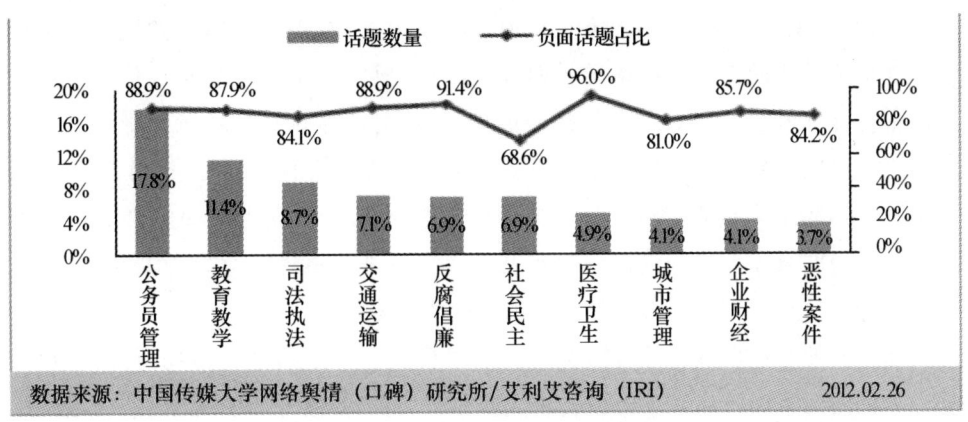

图 2　2011 年自媒体网络舆情关注领域分布[11]

五、个人情绪社会化传播的舆论作用

个人情绪经过传播发酵变成社会情绪之后更容易进入大众传播和组织传播渠道，自下而上地影响议程设置框架，因而更具有了舆论的功能。传统政治学认为，舆论是一种社会合意，经由"问题产生—社会讨论—合意达成"这样一个理性过程而产生。而事实上，人类传播活动是一种社会心理过程，受到各种传播心理因素和一系列传播机制的影响，"社会讨论"不可能是完全理性的、充分的。

德国社会学家伊丽莎白·诺曼的"沉默的螺旋"理论从社会心理学的角度，把舆论视为一种社会控制的力量。她认为，舆论不是事实上的多数人意见的集合，而是感觉上的多数意见，即可以公开表达的意见。在个人发表自己的意见之前，出于对群体孤立及社会惩罚的恐惧，人们会先观察周围的意见环境，判断自己是否属于群体多数派。如果是则大胆地公开意见，反之则沉默不语。这样，一方的沉默造成另一方意见的增强，反过来又会迫使更多的人沉默，感觉上的优势意见便会呈现出螺旋增强的特点。

在这一理论中，意见环境是一个核心概念，对于个人意见的表达和社会舆论的形成至关重要，因而具有一种控制作用，谁能影响意见环境谁就能左右社会舆论。诺利曼认为，影响人们感知意见环境的力量主要有两个，一是人们所处的社会群体，二是大众传播。后者的影响尤其大，是营造意见环境的主要力量。[12]

不可否认，在诺曼提出沉默螺旋理论的 20 世纪七八十年代，大众传播空前繁荣,是人们认识客观现实、感知意见环境的主要力量,对于社会舆论的形成和走向发挥着至关重要的作用。群体传播时代,这一情况发生了很大变化。信息获取渠道的多样性降低了人们对大众传播的依赖性,社会群体对意见环境的影响日益突出,基于各种新媒介的群体传播日渐成为营造意见环境的重要力量。《2011中国网络舆情指数年度报告》[13]显示,微博已经超越网络论坛成为中国第二大舆情源头。虽然新闻媒体报道仍是网络热点及重大突发公共事件的主要舆情源头,但其绝对优势地位正在被微博等情绪传播的新介质逐渐削弱。

新媒介的快速发展也改变了大众传播时代社会舆论的单一格局,使其分化成官方和民间两个舆论场。前者以传统大众媒体为渠道,发布官方话语;后者以网络自媒体为载体,传递民间声音。不同话语渠道和传播方式也赋予社会舆论不同的生产方式。官方舆论场通过大众传播的组织化、制度化把关选择来维持,而民间舆论场则主要通过群体传播、人际传播的自发扩散来运作。网络成为人们爆料的首要选择,在网络空间里,人们跨越了年龄、阶层、地域的限制,集合成一个公民有机体。每一次自发的跟帖、转发、评论,都不自觉地以群体传播方式参与了社会意见环境的建构,都是社会舆论生成过程的体现。

在新媒介条件下,经过人际传播、群体传播甚至大众传播的作用,个人某一具体的情绪很容易发展为没有具体指向而是针对某一类社会现象、某一社会团体或阶层的社会整体情绪。就像大众媒体的信息传播形成的信息环境会影响人们对社会现实的感知一样,当前社会整体情绪偏向负面的特征,也必然会影响到人们的感知和判断。就是说,个人情绪以自媒为中心借助多种媒介的社会化扩散过程,也是建构意见环境、影响社会舆论生成的过程。

网络的匿名性、便捷性、公开性成为个人表达诉求、释放情绪的最佳途径。在现实利益沟通机制不畅、情绪表达受阻的情况下,通过网络这一舆论平台常常能成功地为大众传媒、企业乃至政府设置议程,往往可以顺利舒解个人情绪。于是,人们纷纷意识到,"上诉不如上访,上访不如上网"。于是,网络成为各种负面情绪滋生和蔓延的温床,每一起个人恩怨情仇扩大为社会热点事件后,情绪被调动起来的社会大众便会积极参与讨论、表达、传播,自发形成民间舆论场。民间舆论场影响官方舆论场,进而影响政府、机构的决策,也会成为推动事情解决的重要渠道,成为倒逼整改、完善制度、促进发展的重要手段。

但是另一方面也应当看到,一般而言个人情绪倾向于维护自身利益,本身并不完全是理性的,其在传播过程中还会受到暗示、感染、群体压力等复杂心理因素的影响,形成的社会情绪同样也不能保证绝对理性。因而,基于情绪而形成的社会舆论无论从形成过程还是从实践结果来说,都不能确保其正当性和合理性。这样,经由个人情绪而形成的社会舆论,因常常会带有非理性、情绪化而产生负面化作用。

一是负面情绪不断积累,成为日后隐患。任何能够扩大为社会情绪的个人情绪,绝对不是个例;任何能够引爆社会共鸣的个人情绪,必然迎合了长时间沉淀的社会心理。同样,任何当下的负面情绪都可能积累起来,形成日后的三尺之冰。舆论倒逼整改不成功,不仅众怒难平,且会失望丛生。舆论虽无法改变现实,负面情绪却会沉淀、积累下来,等待下一次的爆发。长此以往,不仅积怨加重,而且会导致政府公信力下降。二是负面情绪助推谣言传播,加重传播风险。个人为了让自己的事情引起社会关注、获得舆论支持,常常会选择性地提供对自己有利的内容,回避对自己不利的方面。这时的个人表达往往不乏片面,甚至夸大事实,传播莫须有的信息。伴随着非理性的情绪,谣言也获得了生存的空间。处在情绪激昂状态的人们,判断能力下降,容易相信、传播谣言,令社会矛盾激化。三是群体传播容易被人操纵,令舆论偏离事实真相。群体通常是自发的、无组织的松散集合,有民主性的一面,也有非理性的一面。群体的匿名性、无组织性为自由表达创造了可能,但也隐藏着被人利用的隐患。

对于社会管理来说,非理性、心潮澎湃则意味着麻烦。新媒介使群体传播的自由得到最大限度的技术支持,群体传播比以前任何时候都更活跃,作为社会舆论的影响力也空前彰显,这不失为一种社会进步。不过,群体传播之所以活跃,正因为传播主体的群体不被约束、自发、匿名,而它的弱点,也恰恰在于它的传播主体是一个没有中心、没有管理主体的群体,群体的盲从性、感染性易被利用;群体传播的过程无法保证情绪舆论的绝对理性,负面情绪长期积压势必会造成极大的社会风险。因此,认识情绪、疏导情绪,让情绪回归理性,就显得尤为必要。

注释:

① 《第十二次中国互联网络发展状况调查统计报告(2003年7月)》,http://news.xinhuanet.com/ziliao/2003-07/22/content_986928.htm。

② 本文所指的群体传播主要是自发形成的、联系松散的陌生人之间的信息和情绪交流活动,而初级群体即所谓的小群体传播,本文认为实质上是人际传播。相关内容请参考隋岩、李燕:《从谣言、流言的扩散机制看传播风险》,《新闻大学》2012年第1期。

③ 参见郭庆光:《传播学教程》,中国人民大学出版社1999年版,第96~97页。
④ 参见隋岩、曹飞:《论群体传播时代的莅临》,《北京大学学报》2012年第5期。
⑤ 《电视沦为摆设:北京地区电视开机率降至30%》,http://www.ithome.com/html/it/17011.htm。
⑥ 《CNNIC:中国网民数达5.13亿 手机网民达3.56亿》,http://www.enet.com.cn/article/2012/0116/A20120116957041.shtml。
⑦ 张丽红:《当前社会存在的主要负面情绪及其疏导》,《理论界》2011年第8期。
⑧ 《CNNIC:微博用户达2.5亿 近半数网民使用》,http://tech.ifeng.com/internet/detail_2012_01/16/12006555_0.shtml。
⑨ 参见《突发公共事件中的微博使用情况》完整调查结果,http://www.sojump.com/report/1330623.aspx。
⑩ 王潇、李文忠、杜建刚:《情绪感染理论研究述评》,《心理科学进展》2010年第8期。
⑪ 图1图2数据来源:《2011中国网络舆情指数年度报告》,http://www.iricn.com/index.php?option=com_content&view=article&id=308&Itemid=7。
⑫ 参见郭庆光:《传播学教程》,中国人民大学出版社1999年版,第219~222页。
⑬ 中国传媒大学网络舆情(口碑)研究所发布。

文化强国与中美之梦*

◆ 陈圣来

一、中国梦的升起与美国梦的衰退

美国有梦,名播遐迩。美国梦已成为一个概念、一个专有名词、一个核心理念和一个思想引擎。2012年7月2日一期的美国《时代》周刊发表了乔恩·米查撰写的《"美国梦"的升起和陨落》一文,并把它作为这期周刊的封面文章,《时代》周刊的主编理查德·施腾格尔还为此加了编者按语,他把美国当时正在火热角逐的奥巴马与罗姆尼的总统竞选归结为"竞争的实质在于哪一个候选人能够最大限度地恢复美国梦仍然可行的感觉"[①]。把"美国梦"提到如此的高度令人关注。

按照乔恩·米查的文章所述,美国的当今现实与美国梦的理想产生了巨大的悖论:一方面贫富差距的真实存在,失业率高得令人沮丧,国家长期的财政健康岌岌可危;另一方面美国的政治制度没有显示出提供当前问题解决方案的任何迹象。乔恩把当下困难与20世纪20年代末30年代初经济大萧条开始时期相比较,当时尽管经济阴霾密布,但美国人还是存在一种积极进取和实现潜力的热情。亚当斯著名的《美国的史诗》就是在这样的时刻面世的,在这本著作中他第一次提出"让我们所有的阶层的公民过上更好、更富裕和更幸福的生活的美国梦,这是我们迄今为止为世界的思想和福利作出的最伟大的贡献"[②]。就此,"美国梦"作为一种概念固定下来,并在美国家喻户晓。

---

* 原载于《现代传播》2013年第4期。

近一个世纪以来,美国梦以一种主流价值和普世价值深入美国人心并向全世界推销。在这样的梦境里,可以让一个嗜酒的皮鞋推销员的儿子(里根)和同样嗜酒的汽车推销员的继子(克林顿)当上总统,更不用说史无前例地将一位黑人的儿子(奥巴马)推上总统的宝座。现在美国驻华大使骆家辉也是典型一例,这位美籍华裔当年当选华盛顿州州长时说过一段意味深长的话,华盛顿州长的官邸离他祖父早期的居住地只有 100 米的距离,他说这 100 米走了 100 年。所以对骆家辉来说,美国梦很有现实感和亲近感。美国梦的重要意义和使命就是唤起一代又一代美国人勇敢地追求个人和国家的进步与富裕,鼓舞起他们克服困难的勇气和信心。但是现在美国梦受到了挑战,乔恩的文章不无担忧地这样说:"美国梦可能正在悄悄溜走。我们以前曾经战胜过这样的挑战,要想重拾美国梦,就需要知道它的起源,它何以能延续这么长的时间以及它为什么如此重要,这一理念是否拥有光明的前途,是美国人目前所面临的重要问题。"③

中国有没有梦,有没有这样家喻户晓的梦,有没有蕴藏在每个人心中孜孜以求的梦?我记得我们曾经强烈地拥有这样的梦,我们这一辈人从孩提时代就追寻一个梦,梦想中国成为一个现代化的强国。"四化"是当时每个中国人都懂得的简约的政治术语,也是我们心头不解的痛和不弃的梦。那么怎样才算是一个现代化的强国,谁也没有探根究底,它只是一个模糊而朦胧的梦境,甚至是个遥不可及的梦境。现在,总书记习近平用明确的目标和深情的语言阐述了中国梦。习近平说:"每个人都有理想和追求,都有自己的梦想。现在,大家都在讨论中国梦,我以为,实现中华民族伟大复兴,就是中华民族近代以来最伟大的梦想。这个梦想,凝聚了几代中国人的夙愿,体现了中华民族和中国人民的整体利益,是每个中华儿女的共同期盼。历史告诉我们,每个人的前途命运都与国家和民族的前途命运紧密相连。国家好,民族好,大家才会好。实现中华民族伟大复兴是一项光荣而艰巨的事业,需要一代又一代中国人共同为之努力。我坚信,到中国共产党成立 100 年时全面建成小康社会的目标一定能实现,到新中国成立 100 年时建成富强民主文明和谐的社会主义现代化国家的目标一定能实现,中华民族伟大复兴的梦想一定能实现。"④

习近平阐述的中国梦站在国家和民族的高度,但又掺入了个人和家庭的元素,这样的梦不仅宏大振奋,而且温馨实际,第一次明确而完整地把中国梦作为一面旗帜和一个概念提出来,令人鼓舞。

二、中国梦的理想与现实之间的差距

现在美国梦正在悄悄衰弱,而中国梦正在悄悄升起。我们全体中华儿女都在企盼并正在实现中华民族的伟大复兴。那么,中华民族何谓复兴?

两年前中国的 GDP 总量,也就是中国的经济总量超过日本,成为全球第二大经济体,庆贺之余,大家都在掐指计算着中国什么时候超过美国,成为全球第一大经济体。但如若中国在若干年后,经济总量真的超过美国,中国是否意味着已成为现代化的强国?似乎谁也没有正面回答这一问题,而龙永图前不久在上海论坛上发表演讲,他举了澳大利亚一份报纸对中国未来发展提出的三个疑问,我觉得这是一帖清凉剂,令人深省。这三个问题是:(1)什么时候才能使全球大多数国家的精英都愿意把自己的孩子送到中国去留学;(2)什么时候才能使全球大多数人特别是年轻人更多地看中国电影,听中国的音乐,阅读中国的书籍;(3)什么时候全球的消费者选购产品时,更多地是选择中国的品牌。⑤

这三个问题看似普通,却深深击中了中国发展的软肋,这牵涉到文化软实力与文化强国的问题。没有文化的现代化,没有人的现代化,中国不可能跻身世界先进民族之林。

由于是记者出身,多年来养成的职业敏感,使我对近来发生的互不相关的三则新闻产生了兴趣——

一是关于苹果 iPhone 的热销疯卖。一款电子产品在全世界各大城市通宵排队,预约登记,这大概是绝无仅有的。出了 iPhone4 人们盼 iPhone5,出了 iPad Ⅰ人们盼 iPad Ⅱ。由此这个被咬过一口的苹果电脑公司的 logo 风靡全球,甚至有人将它列入影响人类的三个苹果:伊甸园被亚当偷食的苹果,致使人类有了欢爱、生殖与繁衍;牛顿树下看书时被砸在头上的苹果,由此有了万有引力定律;乔布斯的诞生在车库里的苹果,不断深刻地改变着现代通讯、娱乐及人类的生活方式。奥巴马如此评价:"他实现了人类史上最罕见的成就之一——改变了我们每个人看世界的方式。"⑥随后,由于乔布斯的去世,艾萨克森写的《史蒂夫·乔布斯传》畅销全球,乔布斯不仅成了美国英雄,而且也成了全世界青少年的偶像。

二是关于中文版的音乐剧《妈妈咪呀》的热演。2011 年内,《妈妈咪呀》完成 160 场演出,票房突破 8500 万元,吸引了超过 15 万人次的观众,成为一个文化事件,代表了我国文化产业体制改革进程中的一个方向,新闻报道如是说。《妈妈咪呀》名称源自瑞典流行乐队 ABBA 乐团 1975 年度排行榜冠军的同名歌曲。作为音乐剧在伦敦西区首演,不久进军百老汇,演出近两千场,成为百老汇演出时间最长的音乐剧之一。之后巡演全球 240 座城市,4200 万观众,有 20 亿美元的票房收入。

三是关于上海建造迪斯尼乐园。迪斯尼总裁兼首席执行官伊格尔说:"迪斯尼落户上海是迪斯尼在中国内地开展业务的一个里程碑。"上海迪斯尼共分为三期,首期面积约 4 平方公里,投资 244.8 亿元。最近爆料的新闻是上海迪斯尼在华招募 100 名幻想工程师。创办第一家迪斯尼主题公园(1955 年 6 月 16 日)至今已过去了 60 多年,如果再推溯到迪斯尼公司的创办(1923 年)已将近 90 年,然而这个米老鼠还在全世界各角落跳舞,它的产业链还在生生不息地绵延。

这样三个看似风马牛不相及的新闻,表达的就是美国的文化软实力!这些诱人的美国项目带着巨大的魅惑和美国价值观长驱直入,风靡一时。这里我并没有对这些人与事以及项目不满,乔布斯、苹果公司、iPhone、《妈妈咪呀》、迪斯尼等都是名满天下的,都是智慧的产物、创新的象征,应该为人类共享。我们的文化大发展大繁荣不可能不参照世界的坐标体系,但是这些又确确实实地告诉我们,这就是美国文化!我们不能不慨叹美国文化的软实力,这种文化软实力裹挟着美国的价值观与美国精神以摧枯拉朽之势横扫全球。比之阿富汗战争,比之伊拉克战争,比之利比亚战争,美国耗费了大量财力物力人力,却在全世界引起了许多诟病与抗议。而它的软实力对全世界的渗透与征服,却使众人食之若甘饴,安之若素,津津乐道。

一家由两位年轻人在车库里白手起家的普普通通的电脑公司,从小到大、从弱到强,它的电子产品不断改变着人们认识与感受世界的方式,使万千民众趋之若鹜,翘首以盼,甚至对这种产品的拥有超出实用的需要,而成为一种时尚的需要、情感抒发的需要、梦想追逐的需要。爱屋及乌,由此对乔布斯的偶像膜拜,对苹果公司的品牌迷信,推而广之对美国 IT 行业的折服,对美国人的创新创业精神的敬佩,这种延伸和扩展就是美国梦的现实版。

《妈妈咪呀》因它的故事编织巧妙而赢得了观众,剧中运用了"穿越时空"方法,将过去年代的爱情故事与现实的爱情故事、儿女辈的爱情经历与父母辈的爱情经历,天衣无缝地拼接在一体,并以 20 世纪红极一时的流行曲乐赋以现实时尚的音韵与律动以及澎湃激情,加之诙谐幽默轻松的风格弥漫,给"9·11"以后重创的美国甚至给金融危机笼罩下的全球普遍的阴霾心理带来了春光乍泄的明媚暖意。这是这部音乐剧大受欢迎的原因所在。然而如果我们客观地撇去它艺术的包装,此剧如此直白地展示一位为人之母的中年妇女的罗曼史,她同时与三位男性交欢,以至于遗腹女儿不知其生父为谁。这种对当时美国这段"性解放时代"的穿越与追溯及浓彩酣墨的描述,放在我们中国剧作家的笔下能为大众和社会环境所容忍吗?然而这样的故事却随着这一百老汇名剧而畅销一时。

再来看迪斯尼的故事。谁能想到当年潦倒落魄在堪萨斯市小小营业所的沃特·迪斯尼,他无聊中逗一个小老鼠玩,从而引发灵感,画出了米老鼠这一可爱的动漫形象,日后这个小老鼠竟会发迹成全球大亨,他的名声超过了法国伏尔泰、德国歌德、俄国托尔斯泰、中国孔子,由此而起的迪斯尼文化产业,近百年来发展成为如此规模的巨无霸。这小小的米老鼠不仅滋养了几代青少年,而且从米老鼠手帕、米老鼠冰淇淋、米老鼠玩具,一直到米老鼠电影,电视、广播、动漫、舞台剧、主题公园、形象专利、高科技研制,金融资本运作,土地经济开发……这一产业链源源不断地延续下去。米老鼠还不断繁衍后代,《歌舞青春》就是米老鼠值得骄傲的后代。2006年《歌舞青春》在迪斯尼频道首播,当天有700万人次观看,改写了迪斯尼频道开创以来的最高原创剧收视率。2007年《歌舞青春》Ⅱ在全球首播,创五年来美国有线电视周末最高收视率。2008年《歌舞青春》作为电影播放,第一天票房超过140万美元。它的系列产品在两三年内创造了31亿美元的价值。现在《歌舞青春》在全世界热销,2009年曾来上海大剧院演出,引起青少年的观剧热潮。

从世界范围来考量,试想一想,当下我们有哪一家IT企业能与苹果、微软相媲美,我们有哪一出剧目能与《妈妈咪呀》相提并论,我们有哪一项文化产业能达到迪斯尼的规模效应与影响力?这种强烈而悬殊的文化软实力的对比,就像中共十七届六中全会公报中说的:"谁占据了文化发展的制高点,谁就能够更好地在激烈的国际竞争中掌握主动权。"

三、软实力还在延续和编织着美国梦

美国是个善于提出概念和制定规则的国家,"软实力"最早出现于1990年,由美国哈佛大学肯尼迪学院教授约瑟夫·奈提出。"软实力"这个概念一出现,便受

到了世界各国政治领袖、专家学者和媒体的广泛关注。约瑟夫·奈认为,软实力就是一种能够影响他人喜好的能力,是通过非强制手段获取结果的能力。换句话说,如果在没有任何显性军事威胁或经济胁迫的情况下,我自愿追随或顺从你的意愿,这种能力就是软实力。即我们传统俗称的"胡萝卜"(利诱)和"大棒"(镇压)之外的第三种力量,简单讲就是"吸引力"。约瑟夫·奈的软实力概念有三个层面:(1)文化吸引力;(2)意识形态或价值观的吸引力;(3)制定国际规则的能力。一个国家"如果它的文化和意识形态具有吸引力,那么其他国家就更愿意跟随它。如果它能建立同它的社会秩序一致的国际准则,那么其他国家就不太可能去改变这样的国际准则。如果它能够帮助支持一些制度,以鼓励其他国家以主导国家偏好的方式来引导或限制自身活动,那么在谈判时它将不需要付出像使用强制力或硬实力那样的高昂成本。简言之,一个国家文化的普世性以及设置一系列有利于自身且能够主导国际活动领域的规则和制度的能力是权力的重要来源"⑦。在经济全球化和跨国相互依存的时代,软实力也就越来越显得重要。它标志着制高点、主动权以及核心竞争力。

翻开历史,中国对世界的贡献和影响一直是举足轻重的。16 世纪以前,影响人类生活的重大科技发明约有 300 项,其中 175 项是中国人的发明。18 世纪初叶,法国大哲学家伏尔泰在他的史学著作《论风俗》一书中用充满赞美的口吻说:"当我们还是一小群人并在阿登森林中踯躅流浪之时,中国人的幅员辽阔、人口众多的帝国已经治理得像一个家庭。"⑧"当他们已经有单纯、明智、庄严、摆脱了一切迷信和野蛮行为的宗教时,我们的德洛伊祭司把小孩装在大柳筐里作为牺牲来祭祀的托达泰斯还没有出现哩!"⑨中国"土地耕作达到欧洲尚未接近的完善程度,这就清楚地表明民众并没有被沉重的捐税压垮。从事娱乐工作的人数甚多,说明城市繁荣,乡村富庶。帝国内没有一个城市举行盛宴不伴有演戏。人们不去剧院,而是请戏子到家里来演出。悲剧、喜剧虽不完善却已十分普及。中国人没有使任何一种精神艺术臻于完美,但是他们尽情地享受着他们所熟悉的东西。总之,他们是按照人性的需求享受着幸福的。"⑩"我们吃他们土地生长的食物,穿他们织造的布帛,玩他们发明的游戏,甚至受他们古代劝世寓言的教育,我们欧洲商人只要发现有路可通,就要到他们国家去旅行,为什么我们却不重视对这些民族精神的了解呢?"⑪因此他认为中国是举世最优美、最古老、最广袤、人口最多而且治理最好的国家。在他亲自动笔改编的元代戏剧《赵氏孤儿》英文版序言里,如此写道:"够了,希腊罗马/它们都已失宠/大鹏展翅/飞向光明之源/寻找新的伦理/到东方中国之土/勇敢地把儒家之德/带进大不列颠之国。"⑫这不是典型的价值观的输出吗？当时中国的软实力由此可见一斑。

但是到了近代，西方由于工业革命而迅速崛起，中国却闭关锁国，日趋式微。虽然晚清时代的中国在经济总量上并不输给西方，一直到1820年，中国的工业经济产值仍占世界工业经济产值总量的32.8％，几近世界总量的三分之一，为世界最大的经济体，但是光有经济总量有什么用呢？一个大国的世界地位我认为需要四个方面的基础来维护和确定：第一，政治基础。这就是国家的独立和主权以及适应于国家实情的社会制度等。第二，军事基础。就是有能力来保卫自己的地位和主权，抵御外来的干扰和侵犯。第三，经济基础。维护国家主权与良性运营的财力保障。第四，文化基础。国家软实力的核心体现。如果没有这四点，大国的地位与尊严就难以保证，而如果没有第四点，前面三点就会像沙丘一样崩塌。历史的演变果然如此，仅仅相隔20年，1840年鸦片战争后中国就急速衰弱，沦落为半封建半殖民地社会。

已故美国总统肯尼迪的弟弟罗伯特·肯尼迪在1968年竞选美国总统时曾有一段精辟的名言："GDP并不代表我们后代的健康，也不代表他们所受教育的品质，或他们玩耍的乐趣，并不代表我们诗歌的美好和我们婚姻的稳固，或公共辩论的智慧。GDP无法衡量我们的机智或勇气，我们的智慧或学习，更无法衡量我们对国家的忠诚和奉献。它似乎衡量一切，但唯一漏掉了生命的价值。"⑬这是多么清醒的认识和睿智的评判！而这样的认识发生在将近50年前。确实GDP不能说明一切。最近，除了GDP以外另外有个GNH，这个GNH就是国民幸福指数，它和GDP没有关系。发明GNH的是人口只有67万，人均GDP只有1700美金的亚洲小国不丹。2011年7月联合国大会通过，将这一概念纳入国家"人类发展指数"的考核。这使我们看到一个小国的文化自觉和文化自信，它向世界输出了价值观并成为领跑者，一场波及全球的以健康幸福为目标的浪潮正在澎湃蔓延。美国从1776年杰斐逊起草的《独立宣言》到1931年亚当斯完成《美国的史诗》，都强调对生命、自由和幸福的追求，这也是美国梦的实质。2006年一份全球调查显示，不丹国民的幸福指数亚洲第一、世界第八。这个僧侣比士兵多的不丹，这个以辣椒和咸菜为主要菜肴的不丹，这个农业人口占绝大多数的不丹，他们幸福着。其实幸福并不需要浸泡在金钱里，这就是肯尼迪说的"生命的价值"以及生命价值的珍惜和张扬。它和经济无关,它和 GDP 无关。

我们现在的人均 GDP 还排列在世界上将近 100 位的落后位置。但即使不久的哪一天,我们人均 GDP 达到利比亚卡扎菲时期的 13 800 美金,又有何用?因为一个人的身份尊卑,最主要还是看他的文化体现。人,如此。一个城市、一个国家,亦如此。迪拜曾一度号称是最富有的沙漠城市。那儿有七星级帆船宾馆和八星级的皇宫宾馆,但光靠豪华宾馆是装点不起城市门楣的,它还是不能与巴黎、罗马、伦敦等相提并论,甚至不能与爱丁堡、萨尔茨堡等媲美,它输就输在文化含量上。也许现在他们也已意识到这一问题。两年前我访问阿联酋,阿联酋文化部负责国际事务的一位高官推荐我一定去看看他们在皇宫宾馆的一个展览,展览就叫未来的阿布扎比,着重展出的就是阿布扎比在填海造田的小岛上,已规划并正在建造的四大文化建筑。他们请世界上最好的设计师,设计了世界上最大的博物馆,他们也取名叫卢浮宫。他们甚至准备出高价把卢浮宫平时馆藏未及展出的展品借来在此博物馆展出。还有世界上最大的美术馆、最大的演艺馆、最大的海洋博物馆。每个馆的外表造型都非常独特,很有创意,更令人惊叹的是前面两个馆已经破土动工,开始建造。这四个馆建造好以后,吸引世人的将不再仅仅是他们的七、八星级宾馆,以及世界第一高楼,还有世界上最大的博物馆、美术馆、演艺馆和海洋博物馆,以及与之相配套的展览和演出。这将进一步改观世人对这一沙漠富国的看法。

美国如果只有硅谷、华尔街、底特律、西雅图、五角大楼,换句话说,仅仅因为有了它的金融业、汽车制造业、航天工业、IT 业以及军事威慑力,那还只是单边意义上的美国,不是完整概念的美国。与此同时,因为有了好莱坞、百老汇、迪斯尼等标志着它软实力的业态,才是完整意义上的美国,才是对世界施展它强大影响力的美国。美国以它的价值观与精神追求来影响当今世界,这就是它的软实力的体现。

四、中华民族复兴之梦何以得圆

当中国经济进入快速发展时期,重塑中国国家文化形象,提升国家文化软实力已不容置疑地提到了我们的议事日程,国家文化形象是一个国家文化软实力的集中体现。我从上世纪末本世纪初开始着手做上海国际艺术节,这其实就是塑造中国国际文化形象的一项工程,也是塑造上海城市形象的一项工程。时任国家文化部副部长的李源潮亲自来为艺术节中心揭牌时,曾语重心长地对我说:"希望通过十年的时间,把中国上海国际艺术节打造成世界一流的艺术节。"源潮部长当时就以高度的文化自觉与文化自信提出了中华文化跻身于世界文化前沿的战略目标。中国文化软实力能否形成全球性的影响,决定了中华文明伟大复兴能否得到最终实现这样的高度。所以,这不是对一个国家级艺术节的要求,而是对整体中华文化发展的要求。

历史往前推溯20年,上海是一个什么样的状态？记得当时我参与第一次引进美国费城交响乐团来沪演出,苦恼之处在于走遍上海,竟无一处剧院或音乐厅可以让费城交响乐团安身立命,最终只能找到万体馆,在万体馆里搭了一个音罩,勉强促成这一世界一流名团来沪演出。堂堂皇皇有近两千万人口的中国第一特大城市,没有一个正规可容纳交响乐团的音乐厅,上海之大,中国之大,无交响乐团的立锥之地！试想长期处于与世界精粹文化隔膜的状态下,如何酿就城市的文化气息,提升城市的文化品位,发展城市的文化建设,开拓城市的文化消费?! 90年代以后,上海陆续有了大剧院、博物馆、音乐厅、图书馆……文化生存环境有了很大的改善与变化,文化性地标建筑对一个城市至关重要,它是城市形象的艺术凝练,城市符号化的文化概括。提起巴黎你就会浮现出巴黎歌剧院,提起米兰你就会浮现出斯卡拉歌剧院,提起纽约你就会浮现出大都会歌剧院,提起悉尼你就会浮现出悉尼歌剧院。同样如此,如今提到上海,如果至今没有大剧院、东方艺术中心、博物馆、图书馆、中华艺术宫等地标性文化建筑,这座城市就会显得多么缺乏品位、缺乏生气。有了这些文化地标性建筑,上海开始筑巢引凤,然而营造文化软环境比营造文化硬环境更为艰巨。如果没有相应的文化软环境,地标性文化设施也会成为聋子的耳朵。例如上海周围的某市一个大剧院曾引进匈牙利布达佩斯芭蕾舞团的《斯巴达克斯》一剧,尽管剧目质量不错,但公开售票三天,仅售出十张票,使剧场经理进退维谷。

所以大剧院的建造相对容易,而大剧院建造起来后你必须回答一个问题:谁来演？谁来看？这比建造一座剧院更难！我们必须十分注重文化建设中的最基础也是难度最大的建设,即对人群的培育和对环境的营造,我们谓之为文化软件建设。但是文化环境的营造与文化受众的培养不是一项可以一蹴而就的工作。我去以色列特拉维夫时,那里刚发生过爆炸事件,但歌剧院、话剧院里,四五个不同剧场全部爆满,看不出任何炸弹爆炸后的恐惧与阴影。艺术欣赏已成为他们的生活必需。我们请捷克爱乐乐团来艺术节演出,这是世界进入前十名的交响乐团。他们来上海演出两场就匆匆而归,然而同样是这支乐团,他们在日本可以连演一个半月,巡演多个城市,欲罢不能。就连并不发达的哥伦比亚首都波哥大,瑞士著名戏剧家 Daniele Finzi Pasca 的现代剧《鱼铃,给契诃夫的一封信》在这个 700 万人口的波哥大竟连演 14 场,如果这个剧在我们 2300 万人口的上海,我估计只能演 2~3 场。这就是差距!这种差距不是一日能够抹平的。原全国人大常委会副委员长许嘉璐前不久做的文化报告中说,考察文化有三种入口:一是文化保护;二是学术研究;三是百姓认同。他认为前两点都尚可以,最让人揪心与不安的是第三点,"百姓认同情况,实际是优秀传统文化内化程度的体现,也可以说是优秀传统文化生活化的反映,是自身文化强不强的最重要的反映。但这却是当前最让人忧心的一点",这是考量本民族本国度自身文化强盛与否的表现,然而恰恰在这一点上我们显得很虚弱。⑭

所以我认为加强文化软件建设要着眼于三个目标:一是个体的目标;二是社会的目标;三是世界的目标。

个体的目标就是要培养懂得美、欣赏美、文明礼貌、高雅宽容的大众。对上海这座城市来讲,要培养具备国际文化视野和鉴赏品位,有自觉文化追求和文化消费习惯的市民。他们能够有闲情逸致、心态从容地去欣赏中外艺术,不懵懂、不猥琐、不排外、不悚然、不轻慢、不狂傲,从基础礼仪起始,逐渐过渡并上升到入门入道入理入神。我认为培养观众,培养文化环境,培养文化消费习惯是构成文化软件建设的主要环节,是一个城市最根本的基础建设,也是一个城市文化软实力和核心竞争力的最终体现。城市基础建设不能只是从市政建设上考虑,还必须顾及软件环境的建设;培养观众是软件之本,相比培养演员要艰难得多。皮之不存,毛将焉附?必须从兴趣到习惯到秉性,循序渐进,潜移默化,最终形成深入肌体的对文化生活的渴求、参与和享用,形成现代人的一种自觉行为和生活习惯,而不是可有可无的装饰,也不是一种奢华的时髦。

我所认识的瑞士苏黎世艺术节主席彼得弗·韦伯,并非艺术家,而是世界四大审计事务所之一的总裁。刚卸任的香港艺术节主席李业广也非艺术界人士,而是香港最大律师事务所的老板,是位大律师;而接替他的新任主席夏佳理则是香港港交所的主席。不同行业身份的人有着共同的文化认同和文化追求,这在国际社会尤其在西方社会是很普通很正常的现象。这也应该成为文明社会的普遍现象,文化应该成为有涵养人士的身份徽记。

社会目标就是要培养能产生美、集纳美的环境,对上海这座城市来讲就是要不断有世界各国与全国各地的优秀艺术的展示,以此来逼迫和催生上海的原创作品的问世以及本地艺术产量与质量的提升,使上海始终处于生生不息、熙来攘往、此起彼伏、纵横捭阖的文化生态环境之中。我在任国际艺术节总裁时努力营造这样的环境,如瑞士洛桑贝嘉芭蕾舞团《生命的诱惑》、蒙特卡罗芭蕾舞团《男人眼中女人舞》、阿根廷音乐舞剧《探戈女郎》、法国多媒体喜歌剧《游侠骑士》、澳大利亚现代芭蕾《钢琴别恋》、加拿大多媒体话剧《震颤》,这些在世界舞台上崭露头角的作品都被艺术节引了进来,有的甚至是在上海艺术节完成全球首演的。当时艺术节还追求高品质高格调的名家名团名剧来献演,如柏林爱乐乐团、维也纳爱乐乐团、阿姆斯特丹管弦乐团、圣彼得堡爱乐乐团、俄罗斯马林斯基芭蕾舞团、爱尔兰国之瑰宝《大河之舞》、日本宝塚歌舞团以及多明戈、波切尼、杰西·诺曼、玛丽娅·凯丽、比昂斯、马友友、帕尔曼、坂东玉三郎等,这些演出使上海这座城市充满欣喜,充满期待,充满艺术的魅力与张力,充满吸纳力与感染力,也使上海地标性文化建筑有了灵魂,有了血肉,有了精神。这好比一位美貌的姑娘不光是有了华丽的服饰,而且有了气质风韵,有了修养内涵。

世界目标就是要让中华文化与世界平等交流、平等对话,要扭转巨大的文化贸易逆差,虚怀若谷地接纳世界各国的优秀文化的同时,让中华文化大踏步地走出去。面向世界,我们的文化需要三样东西:品牌、人物和产业链。我们需要制造和积淀响亮的文化品牌,培养和推出有国际影响的文化代表性人物,建立和形成涵盖创意到终端乃至衍生网络的文化产业链。对上海而言,这座城市应该成为世界文化艺术的中枢站、世界级的文化交流平台、世界文化艺术创造的引擎,让中华文化与世界文化在这里没有落差、没有隔阂地融汇交流,为维护与倡导世界文化的多元化作贡献,为建设人类共同的精神家园作贡献。我们过去强调中华文化的创新力、吸纳力、辐射力、感召力,其实这些力量并不是自然而然与生俱有的,而是需要我们去建设、去营造、去运作、去弘扬。现代科技已经把地球变成了一个小小的村落,在世界经济大循环的格局中,文化不可能囿于地域或国别的藩篱,于是文化软实力的建设其重要性与紧迫性日趋凸显,它在提高国家或城市的核心竞争力中所起的作用愈益为大家所认同。

未来中国文化如不能登临世界文化峰峦,中国如不能实现文化强国,中国就不能跻身世界先进民族之林,中华民族的伟大复兴就难以梦想成真。亚当斯在1931年提出:"如果要让美国梦成真并长伴我们,那么这件事归根到底将取决于人民自已。"⑮也许这句话对我们同样适用。

注释：

①②③⑮　Jon Meacham,"Keeping the Dream Alive",*Time*,July 2,2012,pp. 26～39.

④　《光明日报》2012年11月30日第1版。

⑤　龙永图：《没有文化的支撑　经济何以走远》，《社会科学报》2012年5月31日第1版。

⑥　人民网2011年10月6日国际频道，http://www.people.com.cn。

⑦　〔美〕约瑟夫·S. 奈：《美国注定领导世界——美国权力性质的变迁》，刘华译，中国人民大学出版社2012年版，第28页。

⑧⑨⑪　伏尔泰：《风俗论》(上册)，商务印书馆1995年版，第76、76、200～201页。

⑩　〔法〕伏尔泰：《风俗论》(下册)，商务印书馆2000年版，第510页。

⑫　《南方周末》2011年5月19日第23版。

⑬　转引自《TED演讲集：David. Cameron谈下一代的政府》，http://www.tudou.com。

⑭　许嘉璐：《漫谈"文化强国"战略》，《新华文摘》2012年第1期。

态度的神经表征与变化机制[*]
——社会神经学进路及其对传播研究的启示

◆ 葛 岩 秦裕林 何俊涛 冯竹青

作为一个概念,态度指对人、事、概念等对象包含情感或情绪意味的评价,通常用"好/坏""喜欢/不喜欢""愉悦/厌烦"等指标来测量。由于某些生理活动也会随态度而变化(如皮肤电流、瞳孔、血压等),因此这些数据也常用来测量态度变化。近年来,社会神经科学(social neuroscience,SN)学者开始涉足态度研究,试图发现态度评价、态度转变的神经基质与表征。此类研究使用新的设备与技术手段,突破人脑研究的"黑箱",能够直接获得脑神经数据,为理解态度问题提供了新鲜和重要的启示。态度是传播效果研究的重要内容,了解使用神经学方法的态度研究,对于传播学研究者应有着不言而喻的意义。

一、背景:社会神经科学的方法和研究焦点

本世纪以来,使用神经学方法研究社会心理与行为的学术成果大量出现,其范围涉及经济学、人类学、政治学、美学、传播学、法学、营销学、伦理学、哲学和社会心理学等许多领域。研究者使用脑电测试(EEG)、正电子发射断层成像(PET)和功能性核磁共振成像(fMRI)等设备和技术,其中以 fMRI 最为常见。

SN 的研究方法复杂多样,但基本逻辑直截了当:研究者通过电脑屏幕给予被试不同的刺激和选择,观察、比较不同任务带来的脑区活动。若能发现与特定任务相关的神经回路,该回路便被推测为特定认知活动的神经表征。由于相关性不等

---

[*] 原载于《现代传播》2013 年第 5 期。

于因果关系,为确定因果关系,常还需要不同来源的一致性证据。例如,将特定脑区损伤者与正常被试加以比较,若前者失去了正常被试所拥有的某种认知能力,便为损伤的脑区与该功能间的因果关系增加了新证据。

SN研究涉及问题域宽广,但其解决问题的方法依赖于发现完成特定认知的脑区和脑区所属的信息加工系统。与任务对应的神经活动发生在哪里,这些脑区的已知功能有哪些,它们的活跃意味着什么样的心理状态,是观察的焦点。而人脑信息加工系统可粗略分为两类:一是迅速、无须大量认知努力的自动系统;二是相对缓慢、明显需要付出认知努力的控制系统。整体上,"深思熟虑"的控制加工系统主要涉及进化较晚的新皮层(10万年前后),而"不假思索"的自动加工系统涉及早期进化的脑结构(可追溯到300万～500万年前爬行动物向直立动物的演变)。① 发现特定任务由哪个系统实现,是观察的另一焦点。结合对脑区和加工系统的确定,研究者可以推测完成特定任务的神经基质与机制。经多年积累,SN已大体发现不同脑区社会认知功能以及这些脑区所属的加工系统(图1)。②

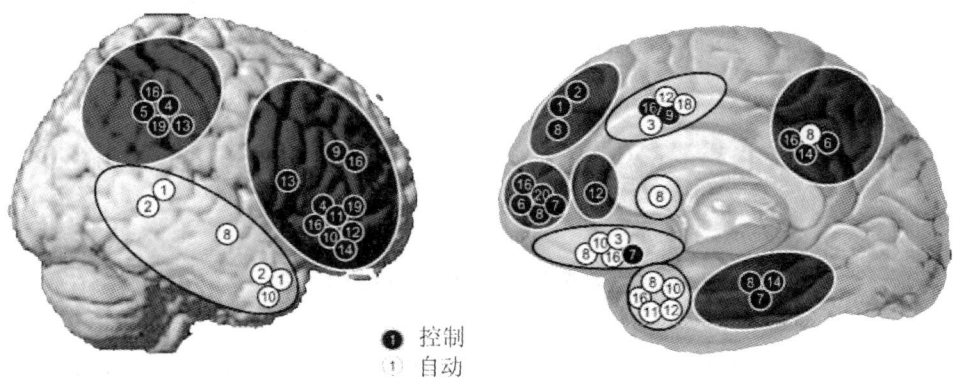

● 控制
① 自动

1. 心灵理论　　　7. 自传性记忆　　　13. 镜像神经元系统　　19. 社会推理
2. 意向性归因　　8. 自我知识　　　　14. 评估反思　　　　　20. 道德决策
3. 同感　　　　　9. 冲动控制　　　　15. 判断与己相似的他人　21. 公平/信任判断
4. 自我视觉识别　10. 再评估　　　　　16. 态度加工
5. 行动者判断　　11. 感情标记　　　　17. 社会联系
6. 自我反思　　　12. 安慰剂效应　　　18. 社会拒绝

图1　人脑功能区与加工系统示意

来源:M. Lieberman,2007. 刘钢程改制

二、态度涉及的脑区与加工方式

态度涉及复杂的心理活动。Ajzen 和 Fishbein 将态度表示为：$Ao = \sum(bi * ei)$，即对特定对象的态度（Ao）是对之一系列属性的信念或认知（bi）与对这些属性的评价（ei）的函数。这说明，认知与带有情感活动的评价都涉入了态度的形成。[③] SN 态度研究者观察了被试在评价几何形状、绘画、音乐、社会观念、陌生面孔、熟悉的名字、政治家等种种态度对象时的神经活动，试图确定态度评价涉及的脑区，从神经层面验证态度形成过程中认知与情感间的交互作用。

SN 发现，态度评价有多个脑区参与：(1)与属于自动加工系统的腹内侧前额叶紧密相邻，但属于控制加工系统的双侧腹外前额叶；(2)负责内心化（mentalizing）与自我参照（self-referential）的相关脑区，如内侧前额叶、背内侧前额叶、后扣带回和颞极；(3)负责情绪协调、奖励或惩戒的脑区，如眶额叶、脑岛、杏仁核、前扣带回，以及伏隔核等。[④] 这些发现说明，认知与情绪、自动与控制系统均涉入了态度评价的生成。

(一)正面/负面评价

对事物的判断可分为态度评价和事实判断。在一次实验中，Cunningham 等人让被试观看名人照片，并做出"好/坏"和"过去/现在"两类选择，前者是态度评价，后者是事实判断。实验发现，"好/坏"引发内侧前额叶、腹外侧前额叶的显著活动（图2），[⑤] 而这两个脑区通常归为控制系统。研究者还发现，当犹豫不决，难以形成判断时，腹外侧前额叶的活动特别强烈；当"坏"名人出现时，无论判断任务是否是评价性的，属于自动系统的杏仁核都会活跃起来。

这说明：(1)态度评价和事实判断都涉及的自动加工系统，因为表征警惕、恐惧，自动启动的杏仁核活动均会出现；(2)属于控制加工系统的内侧前额叶涉入态度评价，或暗示出"理性"控制的介入；(3)"坏"名人出现时，腹外侧前额叶反应十分迅速（160ms），暗示这一部分前额叶或可自动启动，而该脑区的强烈活动或表征出内心的冲突。[⑥]

"好/坏"判断时，该脑区活动在刺激物出现 8 秒后达到峰值，比"过去/现在"判断时更为强烈。同一研究小组还发现，"好"与"坏"评价侧重的脑区活动并不一致。在使用事件相关电位（ERP）的测试中，被试做出"好"的评价时，左侧前额叶活动显著;做出负面评价时,右侧前额叶活动显著。而且,比之于事实判断("抽象/具体"),"好/坏"评价时脑电活动幅度增大。⑦

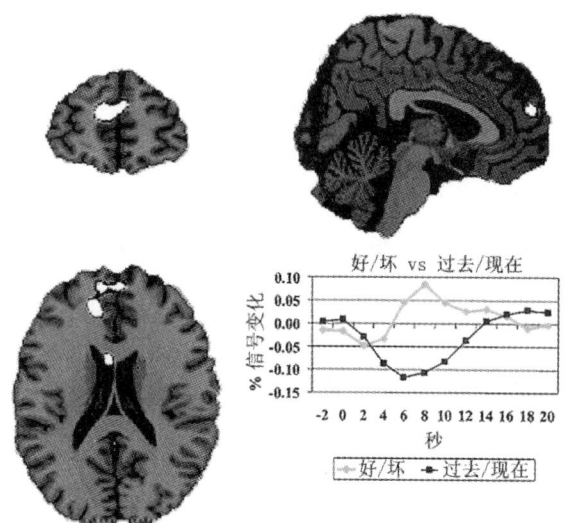

图 2 评价与非评价判断时内侧前额叶活动图示
来源:W. Cunningham,et. al. 2003. 刘钢程改制

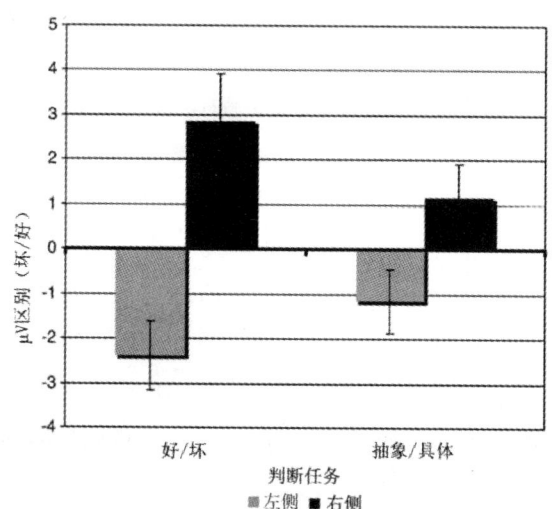

图 3 评价判断与事实判断时左侧与右侧前额叶电活动差别
来源:W. Cunningham,et. al,2005. 刘钢程改制

同样是态度评价,判断人的面孔"吸引人/一般化"与内心感到"喜欢/不喜欢"所涉神经网络也相互有别。在 Aharon 等人设计的实验中,第一组被试使用"吸引人/一般化"来评价一系列男女面孔照片;另一组被试只需观看这些面孔,不必做出明确评价,看完每帧照片后,按键换下一帧。研究者假定,第二组被试看到喜欢的面孔,会增加观看时间。结果表明,第一组的明确评价与第二组的观看时间正相关,支持研究者的假设。不过,在第一组那里,前额叶多个区域和背扣带回活动显著,在第二组那里,遇到喜欢的面孔,表征愉悦感受的伏隔核活动显著,遇到不喜欢的面孔,表征负面感受的杏仁体活动显著。[8]这说明,明确表达的评价,"吸引人/一般化"与控制系统关系更为紧密。未经表达的"喜欢/不喜欢"与负责情绪反应,自动化的神经回路的联系更为直接。后者应更能体现本能或直觉的态度评价。

(二)态度强度

态度有强弱之别。SN 研究者试图观察脑区活动与态度强度之间的关系。一次使用 fMRI 的实验要求白人被试观察白人/黑人的照片。结果显示,黑人照片会使白人被试的杏仁核活跃起来,在 6 秒钟时达到峰值,表征负面情绪自动出现。但随后,杏仁核活跃程度降低,属于控制系统的前额叶活动变得强烈。研究者相信,偏见会自动激发负面情绪,但随后,具备控制功能的前额叶试图抑制情绪反应,表示出社会道德规范对自发情绪的调节。测试后,使用隐性种族偏见问卷的测量表明,杏仁核活跃程度与被试对其他种族的负面态度正向相关,杏仁核活动强度可预测负面态度强度。[9]

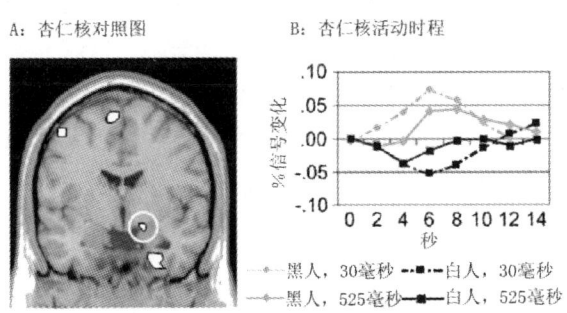

图 4　观看黑人或白人照片时杏仁核活动差别(圈内为杏仁核)
来源:W. Cunningham,et. al.,2004. 刘钢程改制

比之观看白人照片,白人被试在观看黑人照片时杏仁核活动更为强烈,并在 6 秒时达到峰值。

三、态度转变的神经机制

社会心理学和传播学研究者做过的大量研究已经说明,外部信息、内在记忆、外部信息与内在记忆的相互作用都会影响态度的形成与变化。SN 研究者关注造成态度变化的神经机制。这方面的研究很多,所评介的仅是几个与传播研究联系紧密的案例。

(一)认知干预

外部信息进入人脑后会形成知觉和记忆,供日后评价和决策使用。而外部信息与记忆中的知识如何相互作用,是传播学、营销学或政治学学者无法回避的问题。在美国,可口可乐有着大批忠诚的消费者,相信可口可乐有着无与伦比的口感。不过,1980 年代的一项行为测试显示,去掉包装之后,可口可乐的粉丝并不能准确分辨两种饮料,甚至会觉得百事可乐更为可口。使用 fMRI,Montague 小组在 2004 年重复了这一测试。测试发现,在不明品牌的条件下,能带来感受赏赐的腹内侧前额叶活跃程度与饮料味觉判断显著正相关,即该脑区越活跃,被试口感越好。测试也发现,在这样的条件下,可口可乐并未显示出味觉优势。但当品牌出现后,属于控制系统的背外侧前额叶和与记忆提取有关的海马区(hippocampus)变得十分活跃,更多被试随之判断有着可口可乐标志的饮料味道更好。研究者认为:"似乎,在人脑前额叶中,两个分离系统之间的互动决定着(品牌)偏好。当由(味觉)感受信息来决定时,前额叶中的腹内侧部分显得更重要,该区域的活动可成功预测被试偏好。但文化影响对行为偏好有强大影响,品牌信息显著影响了被试的偏好。我们推测,背外侧前额叶以及海马区提取了相关(品牌)记忆,使文化信息得以影响偏好。"[⑩] 该发现不但令人信服地证明了认知(品牌知识)对态度(味觉喜好)的影响,也暗示出一类新的分析认知与感受相互作用的测量方法。该实验在商业领域引发回响。一些市场调查和营销公司开始尝试用新的技术来理解消费者行为,并称之为神经营销学(neuromarketing)。

通过提供信息改变受众对特定事物的认知和态度,是政治传播和商业传播活动的主要目标。在一组研究中,Schaefer 等人发现,在想象驾驶自己文化中熟悉的品牌汽车时,被试具有赏赐功能的腹侧纹状体显著活动起来;而对不熟悉的品牌,则不会产生这样的反应。[11]他们还发现,豪华产品的标志可启动前内侧额叶前部的强烈活动——这一脑区与自我中心的认知活动有关,或表征出豪华品牌对自我感受的改善;而与低下社会地位有关的品牌,则会强化前扣带回的活动,或表征内心的焦虑感。[12]与此类似,Erk 等人发现,比之一般轿车的信息,加长礼宾车和跑车的信息会强化腹侧纹状体的活动。[13]Palssman 等人甚至发现,在对品牌持忠诚态度的被试那里,纹状体总是更加活跃。[14]有关品牌认知与态度的 SN 研究数量多,也颇有成效,许多与品牌相关的脑功能区已被大体确认(图5)。

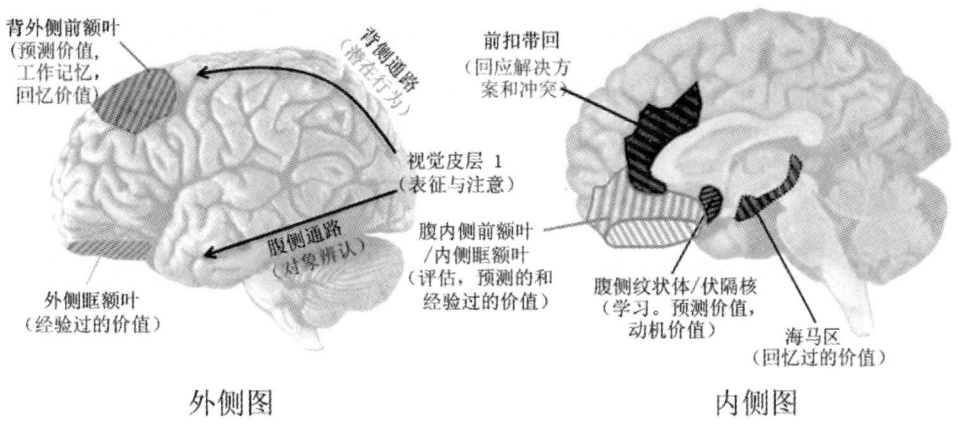

图5 与品牌认知和态度相关的脑区

来源:H. Plassmann,et. al. ,2012. 刘钢程改制

(二)经验干预

同感(empathy)是人类彼此体察和理解的重要能力之一,也被认为涉及一类可带来利他助人行为的心理状态。SN 研究发现了同感的神经表征。以疼痛为例,自己体验疼痛和观察到他人疼痛时,带来负面感受的脑岛和尾部前扣带回会活跃起来,[15]表明被试与他人在感受上的重叠,应该是"己所不欲,勿施于人"得以产生的心理基础。

然而,心理和传播研究也发现,多种知识(如他人的声誉、对他人意向、信念和感受的了解、体验和认同的程度)均会调节信息接受者的感受和行为倾向。在使用fMRI观察了囚徒困境中被试的脑部活动的实验中,Singer发现,当男性被试发现游戏伙伴行为不公后,观察到该伙伴经历疼痛,不会增强前脑岛和前扣带回的活动,相反,与愉快感受有关的伏隔核活动加强,且伏隔核活跃程度与自我报告的报复愿望正相关。这说明,有关他人的经验(这里是对不公行为的直接体验)有效抑制了同感反应,而且他人疼痛可能引发被试的正面感受。有趣的是,女性被试未显示出类似的报复欲念,其同感反应未发生显著变化。[16]

(三)认知失谐

当原有态度与难以改变的事件或行为冲突时,人们常会偏离原有态度,形成与所涉事件或行为一致的新态度,以减轻冲突带来的焦虑。费斯廷格称之为"认知失谐"。在此,摆脱焦虑感是推动态度变化的心理动力。SC研究发现,认知失谐的神经表征网络涉及右侧下额回、内侧额顶区和腹内纹状体等区域。在de Veen等人的实验中,被试分为因认知失谐而改变态度的实验组和对照组。结果显示,实验组被试在改变态度时,自动加工系统的背侧前扣带回和前脑岛活动显著,而这两个脑区的已知功能与焦虑等负面感受有关。[17]研究验证了认知失谐带来的态度转变的确与焦虑有关,同时也表明,背侧前扣带回和前脑岛的活跃或可用来预测焦虑程度和推动态度转变的心理驱力强度。

(四)从众效应

20世纪50年代,Asch在其著名实验中证明,从众效应可大幅度调整乃至改变个体意见。[18]这使"随大流"心态成为解释态度转变的重要影响变量之一。参考Asch的经典范式,Berns等人不但再度验证了从众效应,还测量了被试坚持独立判断,被试分别面对他人或电脑不同意见时的神经活动。实验开始时,被试通过电脑屏幕观察到一个几何物体,之后,需要判断另一几何物体是否是前者旋转后的呈现。判断时,被试有时被告知其他人(有照片)的判断,有时被告知电脑软件的判断。借助这样的操纵,研究者观察到被试在得知社会(他人)意见和非社会(电脑)意见时的判断选择和与之对应的神经活动。行为数据表明,他人意见和电脑意见对被试均有影响,但他人意见影响更为显著,再次验证了从众效应的存在。脑成像数据则表明,当面对外部错误意见时,采纳他人意见或电脑意见时的神经网络并不相同,追从他人的错误意见时,枕叶——顶叶区域——特别是顶叶脑沟区域,活动更为显著,说明该区域的活动或可表征从众效应。数据还显示,在拒绝他人错误意见、坚持独立看法时,杏仁核与尾状核十分活跃(图6)。[19] 过往研究已证明群体意见会对个体形成心理压力,故独立意见选择激活表征负面情绪的杏仁核并不出乎意料。然而,尾状核的功能之一是带来欢愉感受。面对社会压力,尾状核的活跃显得耐人寻味。或许,人脑为在社会压力下坚持独立见解提供了神经基质,激励某些个体选择"高傲的孤立",坚持"天下皆醉吾独醒"的态度。

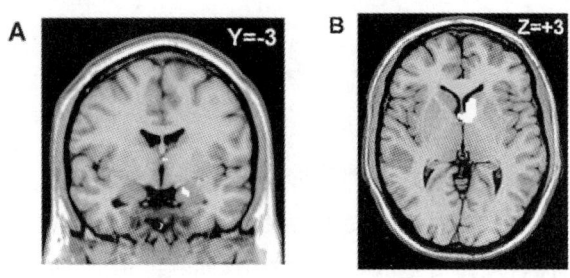

图6　坚持独立意见时杏仁核(A)与右侧尾状核(B)的活动
来源:G. Berns,et. al. ,2005. 刘钢程改制

结语:理解传播行为的内在机制

在篇幅十分有限的评述中,我们试图说明,虽然历史不过数十年,沿循 SN 进路的态度研究已生产出颇具启发意义的成果。与传统传播研究甚至心理学研究相比较,该进路的独特性在于它旨在发现不同心理过程——亦是行为的基础的神经基质,而这类探讨恰是传统方法无法做到的。或许,更为重要的是,借助脑活动测量设备与解剖学知识,SN 研究把人脑由"黑箱"变为"灰箱",能够较直接地观察人脑活动。相比之下,传播研究大体停留在行为层面。传统心理学者固然重视心理过程,但由于技术的限制,也仅能采用"黑箱"方法,通过信息输入到输出的变化来推测人类信息加工的方式。[20] SN 的优势在于能够深入了解不同功能的脑区怎样相互作用,通过什么样的神经过程,形成对事物的知觉和态度,进而推动决策产生,把对"是什么样"的追问,延伸至"为什么是这样"的探索。

以产生于广告研究,在传播学领域颇具影响的精细加工可能性模式(Elaboration Likelihood Model,ELM)为例。该模式表示,广告提供实质性信息(如价格、产品性能)或非实质性信息(如代言人),会导致消费者分别沿循中心或边缘信息加工路径来形成对广告的态度乃至购买决策,而卷入程度及处理信息的能力也在路径选择中起到调节作用。[②] 虽然 ELM 的后继研究汗牛充栋,研究者不断验证或调整该模型的内涵和边界条件,但传统方法难以直接回答:不同类型的广告信息究竟在人脑中得到了怎样的处理,中心路径或边缘路径各自通过什么样的神经过程导致态度与决策的形成。使用 SN 手段,研究者或能观察到两类相关又有区别的神经网络,发现卷入程度或信息处理能力更为具体的调节过程,细致观察不同信息类型与神经反应的关系,从而更深入地理解传播效果得以产生的过程和机制。

再如,传播研究发现,比之较为抽象的描述或统计数据,描述受难者的信息越生动,越具可辨识性,受众越可能为受难者提供帮助。[②] 心理学和生理学研究证明,人类拥有在情绪层面自动感受他人困境的能力(同感能力)。通过自我/他人区分,换位思考等阶段,同感反应可能转化为同情反应(sympathy),带来帮助他人的利他行为。[③] 然而,在由同感向利他的转变过程中,抽象或生动信息是在哪一阶段带来了心理—神经活动的差别?不同信息在何时、何处推动或抑制了这种转变?传统研究很难,或无法做出回答。通过观察脑活动,SN 有可能更具体测量不同信息在不同阶段带来的或正面、或负面的神经反应,启发我们理解信息通过什么样的机制推动或抑制特定决策产生的过程,无论这样的决策涉及购买商品,选举政治家,还是做出利他的善行。

注释:

① J. Haidt(2007),"The New Synthesis in Moral Psychology",*Science*,Vol. 316:998~1101.

② M. Lieberman (2007), "Social Cognitive Neuroscience: A Review of Core Processes", Annu. Rev. Psychol,Vol. 58:259~289.

③ I. Ajzen,M. Fishbein(1980),*Understanding Attitudes and Predicting Social Behavior*,Englewood Cliffs,NJ:Prentice Hall:11.

④ M. Lieberman(2010),"Social Cognitive Neuroscience",In S. Fiske,et al. (Eds),*Handbook of Social Psychology*,John Willey & Son Inc.:143~193.

⑤ W. Cunningham, et. al. (2004),"Implicit and Explicit Evaluation:fMRI Correlates of Valence, Emotional Intensity, and Control in the Processing of Attitudes", *Journal of Cognitive*

Neuroscience, Vol. 16:1717~1729.

⑥ W. Cunningham, et. al. (2003), "Neural Components of Social Evaluation", *Journal of Personality and Social Psychology*, Vol. 85(4):639~649.

⑦ W. Cunningham, S. Espinet, C. DeYoung, and P. Zelazo(2005), "Attitudes to the Right and Left: Frontal ERP Asymmetries Associated with Stimulus Valence and Processing Goals", *NeuroImage*, Vol. 28:827~834.

⑧ I. Aharon, N. Etcoff, D. Ariely, C. Chabris, E. O'Connor, H. Breiter(2001), "Beautiful Faces have Variable Reward Value: fMRI and Behavioral Evidence", *Neuron*, Vol. 32, 537~551.

⑨ W. Cunningham, M. Johnson, C. Raye, J. Gatenby, J. Gore, M. Banaji(2004), "Separable Neural Components in the Processing of Black and White Faces", *Psychological Science*, Vol. 15:806~813.

⑩ S. McClure, et. al. (2004), "Neural Correlates of Behavioral Preference for Culturally Familiar Drinks", *Neuron*, Vol. 44:379~387.

⑪ M. Schaefer, et. al. (2006), "Neural Correlates of Culturally Familiar Brands of Car Manufacturers", *NeuroImage*, Vol. 31:861~865.

⑫ M. Schaefer(2009), "Neuroeconomics: in Search of the Neural Representation of Brands", *Progress in Brain Research*. Vol. 178:241~252.

⑬ S. Erk, et. al. (2002), "Cultural Objects Modulate Reward Circuitry", *Neuroreport*, Vol. 13, 2499~2503.

⑭ H. Plassmann, et. al. (2007), "Why Companies should Make Their Customers Happy: The Neural Correlates of Customer Loyalty", *Advances in Consumer Research-North American Conference Proceedings*, Vol. 34:735~739.

⑮ N. Eisenberg, P. Miller(1987), "The Relation of Empathy to Prosocial and Related Behaviors", *Psychological Bulletin*, Vol. 101(1):91~119.

⑯ T. Singer, et. al. (2004), "Empathy for Pain Involves the Affective but not Sensory Components of Pain", *Science*, Vol. 303:1157~1162.

⑰ V. van Veen, et. al. (2009), "Neural Activity Predicts Attitude Change in Cognitive Dissonance", *Nature Neuroscience*, Vol. 12:1460~1474.

⑱ S. Asch, (1951), "Effects of Group Pressure on the Modification and Distortion of Judgments", In H. Guetzkow(Ed.), *Groups, Leadership and Men*, Pittsburgh, PA: Carnegie Press:177~190.

⑲ G. Berns, et. al. (2005), "Neurobiological Correlates of Social Conformity and Independence during Mental Rotation", *Biology Psychiatry*, Vol. 58:245~253.

⑳ 葛岩:《从黑箱到灰箱:心理与行为研究范式的变化》,《中国社会科学报》(前沿版)2010年7月18日。

㉑ R. Petty, et. al. (1983), "Central and Peripheral Routes to Advertising Effectiveness: The Moderating Role of Involvement", *Journal of Consumer Research*, Vol. 10:135~146.

㉒ P. Keller, L. Block(1997), "Vividness Effects: A Resource-matching Perspective", *Journal of Consumer Research*, Vol. 24, (3):295~304. D. Small, G. Loewenstein (2003), "Helping a Victim or Helping the Victim: Altruism and Identifiability", *Journal of Risk and Uncertainty*, Vol. 26(1):5~16.

㉓ 葛岩、秦裕林、何俊涛:《同感研究沿循"自下而上"和"自上而下"的双加工模式》,《中国社会科学报》(心理学版)2012年10月。

大数据助力社会科学研究:挑战与创新*

◆ 沈　浩　黄晓兰

"这是一个令人兴奋的时代,也是一个大数据的时代,数据科学让我们越来越多地从数据中观察到人类社会的复杂行为模式。以数据为基础的技术决定着人类的未来,但并非是数据本身改变了我们的世界,起决定作用的是我们对可用知识的增加。"这段话是笔者为全球复杂网络权威——"无标度网络"创立者巴拉巴西（Albert－Laszlo Barabasi）在《暴发》一书中文版所撰写的推荐语。该书提出:"人类行为93%是可预测的",这是大数据时代背景下预见未来的新思维,阐述了如何从大数据中塑造未来美好世界的正能量。

大数据时代已向我们走来,什么是大数据,它将如何改变我们的社会生活？对政府管理、商业活动、媒介生态、个人生活将产生怎样深刻的影响？我们该如何拥抱大数据？大数据热已经成为不争的事实,但是围绕着大数据的相关概念、社会影响、未来趋势,特别是针对信息时代的社会化媒体发展和变革,我们该如何获取数据、分析它并应用其解决社会和商业问题,已成为学术界和实业界面临的新的机遇与挑战,特别是在社会科学领域,大数据都将助力于社会科学研究。

一、大数据时代到来了

美国奥巴马政府率先提出《国家大数据战略》,徐子沛所著《大数据》一书,阐述了正在到来的数据革命,以及如何改变政府、商业和我们的生活。该书封面写道:

---

* 原载于《现代传播》2013年第8期。

"除了上帝,任何人都必须用数据来说话"。中央电视台《对话》栏目播出了被誉为"大数据时代的预言家"的维克托专题节目,其所著《大数据时代》提出了一场生活、工作与思维的大变革。我们必须拥抱大数据,我们生活在社会中,就不得不与数据打交道,我们也是数据的一部分,无论我们想不想与大数据牵扯在一起,数据都会找到我们,覆盖我们。大数据时代已经来临,如何从海量的数据中发现知识,寻找隐藏在数据中的模式、趋势和相关性,揭示社会现象与社会发展规律,以及可能的商业应用前景,都需要我们拥有更好的数据洞察力。其实,笔者也没见过大数据。我们更愿意说这是一个大数据时代,或许是大数据太热了,不同学科背景的人都在谈论,特别是人文社会学者、商界人士都在谈论,说明大数据时代到了,全球已经点燃了大数据时代。

那么到底什么是大数据?维基百科提到:大数据就是这样一种数据集,它特指用现有通用软件在可容忍的时间内无法加工、处理和分析的数据就是大数据。今天度量数据存储的大小已经到了 Tb 级和 Pb 拍级,甚至到了 Eib 艾级(2 的 60 次方)。但数据量的巨大并不是大数据的唯一特征,在一定条件下,对个人而言是大数据,对企业级应用就是中数据,对移动和淘宝可能就是小数据,对谷歌和百度可能不算数据了。所以有一种说法:大数据就是越来越大的数据。现在比较流行的一种大数据说法叫 3V 或 4V 理论,强调大数据的数量(volume)、类型(variety)、速度(velocity)、可用性(veracity)或价值(value)。当然,大数据的定义,甚至概念界定至今并没有得到学界或业界统一,不同专业领域、不同学科背景、不同应用场景都有着不同侧重点的阐释。其实在大数据这个概念没有流行前,我们就面临着海量数据的处理问题,所以在一定程度上大数据概念的落地就是早年的数据挖掘(data mining),是指从海量数据中发现知识的过程,也称为 KDD(knowledge discover in database)。数据挖掘就是从大量的、不完全的、有噪声的、模糊的、随机的实际应用数据中,提取隐含在其中的、人们事先不知道的、但又是潜在有用的信息和知识的过程。进一步狭义的定义就是利用自动或半自动手段,采用统计技术和机器学习方法,从大型数据库中揭示海量数据中有意义的潜在规律和提取人们感兴趣的知识的处理过程。数据挖掘技术经历 20 多年的发展已经基本成熟,有着一套完整的方法论和挖掘软件工具,但是其狭义的定义和解决问题的工具方法并不容易被业界掌握和诠释。在一定程度上说,大数据概念只是点燃了数据挖掘的社会意义和应用价值,今天的大数据是泛化了的数据挖掘。所以我们更愿意说这是一个大数据时代,但大数据所具有的特征和对社会的影响却是巨大而深远的,特别是在社会科学领域,大数据带来的变革和挑战是颠覆性的,显著特征就是人类社会的数字化生存。社会化媒体使得人们的社会生活、行为态度、交往过程、互动关系都被数据记录并保存下来,这对社会科学研究和预知社会产生革命性影响,大数据带来了社会科学研究的春天。

二、大数据的基本特征

(一)多带来不同

大数据具有的最显著特征之一就是多带来不同。传统的思维方式更倾向于线性思维,线性的就是直线的,直线的就是简单的因果成比例。我们已经进入一个复杂科学领域,随着云计算、云存储、物联网、二维码技术和LBS(基于位置的服务)互联网技术的广泛应用,人类的各种社会互动、沟通设备、社交网络和传感器正在生成海量数据。商业自动化导致海量数据存储,但用于决策的有效信息又隐藏在数据中。如何从数据中发现知识,以数据挖掘为代表的大数据分析技术应运而生。

(二)社交网络数据源

大数据真正的兴奋点来自于社交网络,特别是国外的 Facebook 和 Twitter,国内近年来兴起的微博,特别是新浪微博这个具有媒介属性的社会化媒体,每天每秒都在产生亿级的义文话语。人天生需要与他人交流和传播信息,基于信息传播的关系数据,为大数据的社会影响带来无限想象力和商业应用价值。大数据产生的背景离不开社交网络、移动互联网和物联网的兴起,大数据会越变越大,具有边收集、边应用、边生产的特点。

(三)开放性公开易获得

大数据的开放性和公开易获得是大数据的另一重要特点,大数据的产生并非是为了分析去存储,而是商业过程自动化产生并存储下来。过去的大数据往往存在于特定的政府、企业和机构。例如,移动电信公司拥有客户的电话沟通记录,电子商务网站拥有众多消费者的购物信息,互联网的cookie技术记录了网民的行为,但这些数据都属于企业内部所有,并不易被第三方获得,海量数据的挖掘也仅仅是帮助企业解决自身运营问题,揭示企业运作中的内在规律,为企业运营提供商业智能和决策支持,并为企业带来巨大经济效益。但是今天 Twitter 和微博每天产生的大数据可以在一定规则开放性下通过应用程序接口(API)和爬虫技术采集。一些商业机构和政府组织也向社会研究机构提供各种海量数据源,特别是美国政府开始提供权威开放数据源 Data.gov 等开源数据。与此同时,国内外众多机构开始采集海量 Twitter 和微博上的传播信息和个人属性特征及标签,期望预测社会舆情和社会情感、预测电影票房、预测商业机会,进而期望预测人们的态度和行为。易获得的开放数据源是大数据时代的基本特征和产生社会影响的本质。

(四)重预测爱社会

预测是大数据的重要特征。科学重在了解而非预测,但在大数据时代,任何行业预见未来的能力都是企业的杀手锏,最近人们津津乐道的美国在线电影电视下载服务公司 Netflix 推出的《纸牌屋》,就是通过其拥有近 3000 万用户的"播放"(包括暂停、倒退和快进等动作),依据其注册用户的 400 万次评级、300 万次搜索,受众在 Netflix 上对电影电视节目贴上的不同标签(tag),对演员、导演、情节、题材类型,从诸多方面全方位描述受众观看视频的时间和设备并进行分析,通过海量数据挖掘,获悉人们喜欢看什么。该剧播出大获成功,对用户数据的细致入微的理解改变了电视产业的运作方式,它用逻辑和计算取代了依赖传统和直觉的生产方式,通过大数据分析制作原创内容,因为它能先于受众知道人们想要看什么。更经典的案例来自于一个商家可以比父亲更早知道未成年女儿怀孕,因为商家根据女儿的购物行为预测到可能怀孕而邮寄相关宣传品。人们津津乐道的大数据应用都是预知社会问题,是数据背后的人的问题,所以说大数据更偏爱社会科学领域。

(五)重发现非实证

传统的实证研究,强调在理论的前提下建立假设,收集数据,证伪理论的适用性,采用随机抽样的定量调查问卷获取数据,验证假设,你不问的问题被访者也不会回答。这是一种自上而下的决策和思维过程。大数据时代重在发现知识,预知未来,为探索未知的社会现象带来机遇。这种预见性是一种自下而上的知识发现过程,是在没有理论假设的前提下去预知社会和洞察商业趋势与规律。沃尔玛超市利用海量的购物篮交易数据,发现每到周末男人去买婴儿尿布一般都会买啤酒的现象。一般说数据挖掘是在没有明确假设的前提下去挖掘信息、发现知识。数据挖掘所得到的信息应具有先前未知、有效和可实用三个特征。先前未知的信息是指该信息是预先未曾预料到的。

(六)重关系非因果

大数据重关系而不关心因果,问什么而不问为什么是另一个重要特征。因果关系并非来自统计,而是源于研究者的理论和假设。但是大数据分析更关注数据的相关性测量和商业应用价值。大数据是发现那些不能靠直觉发现的信息和知识,甚至是违背直觉的,有时候越是出乎意料可能越有商业价值。

(七)重全体轻抽样

大数据是商业自动化存储的数据,在软硬件满足的条件下可以分析海量数据。随着存储和软硬件的经济性及工具的先进,海量数据的处理能力得到提升,数据挖掘算法不断改进和丰富,特别是统计分析和机器学习的神经网络建模技术的发展,抽样并非是必要的手段和方法论。尽管大数据不一定是总体,理论上讲再大的局部也没有随机抽样更具代表性,但是大数据分析技术也需要抽样,随机抽样和过度抽样也是必要的建模过程和方法论。

(八)非结构化数据

数据挖掘是要发现那些先前未知、实用、有效的信息和知识,往往更多来自非结构化数据,这是大数据时代的更为显著的特征。社交媒体,特别是微博产生的大量文本导致海量有价值信息隐藏其中,大数据分析带来对中文文本挖掘的技术突破。有一种说法:地球上产生的数据只有10%的是结构化数据,90%的数据都是非结构化数据。如何从大量的文本挖掘中发现人们的行为、态度和情感,文本挖掘和语义分析技术带来了大数据时代的社会情感挖掘、意见挖掘和舆情监测的需求与商机。与此同时,传统IT行业面对非结构化的大数据存储、抽取和转换提出了新的需求和变革,大数据时代的各种Hadoop集群、MapReduce和NoSQL等非关系型数据库和IT新技术日新月异。从一定意义上讲,大数据落地就是近年来非常流行的数据挖掘、文本挖掘(text mining)、网络挖掘(web mining)、NLP自然语言处理、机器学习等 IT 和商业智能(business intelligence,BI)信息技术、决策支持系统的广义概念和流行趋势,只是更强调对社会科学领域的应用。

三、大数据与社会科学

社会科学研究的是人,以及人所在的群体、组织和相互关系。社会是由人和关系组成的,而社交网络为人们提供了在线交流和信息传播。人们的在线社会化生活,使社会化媒体形成新的媒介生态环境,社交媒体为人们构建了一张巨大的社会网络,且不断演化。关键的是这些演化的信息都被记录下来,网络科学和社会网络分析成为大数据分析的重要技术和方法论,网络科学让我们能够更好地观察到人类社会的复杂行为模式。所以大数据更偏爱社会科学,从自然人到经济人,现在进入了社会人的社会化生存,社会越来越个性化,意味着人越来越需要社会化。社会人是因为他人的存在,你才成为真正的你。大数据时代重在研究网络环境下的社会人的态度行为和社会影响,传统的社会"平均人"已经不是重点,过去的数据分析更多地给出的是群体行为模式,北京人如何,大学生如何,高收入群体如何,现在我们可以基于大数据分析、挖掘每一个人的社会行为。如果我们能够从大数据中捕捉某一个个体行为模式,并将分散在不同地方的信息数据,全部集中在大数据中心进行处理,就能捕捉群体行为。所以,有种说法,大数据时代也是社会科学研究的春天。

社会科学的大数据洞察还在于小就是大,是重大的意思。在微博上,一张图片、一段博文或一个数字会产生重大舆情,甚至引发突发危机事件和社会公共事件。特别典型的案例是微博上随手拍的一张照片引发的"表叔事件",带来反腐重大舆情;"郭美美"的一条微博和注册信息带来了红十字会的公信力危机。

在大数据时代,社会科学理论更需要思考突变理论(catastrophe theory),解决人们如何理解微小作用导致社会突然变化的机理开拓道路;混沌理论(chaos theory)提出了复杂而不断变化的系统,即使其初始状态是详尽了解的,也会迅速进入无法精确预知的状态;复杂性理论(complexity theory)表明在大量个体各自按照不多的几条简单规则相互作用时,解释如何从中产生出秩序与稳定。这些理论和网络科学为大数据时代背景下的社会治理、舆情研究、传染病传播、谣言传播、微博营销提供了理论基础。

四、数据科学和网络科学

在一定程度上,数据挖掘是在理论没有完全建构、完善的基础上已经有了大量商业应用的结果。大数据时代带来网络科学和数据科学等新兴学科的崛起及发展机遇,数据科学家和数据分析等跨学科、复合型人才需求旺盛。大数据更多来自社交网络,而社交媒体和传播网络记录了人们的社会生活,不仅有每个人的属性数据,更能够捕捉其社会关系,而新的研究范式强调探究社会规律的成因不取决于个体的想法或意图,而应从个体所嵌入的社会结构中去发现规律。"我们被困在无法逃避的相互关系网络中,任何事情,如果直接地影响了一个人,就会间接地影响所有人",这种相关关系就是覆盖我们每个人的"社会网络"。网络科学就是以网络为研究对象的学问,社会网络的研究对象就是社会中人与人之间构成的社会关系的网络,特别是传播网络,研究的是传播过程中传受者之间的信息沟通过程和传播关系。网络科学的重要成果就是在自组织机制下社会网络会形成具有小世界现象的服从无标度(scale-free)分布的幂率分布(power-law distribution)网络。幂律分布最典型的特征是在网络中存在少数但数量不可忽略的具有巨大连接和强连接能力的节点,正是这些具有高度(degree)分布取值的节点在社会网络动力演化中发挥着重要的作用。网络科学的无标度性是指网络拓扑结构中边的连接的度分布服从幂律分布,该分布具有标度不变性。网络科学正在与众多新兴科学相互交融与推动,提供了大数据时代一种新的科学发展观和方法论,它使得决定论与随机性、有序性与无序性、复杂性与简单性等,又一次达到了和谐统一,帮助我们认识大数据的内在结构产生了新的飞跃,并且成为大数据时代人们认识客观世界的有力武器。

与此同时,数据科学(data science)兴起,人们调侃说数据科学家成为最抢手、最热门、最性感的职业。大数据时代需要有能掌控大数据分析能力的人,他们应该能够寻找丰富的数据来源,在一定软硬件及带宽的限制条件下有能力处理大量的数据,并能清洗数据,确保数据质量的一致性、唯一性和安全性,能够构建大数据中心,融合不同数据源和数据类型的数据仓库,掌握数据可视化技术,且能构建丰富的软件工具,让别人能有效地处理数据。

D.J.帕蒂尔这样描述数据科学家的特征素质:

(1)拥有技术专长:在一些科学学科有深厚专业知识;(2)有好奇心:勇于探索

内在,发现和提炼问题,分解明确的可测试问题;(3)沟通:使用数据能力,与内外沟通,讲故事;(4)创新和应用:在不同问题上有创造性并掌握工具方式。大数据带来了新的数据分析要求,海量关系数据的数据库存储和数据挖掘技术、数据建模方法论、中文自然语言处理、中文分词技术、语义分析、情感或意见挖掘、舆情分析等,以及社会网络分析、数据可视化、机器学习和深度学习等跨学科领域都迎面而来。可以这么说,不懂数据挖掘的人是不会大数据分析的。

五、大数据与新闻传播学研究

传统的社会科学研究,包括新闻传播学研究,有一个共同的特点:研究使用的都是随机抽样的属性数据。在研究影响关系的时候,所有的影响因素都来自个人的属性,而脱离了他所处的群体。哥伦比亚大学的一位社会学家艾伦·巴顿曾经写过这样一段话来描述社会科学的主流研究:"在过去30年,经验性的社会研究被抽样调查所主导。从一般的情况而言,通过对个人的随机抽样,调查变成了一个社会学的绞肉机——将个人从他的社会情景中剥离出来并确保研究中任何人之间不会产生互动。如果我们的目的是理解人类的行为而不是仅仅记录它,我们就需要了解凝聚群体、邻里、组织、社交圈、社区,以及互动、沟通、角色期望、社会控制。"巴顿写下的这段话在传播研究中也是正确的,主流的研究总是关注人们的个体行为,不考虑行为的社会方面,也就是人们之间的互动和对彼此的影响。当然这一方面受制于社会科学的实证研究方法论,另一方面也受制于采集关系数据的巨大成本和不可操作性。但是今天的大数据时代,社会化媒体,特别是微博的广泛应用,使得基于社会网络的关系数据唾手可得。微博构建的社交网络既是技术也是平台,是一种微媒体,它拓展了我们与社会其他人联系的能力。

当我们回顾传播学研究的历史,你会发现,曾有一些研究学者试图从关系的角度去理解传播。例如瑞恩和格罗斯20世纪30年代在艾奥瓦进行的杂交玉米种研究,他们实际上是研究一种创新在社区的扩散。这项研究的资料后来帮助罗杰斯重新发现了社会计量学,并从结构的视角开展研究,还培养出了一大批社会网络分析的重要学者。在20世纪50年代中期,哥伦比亚大学的一些社会学家提出了一般性的社会网络观念,他们的领导者就是拉扎斯菲尔德。在伊利县研究中发现了对选民决定的人际影响,并提出了信息先经过大众传播到意见领袖,再经过人际传播至一般受众的"两级传播"理论,同时界定并区分出了"意见领袖"的概念。关注把个人关联在一起的各种交往,体现了一种结构性视角。大数据的显著特征来自网络和社会化媒体的数据,社会网络传播意味着打破大众媒体传统的传播方式,大数据能够捕捉并挖掘人际传播路径和传播过程,可以分析社交网络中的每一个个体的位置角色以及行为态度。大众传播效果的实现最终也以人际传播产生效果。

大数据分析,我们需要思考以社会人之间的互动研究为基础的结构性方法,这种方法被称为社会网络分析,它基于一个直觉性的观念,行动者嵌入在其中的社会关系的模式,对于他们的行动结果有着重要的影响。社会网络分析的对象并不是传统的属性数据,而是一种通常用矩阵表示的"关系数据",注重数据的图形可视化表现,依赖于数学模型和计算机的使用。实际上,传播学正在经历着一个从定性研究到定量研究,从简单分析到复杂处理,从属性数据到关系数据的研究范式和方法论思考的过程。社会科学研究在大数据背景下可以将原子论和整体论融合与统一,形成新的研究范式,注入更具自然科学研究的色彩。

六、大数据的应用与社会影响

美国政府在"9·11"后启动了大规模数据挖掘项目,2012年奥巴马政府提出了大数据战略,挖掘恐怖分子及其网络成为大数据应用的经典案例。美国能源机构根据每个家庭用电数据,为每个家庭提供能源使用报告,分析该家庭与周边或同类家庭能源使用情况,由此推动整个社会的能源节约。大数据的简单算法比小数据的复杂算法更有效,Google和Facebook的成功,其经营模式并非建立在硬件或软件基础上,而是在于拥有用户大数据和挖掘数据的能力。

大数据时代将催生很多创新产业,并且重构甚至颠覆某些行业的传统产业链。基于移动互联网的智能终端APP应用、物联网和社会化媒体原则上讲都是云计算和大数据应用。不久前,淘宝与新浪微博的战略合作将大数据的可能商业应用和发展前景推向了产业前端,进一步掀起了大数据产业的新高潮。从一定意义上讲,大数据应该是国家战略,大数据是一种社会公共资源。但是当今大数据更直接的影响是对商业模式和企业运营的改变,基于大数据分析的数据库营销和精准营销成为企业重要的营销手段,越来越多的企业认识到了数据挖掘的价值,将大数据处理能力作为最重要的核心竞争力。社会征信稽核、税收欺诈、银行欺诈侦测、电子商务个性化服务、个性化推荐技术、搜索引擎的精准营销、广告实时竞价等大数据应用越来越广泛。随着可穿戴技术的发展，社交网络会深入和影响社会生活的方方面面。如果我们能够分析每一个个体，进行社会计算，就可以预知社会。

大数据时代的海量数据是以信息技术为主的互联网产业、传媒产业下的新媒体和移动通信产业不断融合及新技术不断发展的结果。大数据的商业应用广泛而深远，会带动一系列产业发展，催生新技术的快速推广和普及，例如云计算、移动互联网、物联网、内存计算等，以及一些新的涉及大数据挖掘技术，如文本挖掘、意见挖掘、中文分词和 NLP 自然语言处理、神经网络算法、网络分析 SNA、数据可视化等。当然，大数据在一定程度上更多的应用价值来自社交媒体，特别是以新浪微博为代表的微媒体。尽管新浪微博的商业模式并不明朗，但微博营销已成为最显著、最直接的大数据应用。社会化媒体是一种重要的营销工具，它是企业发布信息和影响消费者，并收集反馈信息与之互动的重要渠道。社交网络传播意味着打破大众媒体传统的传播方式，针对特定的目标群体，通过关键的 Hub 节点——关键成员，传递特定的信息，以影响舆论和购买决策的形成。如何从海量的关系数据中发现有价值的信息、建立精准营销的目标客户、分析客户价值模型是很多企业关注的问题。企业对社会化媒体的认知和投入，将催生新媒介形态与产品营销思路。

另一方面，大数据给社会科学，特别是传播学研究带来了革命性的变革和研究方法论上的创新。尤其是微博重塑了社会关系总和，微媒体产生的微动力在一定程度上改变了媒介生态环境，舆情和谣言的信息传播经由社会网络在大数据条件下可以采用网络科学的结构性角度捕捉整个传播路径、传播模式和传播过程。对信息扩散过程全貌的分析与剖析是研究大数据挖掘中信息（谣言）传播过程更为扎实且具体的方法。从整个信息传播系统的角度考察信息传播或谣言形成、扩散与消失的过程，实际上就是将信息置于整个传播生态的背景下，通过对微观个体的多样性与差异性来建模，再现信息传播的演化过程，深入分析信息传播过程中的各种属性因素，特别是思考网络关系和传播结构等因素的影响，对于建立正向反馈与应急传播机制具有实际的社会意义。社交网络产生的大数据，可以让我们从关系视角构建人际传播和结构主义研究范式，可以在微观与宏观的分野间架起传播结构与传播网络研究的桥梁。大数据将助力传播学新的研究范式和方法论。

大数据使得信息更公开，我们将实现有效阻击谣言通过人际传播在网络中形成的自组织传播，避免在自组织的临界状态下导致舆情的发生和突变。尽管我们目前对人类传播行为方式理解极为有限,而且传播过程中的个体行为多样善变,借助大数据,我们仍然具备识别多个个体所构成的受众群体的传播行为模式的能力。也就是说,尽管我们面对着个体的受众有其自由的个性化,我们还是能够对社会整体进行预言,甚至我们也可以对个人传播意图和行为能够自由到何种程度有所感知。由这些个体所构成的整体网络会呈现一定的模式以及某种信源在一开始预料或未曾预料到的传播效果来,这对于制定宣传策略、了解传播效果的研究将颇有帮助。

七、大数据带来的一系列问题和思考

当然,大数据不仅仅带来商业和社会正能量,也同时带来了一系列重大社会问题,网络安全和个人隐私成为大数据时代人们极为关心的个人和社会问题。个人隐私,不同的人可能有不同的理解,每个人都有自己的容忍限度。一些人不愿意让别人知道自己的任何信息,但一些人却希望自己生活的每一个细节都展示给世界。在这个相互联系的网络社会,完全自由的那个人是不存在的。政府在大数据时代面对新技术的出现,需要制定更为明确和严格的法规条例,规定每个公民必须服从一套简单的规则,这些规则必须被强制执行,特别是对政府本身,乃至企业、商家和个体。每个人必须受到社会规范和制度控制,且公民要树立隐私保护意识。大数据和相关技术在定义隐私、保护隐私和侵犯隐私方面都扮演着重要角色。

我们要把数据作为资本、劳动力和自然资源之外的第四种生产要素。尽管大数据的定义还没有统一,但其实统一的定义并不重要,重要的是揭示大数据时代数据决策对社会和商业的影响与机遇。如果你不能量化一个事物,你就不能理解它,不能理解也就不能控制,控制不了也就无法改变。大数据的基本特征和商业应用是关于社会科学领域的传播现象、规律特点,以及可能应用的前景。无论是从社会网络到信息传播网络的大数据应用,还是从人际口碑传播到国家之间的相互联系,都是大数据的一部分。

大数据分析思想已经推广到了社会科学研究的多个学科领域。当今社会是网络化和数据化的,只要我们生活在社会中,我们就不得不同网络打交道。大数据可以让社会更民主,传播网络可以帮助我们获得大规模的言论分享度,无论赞同还是反对,也不论我们想不想与大数据牵扯到一起,数据都会找到我们,覆盖我们。

开放的社会,美好的心灵,大数据时代的崛起,我们必须勇于面对,热情拥抱大数据,迎接大数据的挑战。

中国媒介治理中的泛道德主义:成因与影响

◆ 龙　耘　赵春光

一、小引

2013年3月1日傍晚时分,北京市"的哥",46岁的郭立新在鼓楼西大街附近拉到一个去往钓鱼台国宾馆的活儿。打的的是两位男乘客。一个坐副驾驶,一个坐后排。一路上,他们聊起了北京的雾霾等话题。快到目的地时,借着路边的灯光,郭立新瞅了瞅坐在一旁的乘客,说他"很像一个人",对方回答说自己就是习近平。下车之前,"总书记"还为他题了词:"一帆风顺"。

上面的新闻故事,香港《大公报》于2013年4月18日用了整版篇幅进行报道。短短几个小时的时间里,内地各主要媒体纷纷转载,各大小网站、社交媒体更是疯传,跟帖无数。当天下午14时06分,新华社官方网站新华网在"中国网事"栏目发布了确认消息:

> 新华社中国网事:一则有关习近平总书记乘坐北京出租车体察民情的消息18日成为各大网络媒体的头条。对此,新华社记者采访了北京市交通部门和最先报道此事的媒体,北京市交通部门和该媒体都表示,确有此事,相关情况都是真实的。(记者李志勇)

---

* 原载于《现代传播》2013年第10期。

出乎意料的是，几小时后，新华网又于 17 时 37 分发出一条消息：

4月18日香港大公报刊登的《北京的哥奇遇：习总书记坐上了我的车》一文，经核实，此报道为虚假新闻。

紧接着，大公报官方网站"大公网"于 17 时 55 分发布致歉消息：

《大公报》4 月 18 日刊登了《北京"的哥"：习近平总书记坐上了我的车》一文，经核，此为虚假消息，对此我们深感不安和万分遗憾。由于我们的工作失误，出现如此重大虚假消息是极不应该的。对此我们诚恳地向读者致歉。我们将以此为鉴，用准确严谨的新闻报道回馈公众。

于是，一个人们议论纷纷的"总书记打车的故事"，就这样变成了一则假新闻事件，不仅有新华社官方的定性，也有当事媒体的坦承。然而，故事至此并没有结束。"假新闻"的定性，使它成为人们私下议论的一个更有魅力的话题。

新华社的"假新闻"定性之后，通过互联网搜索相关消息，发现所有网站都删去了转载或源自《大公报》的这则新闻故事及相关报道，以及新华社认定"确有其事"的消息，而仅仅保留了新华社最后发布的认定此为"虚假新闻"的消息，以及《大公报》官网就发布虚假消息向读者致歉的新闻。同时，关于这件事的网民评论大都呈关闭状态，仅有个别网站或社交媒体上偶有议论。其中一个例外是，腾讯网保留了确认虚假新闻及致歉消息转载后的跟帖评论，成为难得的观察窗口。

当然，这次虚假新闻主人公的特殊性给了人们更多猜测、想象的空间：也许是一场政治秀，也许实有其事但不宜报道，也许纯属无中生有，等等，不一而足，但抛开这些揣测，我们已然从网民对此事件的反馈中看到了人们对虚假新闻的态度。据统计，从新华社发出核实其为虚假新闻、《大公报》网上致歉开始，网民参与人数达 135 198 人，跟帖总数达 63 311 条。根据置顶的 10 个热门帖子显示，支持率最高的是网友"～多哚＊"的评论帖，有 13 068 人表示赞同，围观网民中有近两万人表达了"遗憾"与"期望"的感受，希望这条新闻是真的（共计 19 754 人）；另有以网名"魔王"为代表的一大批网友表达了对此事件的愤怒、蔑视与失望，其中质疑新闻工作者操守的排在第一位（共计 12 800 人），对媒体公信力表示失望的排第二位

(共计8 736人)。①

二、假新闻治理与泛道德主义

虚假新闻的治理可谓世界性难题,在正处于社会转型期的中国更呈现出屡禁不止愈演愈烈之势。此次总书记打车的故事再一次以特别甚至极端的方式将这一顽症推到众人面前,并在短时间内引起了网民如此强烈的关注与热议。至少有如下现象值得讨论:

一是网民对该报道被核实为"虚假新闻"深感遗憾。如上所述,在得知"总书记打车"为虚假新闻之后,有近两万人表达了遗憾之情,这也从一个侧面反映出百姓的期待——期望政治清明、官员接地气,等等。如果是一场政治秀,那么从网民的反应来看,应该说是部分达到了目的,同时也反映了中国历史文化中平民百姓对皇权的尊崇、对清官的拥戴等"德治"传统至今香火旺盛。假新闻后面有真民意,在这场疑似政治秀的闹剧中,无论是媒体、媒体背后的权力,还是公众的舆论,从中都不难看到泛道德主义的影子。

二是普遍认同将"虚假新闻"归罪于媒介人的职业道德。有12 800人表达了对新闻工作者职业操守的强烈不满和质疑。毫无疑问,虚假新闻的出现与泛滥的确与新闻媒体和新闻人的职业道德水准有关,因而提高新闻媒体职业道德的呼声一直都是虚假新闻治理的主流观点。充分利用道德资源管理社会、治理媒体固然值得称道,但问题的关键似乎并不在此——如果我们有着健全的新闻发布及审核机制,如果我们具备更为开放多元的言论竞争平台,那么许多虚假新闻滋生的源头与土壤才有可能得以清理,真相才有可能在甄别与淘汰中得以凸显。

三是有相当数量的网民(8736人)表达了对政府及媒介公信力的失望。无论总书记打车的故事是政治秀,还是虚假新闻,客观上事件的基本后果由此可见一斑。长此以往,自然会导致媒体公信力、权威性以及舆论生态的下降和破坏,导致社会诚信体系的缺失。

关于假新闻的治理,主流的观点都是更多地归咎于媒介组织及新闻从业者个人的职业道德问题。媒介本身及学者在对历年来虚假新闻及其治理措施的相关研究中,也都将"加强职业道德教育"放在首位,"新闻职业道德建设"被列为新闻传播专业大学生的必修课,以及媒体从业者岗前培训的重要内容。但随着近些年假新闻及其治理研究的深化,通过考察这些虚假新闻出炉的过程,我们发现,与媒体人的道德素养相比,制度的缺失、法律的缺席,才是此类现象的结构性根源。但反观现实,无论管理机构,还是媒体本身,抑或普罗大众,却都下意识地剑指职业道德。上述关于"总书记打车"事件被官方证实为虚假新闻之后的网上跟帖中,有12 800人表达了对新闻工作者职业操守的强烈不满和质疑。不仅如此,与这些呼声相对应的还有一系列相关规定出台,如官方主导的与治理假新闻相关的文件也都是针对新闻工作者职业道德的约束与提升展开叙事的。②

作为新闻职业道德素养的原则性要求,改革开放30多年来出台并多次修订的文件规定不可谓不多③,但伴随这些规范文件的颁布,虚假新闻、有偿新闻却愈演愈烈、屡禁不止,以至于最高官员微服私访的假新闻瞬间传遍网络和纸媒。梦幻般的现实,令这些颇具权威性的红头文件黯然失色,苍白无比。这种以道德之名的职业主义治理理念,在传统的计划经济年代或许让媒体管理者游刃有余,而在社会转型、传播业进入移动互联时代的今日中国,却成为泛道德、泛政治的代名词,成为虚假新闻频频出现的替罪羊。

三、"限娱令"背后的"简约"治理术及"道德恐慌"

在中国媒介环境中,与"虚假新闻"齐名的,当属娱乐节目的泛滥。与之相对应,反"三俗"(低俗、庸俗、恶俗)一直是国家广电总局致力的目标。

2012年4月10日,3D版《泰坦尼克号》与全国观众见面,而其中一段2秒钟的裸戏被删更成为公众调侃的话题,甚至有网友以揶揄的方式代国家广电总局作出解释:"考虑到3D电影的特殊性,我们担心播放此片段时观众会伸手去摸,打到前排观众的头,造成纠纷。出于建设精神文明社会的考虑,我们决定删除此片段。"一时间广电总局处在舆论的风口浪尖。媒体或媒介管理机构本身成为舆论的中心,成为公众讥讽、诟病的对象,凸显了媒介治理的复杂性及其所面临的政策困境。

其实这并不是国家广电总局第一次成为社会话题的焦点。过去的几年时间里,在中国广播电影电视的规制方面,国家广播电影电视总局作为媒介治理领域中公共权力的代行使者,其作为一直饱受争议。从2002年全民热捧《流星花园》时煞风景式的中途停播到2006年由湖南卫视《超级女声》引发的一系列媒介规制方面的禁令,再到2011年10月下旬下发的《关于进一步加强电视上星综合频道节目管理的意见》(俗称"限娱令")。每一次禁令的颁发,都会导致业界局部乃至全局性的调整或重新洗牌,同时引发整个社会的关注。

这样一种"一刀切"式的"简约治理术"使得原本五味杂陈、丰富多样的娱乐节目色彩尽失,陷入二元对立的怪圈。无论是娱乐节目还是新闻节目,本身只是一种形态,无所谓好坏,而且其内容的高尚和庸俗也不应该单纯以治理者自身的好恶来断定。以评判者的姿态将其归入或"四个以"或"三俗"的道德档案,评价缺乏政策法律依据和明细条文规范,标准暧昧不明、实际操作朝令夕改,这种粗放简约、只顾眼前效应的治理理念与习惯已经很难适应当今纷繁多变的媒介现实。

颁布诸如"限娱令"等政策的媒介管理部门,一个基本的起点也许可以归于如下理由——把社会上弥漫的道德恐慌归咎于媒体。2011年10月,广东佛山"小悦悦事件"令中国社会蒙羞,其时又值中共中央提出文化强国战略。正是在此背景之下,国家广电总局发文限制娱乐节目,同时要求每个卫星频道必须开播一个道德栏目。这令许多人在"限娱令"的出台与礼崩乐坏的社会现实之间产生联想。

媒体渲染的道德恐慌,是社会学家斯坦利·科恩在其发表于上个世纪70年代的经典著作《民间恶魔与道德恐慌》中最先提出的,"在某种条件、某个场景、某个人或者某个群体兴起,逐渐被界定为对社会价值和利益形成威胁的时候,道德恐慌就会发生"[④]。那些启动恐慌、害怕盛行的社会和文化价值受到威胁的人士,可以称作"道德提倡者"(moral entrepreneurs),而假定的社会秩序威胁者则是"民间魔鬼"(folk devil)。斯坦利·科恩认为:道德恐慌是被大众媒体和社会心理生产出来的,大部分公众对摩登族和摇滚族的关注,远远不及媒体竭尽全力让评论界相信的那样严重,"民间恶魔"只是控制文化使用的"标签",被媒体斥责的亚文化不过是社会危机的替罪羊。科恩揭示了主导文化和媒体在处理亚文化问题时的界定和整合异端的误导作用,它们可以通俗地描述为"妖魔化""扣帽子""抹黑""抹红"等。[⑤]

毫无疑问,媒体在一个社会的道德恐慌中扮演着重要的角色,从"9·11"到美国校园频发的枪击案,再到中国的马加爵、药家鑫、小悦悦事件;从默多克的《世界新闻报》窃听丑闻到国内包括环境食品安全的一系列问题,媒体都在可能的情况下大肆报道、不断跟进,也常常以公器、社会良心的身份发起道德遣责,引导舆论,激扬民愤,并且以道德正义之名倡导和开展运动。但值得注意的是,道德滑坡、道德恐慌真的是由媒体引起的吗?尤其是在这个移动互联的时代,转型期"断裂与溃败"的中国社会现实,将更深刻地影响民众的认知与观念,民众自身的个体经验、知识结构以及阶层认同等等,才是其观念感受的基石。所谓媒介引起道德恐慌,只是掩耳盗铃者的主观想象,显现的正是媒介主管机构自以为是的傲慢与偏见。

"中国业已形成了一个网络化的民间社会,但同时却有一个较少网络化的监管和认知体系。"⑥分析媒体管理部门一系列政令颁布出台及实施过程,可以大致勾勒出其治理媒介的现实目标及应用场域。那就是更多地从"维稳""和谐社会"的目标诉求出发,及时排查一切"不和谐""不稳定"的因子,"弘扬""倡导""繁荣"或"封杀""叫停""限制"成为人们领会总局"通知""文件"精神的关键词。透过这些政令出台的话语及问题意识,我们很难从中寻求到内在的理性逻辑。"简约"治理术在治理成本上或许有其优势,如抓大放小、牵住牛鼻子等等,但面对当今社会转型期及媒介融合趋势下纷繁复杂的现实,没有对整个社会语境、媒介环境的深刻洞察与细微把握,而仅凭一己之判断妄下结论,就很难深入问题的核心。于是,在抽象问题意识与宏大叙事话语模式的影响之下,媒介治理理念形成思维误区,整体主义、一刀切的思想语法和思维模式,或激烈或感性的泛道德主义的话语方式,遮蔽了寻求价值共识与协商治理程序的重要性,模糊了德治与法治的边界,高估了道德理想对行为的影响,低估了媒介本身的双重属性以及对话协商、分层治理的作用,进而严重忽视了媒介现实、文化现状及业界实践。

四、泛道德主义媒介治理的根源、影响及困境

无论是针对虚假新闻,还是娱乐节目的泛滥,其治理理念及措施都不约而同地显现出了泛道德主义的取向。这其中无疑包含着深刻的历史渊源、文化传统以及政治价值的考量。

对于中国的传统文化,历来有"儒道互补"之说,而对于传统的王道政治,则有"阳儒阴法"之论。⑦儒家倡导"修齐治平"作为个体的人生理想,而"仁政"与"礼制"则成为历代统治阶级治国平天下的政治理想和管制工具。所谓三纲五常、伦理等级,所谓"礼义廉耻,国之四维",四维不张,国将不国。因此,依赖道德的扩张促使社会进化,成为泛道德主义的基本特征与诉求,成为千年不变的"国家战略",因而也成就了泛道德主义的理想温床或精神土壤。道德主义是一种非强制性的控制方式,就治理国家的成本而言,要远远小于强制性的暴力控制。因而成为中国数千年延续下来的管制方式,即采用道德来规范社会,加强统治。

所谓"泛道德主义",就是指以伦理道德作为处理一切关系、衡量一切价值的标准。在这一标准的观照和影响之下,道德意识越位扩张,侵犯、弥漫到社会生活的各个领域,对建立真正法治国家产生负面影响。"以德治国"就是泛道德主义文化传统和伦理取向的鲜明写照,它使得社会政治、经济、文化只能接受道德而非法律的生活模式。以至于"法律不是挡箭牌"这样的雷人之语竟出自堂堂的国务院新闻发言人之口。⑧

在当代中国,泛道德主义既可与国家意志、权力话语结合,又能够和草根立场、民间情怀同构。大到北京奥运的宏大叙事、保钓事件中的极端民族主义,小到公车上没给老人让座而被打耳光的年轻人,还有一系列网络上的狂潮怒海……当一个政府,处处拿道德话语行使职权时,"爱国主义""家国梦想"自然成为高扬的旗帜;当一个社会,人人都学会用道德制衡他者时,道德的滥用就开始了。

改革开放30多年后的今天,我国的媒介治理依然沿袭了传统的计划经济体制下的一元思维模式和泛道德主义倾向,其管理理念中既饱含了几千年的伦理文化与价值观,又体现着一元僵化的思维方式。如果说这种泛道德化治理在传统的计划经济年代里起到了一定作用的话,那么在当代中国,面对在逐步丰富的媒介资源中渐渐成长的受众,我们的社会治理、媒介治理,就不是仅仅通过"学习雷锋好榜样""劳模""感动中国"等树立道德楷模让人模仿可以奏效的了。

在中国,媒介治理的主要手段与表现形式就是媒介政策,具体体现为法律、法规、文件、宣言、规章制度等等。过分强调道德主义的做法,导致主流媒体日益陷入难以摆脱的困境:其一,以泛道德主义的话语风格,要求媒介表达和谐社会的道德理想及价值观,宣传健康的积极向上的治理理念及美好诉求,但因之与转型期诸多社会矛盾之间的脱节,使得这种理念及其主导下的宣传并未能真正深入媒介问题的核心,也无法深度介入媒介治理的社会实践与制度建构。这种导向之下的冲突使得媒体本身经常陷入舆论旋涡的中心,成为众矢之的;其二,法律赋予民众的监督权和参与权,在泛道德主义逻辑的支配下难以发挥作用,主管部门可以随时以道德的而非法律的名义出台政令,以单方面威权的方式或长官意志管控媒体,导致媒体在面对重要的社会议题时,更多主题先行,习惯于唱高调、报喜不报忧,缺乏理性的跟进和对真相的探寻;其三,主管部门以道德之名行使对所有媒介的审查及内容监控,之后以集体决策的名义出台,这就意味着对决策过程与效果的考量也是以集体的名义,避免了个人承担决策的风险与后果,同时也导致了无人担责,甚至黑箱操作。

无论是从市场经济的一般原理、媒介的属性还是我国传媒业的改革实践来看,"泛道德主义"逻辑都存在着内在缺陷,其不足主要体现在对差异性的无视和对受众的轻慢,如此理念之下的行政作为势必陷入政策困境并导致其公信力的下降。

首先,道德作为人与人之间的心灵纽带,是任何一个社会共同体所不可或缺的,它能够将社会成员有效地凝聚起来。但另一方面,道德本身又是去差异化的,对道德的过于强调有可能导致社会同质化的加剧。媒介治理中的泛道德主义实际上忽视了个体的差异性,将一种道德判断普遍地加诸具有不同认知水平和趣味的社会个体身上。这种"简约"风格所代表的治理术,忽视了各类节目对不同个体产生的差别性效果。而其中道德判断的语境模糊(这种语境包括个体差异、权力话语、接收环境等等社会和心理因素),又给予治理者很大的弹性迂回余地以及最终阐释权。从某种意义上来说,这种强道德治理遮蔽或简化了深刻的社会问题,因此也在现实中一再落入尴尬境地,成为治标不治本的样板。

其次,媒介治理的泛道德化低估了受众逐渐增强的信息鉴别力。譬如,《非诚勿扰》中某位女嘉宾的过激言论曾经一度成为相亲节目被人诟病的把柄,然而,反观观众,不但没有出现道德滑坡,反而发起了对此言论的批伐。对受众主体意识的傲慢与偏见,只能导致决策者与受众之间的相互不信任,使得误解的裂痕进一步加深。

此外,在当下中国的传播语境中,受众的选择性理解已经成为一种常态。因此,当媒介治理机构拉着道德大旗发布行政命令时,往往被受众的选择性解读贴上新的标签,所以,也并不能达到媒介治理应有的效果。譬如,"限娱令"就被认为是只限卫视而不限央视,因此令人觉得另有所图。至于前面提到的对国家广电总局的调侃与指责,更是显现出受众解读与批判的力量。

五、媒介治理模式选择:开放观念竞争之下的社会共治

上述分析表明,充分运用优秀传统文化及其所蕴含的道德资源管理社会、处理媒介问题,一直是我国政治及媒介治理的主流,也是我国媒介文化产业延续至今不断发展的渊源所在。然而,面对全球化时代正处于转型期的中国社会及其传播语境,简单运用传统道德并以一种泛道德的姿态去处理媒介问题业已遭到严重挑战,

进而陷入尴尬的困境。如何顺应现实,在充分尊重个体价值和差异的基础上建构新的媒介治理理念与模式,已成当务之急。

泛道德主义的传统媒介治理理念更多地体现为一种"单边治理""大一统"的思维模式,更多强调自上而下的一元化的"德治"和"人治"。而"社会共治"原则与理念则突出开放思想前提之下的多元观念的竞争,强调不仅要重视主管部门的意见,而且要注重包括受众等其他相关者对媒介的监督;不仅强调主管部门的权威,还要关注其他社会组织及广大受众的参与。媒介治理应致力于制定一系列相对稳定乃至具有法律效应的政策体系。这套机制与框架将从根本上激励媒体,令其扮演理性、专业的社会启蒙角色,成为多元利益和意见群体的代言人,成为尽可能全面、均衡、公平地呈现不同群体和社会阶层利益的公共平台,而不仅仅是道德的传教士,由此促使成熟的公民社会的形成,并以此消解泛道德主义的负面影响,减少网络暴民的数量。

关于治理主体参与路径的选择,首先是受众主体的参与。

"社会共治"模式的核心即强化社会监督,真正使得公众以及同业公会等组织以制度化的形式成为治理主体。怎样让广大受众真正参与到媒介治理中来呢?我们强调的一个重要监督机制就是社会监督。作为一个社会的具有精神及文化象征意义的公共资源,以法律化、制度化的形式把广大公众引入媒体监督队伍中来,是具有特别意义的事情。理由在于:一方面,媒介的公共性使其传播内容及影响与公众利益密切相关;另一方面,公众对媒体的选择又使媒体之间在争取受众上构成竞争,这种竞争既有利于检验媒体经营管理者的经营才能和努力水平,又有利于规范媒介本身的行为。利用公众监督就是根据适者生存的法则,由理性的受众选择来引导媒体的健康运营,从而形成有效的激励机制、约束机制和监督机制。

其次是同业公会、行业协会的治理作用。1957年3月,中华全国新闻工作者协会成立,它是中国新闻界最大、影响力最为广泛的社会团体,同时受中国共产党领导,亦是参加中国人民政治协商会议的团体之一。⑨但由于历史及现实的原因,其功能尚未完全凸现。作为民间自律组织,我国同业公会不是像西方国家那样在民间自发产生的,而是政府牵头组建的。因此,许多人对其是否能够维持媒介市场秩序,持怀疑态度。我国在发挥同业公会的治理作用时可以参照香港的做法。成立于2000年7月的香港报业评议会,是香港首个接受公众对本港报刊投诉的专业自律性团体,也是特区政府认可的慈善机构,为独立的非牟利组织,经费来自业界委员交纳年费及社会人士的捐赠。其权力"除了来自公众的支持和认同之外,亦得到会员报章对报评会的意见的尊重,乐意承认错误,及愿意为提高专业水准而努力"。多数国家这类组织共同的特点是民间性、契约性和自愿性,没有法定监管功能。在多年的实践中,香港报业评议会不仅作为同业组织而行使职能,更因其公共性和专业性而超越了通常意义上的"自律组织"(self-organization),具有了某种监管者的性质。长期以来,香港政府一直很重视发挥同业公会的作用,香港政府的许多政策信息都是通过公会组织向社会披露,并将若干事务交公会处理。如此做法,既加强了传媒业自身的调节和自律,同时也达到了协调监管的目的。例如在同业公会的内部惩戒措施,类似于足球场上的"黄牌警告""红牌罚出",对于珍视声誉的媒体来说可谓严厉。⑩

一个尊重法律地位的社会,才能形成正常的道德氛围;同样,只有建立在制度、法律基础上的媒介治理,方为"善治"。"泛道德主义"的媒介治理理念已经遭到现实的挑战。如果我们在建立现代媒介管理制度过程中仍拘泥于此道,则无异于邯郸学步。理论界和实务界都在寻找媒介治理的有效途径:民间的介入机制、媒介组织的自律规制、各独立委员会的设立等等,共治理念也同样应该在治理政策与实践中得到强调。这对治理风险逐渐加大的中国社会及媒介行业而言,意义尤其重大。

注释:

① 资料来源参见:http://comment5.news.qq.com/comment.htm?site=news&id=40673362。

② 参见方汉奇:《中国新闻事业通史》,中国人民大学出版社1999年版,第116页;新闻出版总署:《中国新闻工作者职业道德准则》,人民出版社1994年版,第13页。

③ 1981年,新中国第一个新闻职业道德规范《记者守则(试行草案)》由中共中央宣传部和中央各新闻单位共同制定出台;1987年全国新闻工作者协会制定了《中国新闻工作者职业准则》;1991年,中华全国新闻工作者协会第四届理事会第一次全体会议通过了新中国成立之后第一个正式颁布的新闻工作者职业道德规范《中国新闻工作者职业道德准则》,并先后于1994年4月和1997年1月进行过两次修订;1997年,新闻出版总署等联合颁布《关于禁止有偿新闻的若干规定》;1999年,中华新闻工作者协会又出台《新闻工作者职业道德素养》,并于2009年修订。

④⑤ Stanley Cohen, "Folk Devils and Moral Panics", *The Creation of the Mods and Rockers*, Third Edition. New York: Routledge, 2002, p.9, p.35.

⑥ 胡泳:《限娱令、"微博公厕"论与道德恐慌症》,《青年记者》2011年第34期。

⑦ 秦汉时期,国家与社会治理靠法家的法治,儒术主要是一种统治的意识形态,落实到制度层面是宋元以后。所谓援礼入法,形成传统的礼法制度,即法家的法治与儒家的礼制形成互补。

⑧ 2011年3月3日,时任中华人民共和国外交部发言人姜瑜在回答记者提问时所言。原文参见人民

网《外交部发言人就利比亚局势等问题答记者问(实录)》,http://media.people.com.cn/GB/40606/14057574.html。

⑨ 材料来源:中华全国新闻工作者协会,https://zh.wikipedia.org/zh-cn/。

⑩ 部分内容参见张建伟、李妍:《中国商业银行的公司治理模式选择:"股东至上主义"到"债权人主义"》,《管理世界》2002年第9期。

论新媒体语境下跨文化传播伦理困境与建构原则[*]

◆ 孙宜君　葛志宏

一、新媒体语境下跨文化传播面临的伦理困境与挑战

伴随着现代信息与数字技术而诞生的新兴媒体,近些年来得到了迅速发展与广泛运用。以网络、手机等为代表的新媒体,凭借其信息传播迅捷、互动、海量与共享性等特点及优势为跨文化传播构筑起了新的语境(场域),不同国家、民族文化区域的信息会在新的传播空间得以快速流动。世界犹如"地球村",信息在人们面前"现时""近距离"地呈现。一些具有地域性的社会事件、人物活动通过网络传播迅速成为全球性的文化焦点。在新媒体传播语境中,人们接触异质文化的信息量不断累积增加,跨文化交流的可能性得到极大提升,实现了人类信息传播的全球化、跨文化传播的常态化。但是跨文化传播的全球化与常态化,并不一定带来不同国家、民族及地域文化人们间的真正理解与沟通。其中主要的困境来自于跨文化传播中的伦理失范,突出表现如文化信息传播失衡、文化霸权主义强化、种族主义偏见蔓延、文化认同危机加剧等,构成了新媒体空间跨文化"交流的无奈"。也可以说,在新媒体语境下,跨文化传播正面临着伦理失范的困境与挑战。

(一)基于"数字鸿沟",跨文化传播中文化信息的不平衡

"数字鸿沟"(digital divide)这一概念,"指的是由于地域、教育、经济和种族差

---

[*] 原载于《现代传播》2013年第10期。

异,不同群体在掌握和运用电脑、网络等数字化技术及分享信息资源方面存在的差异,其实质就是一种因信息落差而引起的知识分隔和贫富分化,亦可称为'信息富有者和信息贫困者之间的鸿沟'"[1]。

"数字鸿沟"主要存在于发达国家与发展中国家之间。近几年来基于数字技术的新媒体虽然提供了更大范围和更为便捷的跨文化传播渠道,但不同文化之间的沟通却并不必然比以前更有成效。传统大众传媒时代跨文化传播的不平衡格局在新媒体语境下依然存在。这是因为世界经济发展与新媒体技术发展间仍存在着不一致和不平等性。传播的大量信息仍然是从英美等少数几个媒介技术发达的西方国家向世界各地的流动。而经济实力与信息技术相对落后的广大发展中国家长期担当跨文化信息传播的被动接受角色。据有关部门统计,目前互联网上80%以上的文化科技信息来自于西方欧美国家并用英文表达,几乎100%的软件源代码用英文写成。西方发达国家的信息传播在量上的强势,构成了信息传播量的不对称。文化信息传播量上的严重失衡,一定程度上阻碍了世界不同国家、民族文化之间的沟通和交流,影响了全球文化生态的全面健康发展。

为此,许多传播学者颇为担忧:高度发展的新媒体技术已经成为一把锋利的"双刃剑",即新媒体既为跨文化信息交流提供新的快捷通道,同时又会造成跨文化信息传播的不平衡格局。因此,"数字鸿沟"现象,应该引起我们足够的警惕与重视。我们应着力于不同文化之间的交往理性与平等性,在新媒体语境中尽可能地达成跨文化传播一定的信息平衡性。

(二)新媒体语境下跨文化传播中文化霸权的强化

在新媒体语境下,与跨文化传播信息量不平衡问题紧密相连的是文化霸权。文化霸权,又称"文化领导权",通常是指国与国、民族与民族之间文化价值观的强加行为与控制行为。100多年来,西方资本主义国家凭借其历经长期社会发展而建立起的经济、军事、政治、文化和科技等方面的优势,不断地向东方及发展中国家进行文化传输并占据主导地位。"当西方文化向全世界扩张的同时,也就将其思想模式和知识体系扩展到世界范围。由此,越来越多的异质文化尤其是弱势文化被纳入一个普遍的西方模式之中"[2],形成了经济发达国家与经济不发达国家的"中心—边缘"或"边缘对中心"的依附关系。而"发展中国家的媒体在所有权、结构、发行或传播、内容等方面受制于发达国家媒体利益的强大压力,在国际范围内越来越丧失发言权,最终在'沉默的螺旋'中造成文化主权的丧失"③。特别是近几十年,西方发达资本主义国家完全构筑了世界文化霸权地位。

以开放性与互动性为特征的新媒体传播,虽然具有消融权威和不平等的本体特质,但也因其传播信息量大、内容复杂,且所具有的开放和跨文化性等特点更容易加剧文化扩张性。因此,它也容易被少数经济文化发达国家利用,变成推行文化霸权的工具,从而产生较为深广的影响和效果。这方面的案例很多。如有学者采取抽样分析方法,对CNN. international. com 于2011年7月23日到8月23日发表的关于中国的新闻报道与美国的新闻报道进行抽样研究。通过分析发现:"CNN 在对本国的新闻报道中,在涉及与他国相关的事件时,总是偏袒本国利益,突出他国不良形象。另外,还故意选择本国社会生活中积极正面的事件,突出其高水平的社会发展程度和民主开放的生活。从中可以看出,美国所标榜的'客观、公正'的新闻报道原则只是相对而言,对自己国家'公平',对其他国家'不公平',其霸权意识可见一斑。"④再如,2013年6月初斯诺登揭露出的美国"棱镜"窃听事件,也是美国利用全球网络终端实施文化霸权的有力证据。跨文化传播中的文化霸权就其消极影响来说,颠覆了网络传播伦理,打破了文化多元性,损害了公正公平的全球信息传播秩序。

(三)新媒体语境下跨文化传播中种族主义偏见的蔓延

通常来讲,跨文化传播的偏差与障碍,不单发生在文化个体层面,同样也发生在民族或国家更大的文化群间,造成种族主义(或者说是狭隘民族主义)的文化偏见与隔膜。种族主义是一种自我中心的态度,认为种族差异决定人类社会历史和文化发展。种族主义经常会被政客作为政治工具来使用。从集合心理学的角度看,种族主义也可以解释为一种情感现象的反映,表现为用狭隘的民族观念进行传播与交流。较为"典型的案例是:在'9·11'事件和伊拉克战争报道中,美国一些主流媒体奉行建构着伊斯兰教与恐怖主义的关系,认为美国之所以遭受袭击,是因为一些穆斯林对具有优越性的西方价值观感到不满和嫉恨"⑤。显而易见,美国一些主流媒体如此价值观的报道,实际上表现并强化了美国一些文化群体在特定状态下的偏执、专横与敌视情绪,带有浓重的种族主义色彩。再如,美英等西方国家在最初报道艾滋病时,对病源的解释已夹带有关于种族偏见的定型化表达:"以科学的名义断定艾滋病是肇始于非洲'黑暗大陆',然后扩散到海地,继而扩散到美国、欧洲,随后又扩散到全球的瘟疫。认为它是一种热带病,是来自世界上大部分居民所居住的所谓第三世界的又一种侵扰,于是,非洲不仅成为贫穷的象征,更被贴上了艾滋病起源的标签。"⑥

在新媒体传播语境下,跨文化传播的藩篱并没有被彻底打破,种族主义的偏见也并未被消除。也就是说,具有数字技术的兼容性、互动性的新媒体传播无法抹平根植于民族历史与现实文化心理结构的文化差异。几年前欧美等西方国家媒体传播与评论我国网络上出现的"铜须门事件",就是一个例证。2006年夏天,一位名叫锋刃透骨寒的男士在网上论坛爆料并痛斥网友"铜须"与他的妻子偷情。次日,许多网友出于同情这位悲情丈夫,纷纷发帖指责、痛斥"铜须"。帖子点击量在一天内达到十几万次。有些网友还发出"江湖追杀令",呼吁广大网民对"铜须"进行声讨、封杀。一周之后,网友们不仅搜出"铜须"的真实身份,而且在虚拟世界中以静坐、游行、谩骂、自杀等形式集体声讨"铜须",从而引发了广泛的社会讨论。从猫扑到天涯网络论坛,再到搜狐、优酷等门户网站,甚至许多报纸、电视等媒体也加入了报道。对此,《纽约时报》《国际先驱论坛报》和《南德意志报》及YouTube、Yahoo网站等国外媒体相继刊发报道,激烈抨击中国网民是"暴民",采用野蛮人的"大规模群体性暴力",这种做法是对个人权利的严重侵犯。在西方媒体看来,"这场虚拟事件正在演变成大规模群体性暴力,并已成为人类文明进程中的不和谐音。"⑦

诚然,在"铜须门事件"中,中国网民面对受害人的悲情控诉,出于忠于家庭的民族主流价值观以及对弱者的同情,他们对第三者进行了激烈声讨。虽说行为有些过火,但正如有的社会学者所说,"大部分网民的本质是善良的,只是出于正义的义愤",其行为"应该说它有一定的正义性"。⑧而西方人由于价值观中包含的个人至上、两性关系相对开放观念,使他们对"铜须门事件"表示不能理解、感到震惊,进而进行评论。这属于跨文化传播中常见的文化差异现象,我们是可以理解并接受的。但是西方媒体在报道与批评中不顾及民族价值观与文化背景差异,仅"按照自己的文化价值观念随便就给中国网民贴上'中国暴民''暴民现象''大规模群体性暴力'等标签,甚至扣上'人类文明进程的不和谐音'的大帽子,这就是跨文化传播中的典型的种族中心主义,是对中国网民的一种歪曲。这样的传播不但不能使不同文化的人民之间增加理解和沟通,反而会导致误解和偏见"。⑨另外,近几年来,以"美国监控门""黑客攻击"为代表的跨国网络传播事件也凸显了跨文化传播中种族主义的蔓延。

(四)新媒体语境下跨文化传播中文化认同危机的加剧

在跨文化传播中,文化认同是一个核心问题。文化认同(cultural identity)是指来自于不同文化群体对本文化以及与其他文化关系的评估和判断,也是个体进行文化定位、避免文化焦虑和不确定性的主要方式。对处于跨文化传播情境中的人来讲,是个体或群体面对另一种异于自身文化存在时,所产生的一种保持自我同一性的反应。对于身处有限的人际交往性支持情境与传统媒体传播情境的人,一般来说文化认同可以提供所谓"方向感和宗教性的支持"[10],有利于跨文化沟通。

而在新媒体语境下,跨文化传播以文化接近性的网络在线聚集为重要特点。处于此语境中的人们,通过网络新媒体来建立各种虚拟社区,如通过选择建立博客、BBS、新闻组、维客、微信等交往方式,发展起在线社区、虚拟社群等,作为最新的亚文化交流形式。他们试图以此建立新的旅居者身份并与原有文化保持不断的连接,从而在两种文化身份之间保持一定的平衡。但是,新媒体网络提供的便捷快速的文化交流与调适方式,毕竟是一种虚拟的联结。"重申传媒的超现代化,我们也许可以说传媒和信息交流网在提供文化交流的非地域性的同时让我们轻信一种近邻性,而这种近邻性则是一种假象、一个陷阱。"[11]

事实上,文化认同的危机不仅没有在网络新媒体传播中消失,反而由于原有现实社会深度文化依存被打破,在新媒体空间中又进一步地加剧。因为跨文化交流者遭遇异质文化而产生的文化焦虑和不确定性的消除,最终还是需要通过现实交往来完成。新媒体网络这种"信息方式把主体重构在理性自律个体的模式之外,这种人所熟知的现代主体被信息方式置换成一个多重的、撒播的和非中心化的主体,并被不断地质询为一种不稳定的身份"[12]。新媒体语境下文化认同离散化、去稳定化情况势必在一定程度上推升跨文化传播伦理失范的几率。

二、新媒体语境下跨文化传播伦理建构的基本原则

新媒体传播技术的发展进一步拓展了跨文化传播的空间,人们(公众)可以在同一较大平台上进行交流,也享有更多渠道来各抒己见、互相讨论、争鸣。但如果这种交流与讨论缺乏伦理规制的指导,理解就会变成误解,对话就会变成对骂。特别是新媒体语境下的跨文化传播,这种速度迅捷、范围广泛、自由交互性强并致力

于促进文化交融的行为方式,其背后的伦理特质往往被忽略,导致跨文化传播的伦理失范。

面对新媒体语境下跨文化传播的伦理失范的困境,我们究竟应该如何应对?近一时期以来,国内外学者学术视野对"全球伦理"议题的关注值得借鉴。全球伦理又称世界传播伦理、普世伦理等,"是一种以人类公共理性和共享的价值秩序为基础,以人类基本道德生活,特别是有关人类基本生存和发展的涉世道德问题为基本主题的整合性伦理理念"[13]。我们认为,面对跨文化传播伦理困境,迫切需要建构一种以普适的道德共识为基础的跨文化传播伦理机制。理想的跨文化传播伦理观念应与人类普遍认同的全球伦理观念有着高度的重合性。"跨文化传播的价值在很大程度上也是伦理道德规范的价值,或者是伦理道德规范的评价指标。"[14]我们应综合全人类的跨文化传播行为选择价值取向,进行跨文化传播伦理建构,以化解错综复杂的伦理问题,真正减少甚至消除跨文化传播伦理失范的现象。而要进行跨文化传播伦理建构,又必须确立跨文化传播活动一般性伦理原则。这些原则的核心要素主要包括以下几个方面:

(一)公正平等原则

英国著名哲学家罗素说:"在我们开始研究可疑的问题之前,让我们先找出一个多少是已经确定了的某一点作为出发点。"[15]对于研究跨文化传播伦理原则来说,公正平等(简称公平)就是首要的出发原点。因为它是自古而今人类追求的理想伦理原则之一,也是构建世界和谐社会的来源和根据,更是跨文化传播所遵循的伦理规范准则。

公正一词在英文中为justice,在汉语中的解释为"公平正直,没有偏私"。公正是人类道德历史上最古老的基本原则。公正词义早在古希腊的典籍中就有记载。它是古希腊著名的"四大德"(即智慧、勇敢、公正和节制)之一,是当时的最高道德原则。直到当今社会,公正已成为全球性的一个最基本的社会道德准则。在跨文化传播活动中,公正带有明显的"主体间性"与"价值取向"寓意。它作为评判标准主要用在处理传播主体之间互动时,强调的是跨文化传播价值取向的正当性与"文化主体间性关系"[16],表现为主体的独立地位与相互沟通。

跨文化传播的平等原则包含两层含义:一层含义与公正重合,主张传播主体间地位与权利对等,平等对话、平等沟通。另一层含义"强调的是权利和义务、利益和负担在相互关联的不同文化传播主体之间的合理分配或分担。这种分配或分担的结果与其付出相适应,并能够为当事人和国际社会所认可。"⑰在新媒体语境下,跨文化传播主体的权利与义务的关系是对等的。其传播主体,在享用新媒体传播空间带来的便捷时,也应该尽自己的传播责任与义务。

跨文化传播公正平等伦理原则所规范的是国家、民族及不同文化背景人们之间的一种文化交往范式,一种恰当的沟通方式;所表征的是国际社会的一种和谐、安定状态。在这种范式与方式中,国家、民族之间乃至整个社会之间,达到了普遍性、确定性和适用于每一传播主体的平等性。所以,它理所当然地成为跨文化传播所崇尚的基本理念。

(二)自由自律原则

自由作为哲学中的概念,是指由自己做主,不受限制和拘束,在此条件下人类可以自我支配,凭借自由意志而行动,并为自身的行为负责。学术上对自由概念存在不同的见解,在对个人与社会的关系认识上有所不同。自由包括各国宪法规定的言论信息自由和新闻自由。当然还有诸多的自由意志,如思想自由、宗教信仰自由等。自由是现代人的一种基本权利,也是跨文化传播的先决条件。自由就像空气与水一样,对于人是须臾不可缺少的。对于跨文化传播来说,正是基于自由的存在,文化信息才得以在不同的异质群体中传播,人类才得以进行彼此的交流与沟通。自由乃是世界各种文化发展的内在原动力与外在推动力。中国文化之所以历经数千年仍保持着旺盛的生命力,就是因为在自由理念的支配下,它不断吸收着诸如印度佛教等外来文化及不同民族间的文化基因。欧洲文化的发展也同样是由于它能自由地吸收不同国家与民族文化的营养成分,使自己不断得到更新和发展。自由原则是跨文化传播的伦理金律。

自由虽为跨文化传播的先决条件,但自由也并非是没有任何界限的。自由也有一个限度问题,世上没有绝对的不受约束的自由。"人生来自由,但又无处不在枷锁中。"⑱这是卢梭道出的含有根本性悖论的伦理学命题。自由既包含积极自由,即某一主体有可按自己的自由意志去做什么的权利,又包含消极自由,即某一主体在自由行为时,免于受他人干涉的权利。"己所不欲,勿施于人"强调的便是一种消极自由,它并非追求高限度的权利、机会和价值目的,而是坚守"底线":不受干涉和不干涉别人。它凸显了文化传播过程中传播主体与受众主体之间的对等关系,界定了自由的边界问题,体现了"自律"的伦理。

自律是与自由限度对应的伦理原则。康德认为,自由就是自律,自律是主体对感性冲动和欲望的独立性。"己所不欲,勿施于人"(孔子语)是自律核心内容的表述。我国著名哲学家万俊人认为,"个人自由的本质是自律,或者叫做个人自主或自我管理。无论是在'消极的'意义上,还是在'积极的'意义上,只要个人自由是现实合理的和正当的,就必定是自律的,而不是'放任的'或'随意的'。比如说,个人的生命自由当然是自主的,人拥有对自己生命的绝对权利,任何人或群体都无权侵害或剥夺某一个人的生命。但这种生命的自由绝非某个人滥用生命、恣意挥洒青春的'自由'。""与个人自由相比,社会自由的本质在于普遍的自律或规范。"[19]自律运用于跨文化传播中,便是指底线伦理。如果突破伦理底线,文化偏见、文化霸权、文化认同危机、文化休克等伦理失范现象就会接踵而至。

在新媒体传播语境下的自由与自律及社会监管具有辩证统一关系。在一定意义上,自由为自律的出场创造了条件,而自律与社会监管恰恰是自由的保障。事实表明,"己所不欲,勿施于人"的自律原则,在全球化新媒体语境下的跨文化传播进程中,逐渐成了不同文化传统的民族和国家人们共同接受的伦理准则,而且也成为跨文化传播自由理念的固有含义。

(三)尊重互敬原则

尊重——尊重互敬,是人类各民族在漫长历史演进中逐渐积淀形成的基本伦理观念,或"最起码的道德共识",也是各民族生存发展的基本保证。《联合国宪章》中也明确规定:"要发展国际间以尊重人民平等权利及自决原则为根据之友好关系"[20]。这里"尊重人民平等权利及自决原则",不仅是国际法的一个原则,同时也是全世界的道德原则。对于跨文化传播来说,人与人之间、民族与民族之间、国家与国家之间交流最重要的是尊重,没有尊重互敬就没有道德,就谈不上跨文化交流。

跨文化传播的宗旨在于追求不同文化的人们彼此平等对话与交流、多元文化和谐共处的境界,希冀达至目标不是一种文化对另一种文化的控制或取代。因此,各个国家、民族文化之间无论大小、强弱,在交流中都应有自己的主体地位,他们的文化特质、交流诉求理应得到理解与尊重。

新媒体传播语境对于跨文化传播的意义,在于赋予各种文化群体新的交流空间和表达空间。通过网络在线聚集的方式,不同文化人群在同一平台建立虚拟社区,表达自身的文化诉求。虽然新媒体传播的开放性和虚拟性为在线文化权利的获取提供了一种新的机制。但在这种语境下,传播伦理同样是建立在人与信息、人与人之间互动协调的道德基础之上的,是人类信息交流的传播伦理规范,而不是机器化的某些规定。无论新媒体技术怎样现代化与虚拟化,使用它的主体归根到底还是人。因此,作为主体的人之间应该彼此尊重、互敬互信。包括尊重双方的语言、风俗习惯、交流权利、个人隐私等。只有己方的尊重才能获得彼方的尊重。尊重互敬是全球化及新媒体传播背景下不同国家、民族、人民都能接受的基本道德,同时也是联结、融合不同文化的各民族、各国人民关系的伦理原则,具有很强的重要性。

(四)宽容并存原则

宽容是一个有着深远历史与文化渊源的伦理概念。《大英百科全书》释义:"宽容,容许别人有行动和判断的自由,对不同于自己的见解的耐心公正的容忍。"[①]我国《现代汉语词典》中对宽容的解释是:宽大有气量,不计较或不追究。事实上,在世界各民族的伦理文化中,都有倡导宽容的内容。譬如中国儒家有"恕道""忠恕之道",讲究的是将心比心,推己及人,以理解、体谅、同情之心设身处地为人家着想。而在西方基督教文化中,也固有容忍、宽恕、仁慈、仁爱等包含宽容内涵的伦理道德精神,这与中国儒家之"恕道"可谓异曲同工、"英雄所见略同"。

宽容并存之所以被世界人们共识为跨文化传播的普遍伦理,与文化的多源生成、广泛复杂、语言地域差异等因素相关。世界文化在漫长历史时期各自在不同区域内发展,不仅语言不同,还有着根植于不同语言基础形成的思维、习惯及文化积累,所以人们在传播中很难准确判定各种文化异同的有效范围。在跨文化交流中,文化间的伦理交往与对话活动难免分歧、辩论、争讼。在无法达到完全理解、共识一致、融合的前提下,要容忍、尊重、包容对方,相互共存。融洽的跨文化传播必须建立在一个全球宽容的基础平台之上,最需要的就是彼此间的宽容。

跨文化传播的宽容伦理原则有两个基本点应当明确:其一,宽容的道德基础是人格平等和相互尊重,而不应被理解为是强者对弱者的仁慈施舍。"缺乏人格平等和相互尊重的宽容或许具有道德的形式和意味,但不能是普遍的道德原则,在许多情况下还会造成以小善掩盖大恶的结果。"[②]其二,宽容有基本的处事原则。"宽容的基点是以人为善(即相信人性本善或人性可善的基本信念)、与人为善(即对他人他物的仁慈和仁爱),但容忍和谅解决不能理解为无原则的放纵。"㉓只有在不违背根本原则的情况下,才能恰当地用友善的方式,来看待、理解"文化他者",容忍和宽恕异己言行也才有积极意义。

新媒体传播技术,为跨文化传播构筑起全新的语境时空,从根本上打破了人际交往的时空障碍,来自世界不同文化区域的信息在此空间加速交流互动。人类跨文化交往的广度和深度得以提升,同时异质文化的交锋、冲突与碰撞也更加激烈、尖锐。在这种跨文化传播语境下,倡导与贯彻宽容并存的伦理原则显得更加必要。虽然新媒体并没有完全为跨文化传播开拓理想的文化融合的"诗意栖居的精神家园",但也提供了多种文化并存、交流的宽阔的平台。遵循宽容并存的伦理原则,或许"如果我们能多一些'手拉手',少一些'心连心',不因无法连心而拒绝拉手,更不是为了连心而使劲拉手,我们的交流会更顺利、更轻松而且更充满乐趣"㉔。这也正是我们期冀见到的景象。

结　语

综上所述,跨文化传播正处在新媒体所营造的语境中,属于不同文化类型的个人、群体或国家之间的文化交流被联结、聚集于新的广阔平台。一方面新媒体传播空间,促进了人类跨文化交流的频率、深度和幅度;另一方面在新媒体语境中不同文化之间的碰撞、交锋也不断加深。在新媒体语境下也存在着如信息传播失衡、文化霸权、种族主义偏见、文化认同危机等诸多传播伦理困境与失范的现象。新媒体语境下跨文化传播正面临着伦理失范的困境与挑战。

面对跨文化传播的伦理困境与挑战,我们迫切需要在新媒体语境下进行跨文化传播的伦理建构,并首先确立伦理建构的原则。上述四条基本原则是跨文化传播伦理建构的核心,它可以对新媒体语境下跨文化传播实践的不同层面,以及具体伦理规范和行为模式起一个统摄作用。公正平等、自由自律、尊重互敬、宽容并存四个基本原则,为跨文化传播伦理实践把握着总的方向。新媒体环境下的跨文化传播伦理原则是全人类伦理价值体系的重要组成部分,其合理建构不仅可以丰富全人类的伦理价值观,而且还能规范跨文化传播的言行,减少和削弱不同文化与区域人们在当今新媒体环境下的文化冲撞与隔膜,提高我们跨文化传播的能力与效果。

注释：

① 孙英春：《跨文化导论》，北京大学出版社 2008 年版，第 232 页。
② 李淑芳：《广告跨文化传播的文化伦理辨析》，《广东外语外贸大学学报》2011 年第 6 期。
③ 车英、欧阳云玲：《冲突与融合：全球化语境下跨文化传播的主旋律》，《武汉大学学报》2004 年第 7 期。
④ 刘颖：《网络传播中的文化霸权》，《对外传播》2013 年第 3 期。
⑤ 单波、王金礼：《跨文化传播的文化伦理》，《新闻与传播研究》2005 年第 3 期。
⑥ 单波：《跨文化传播的问题与可能性》，武汉大学出版社 2010 年版，第 184 页。
⑦ 朱大可：《铜须、红高粱和道德民兵》，《东方早报》2006 年 6 月 8 日。
⑧ 央视《大家看法》：《铜须在电视媒体回应网友讨伐》，2006 年 6 月 2 日。
⑨ 王勇：《网络时代的匿名传播伦理和跨文化传播伦理——对"铜须事件"的传播学思考》，《东南传播》2007 年第 2 期。
⑩ 〔美〕道格拉斯·凯尔纳：《媒体文化》，丁宁译，商务印书馆 2004 年版。
⑪ 多米尼克·哥伦波：《远距：超现代化传播所必需的非地域性范式》，见单波等：《跨文化传播新论》，武汉大学出版社 2005 年版，第 193 页。
⑫ 〔美〕马克·波斯特：《信息方式》，范静哗译，商务印书馆 2000 年版。
⑬ 万俊人：《寻求普世伦理》，商务印书馆 2001 年版，第 29 页。
⑭ 李小川、龙柯宇：《跨文化传播中伦理失范的审视》，《四川外语学院学报》2008 年第 6 期。
⑮ 〔英〕罗素：《哲学问题》，何兆武译，商务印书馆 1999 年版，第 11 页。
⑯ 单波：《跨文化传播的问题与可能性》，武汉大学出版社 2010 年版，第 188 页。
⑰ 〔英〕彼得·斯坦等：《西方社会的法律价值》，王献平译，中国人民公安大学出版社 1990 年版，第 78 页。
⑱ 〔法〕卢梭：《社会契约论》，何兆武译，商务印书馆 1994 年版，第 8 页。
⑲㉒㉓ 万俊人：《寻求普世伦理》，北京大学出版社 2009 年版，第 278、279、295 页。
⑳ 《联合国宪章》，百度百科 http://baike.baidu.com/view/64830.htm?fromId=1014456。
㉑ 转引自〔美〕亨德里克·威廉·房龙：《宽容》，迮卫、靳翠微译，三联书店 1985 年版，第 13 页。
㉔ 黄旦：《手拉手还是心连心：什么是交流》，《读书》2004 年第 12 期。

网络信息时代我国意识形态控制力体系的构建*

◆ 张显龙

意识形态是社会上层建筑的重要组成部分，诚如习近平总书记在2013年全国宣传思想工作会议中所强调的，"意识形态是党的一项极端重要的工作，关系党的前途命运和国家长治久安，关系民族凝聚力和向心力"。在当前多种社会思潮并存且交锋激烈的社会转型时期，必须牢牢占领意识形态阵地以维护国家的核心利益。我国应该而且必须坚持以马克思主义为核心的社会主义意识形态。网络的迅猛发展，既为社会主义意识形态传播方式的变革，宣传渠道的拓展以及辐射力、吸引力、影响力的增强提供了良好机遇，又对我国社会主义意识形态的控制力和安全形成了极大的挑战。如何应对网络信息化所带来的各种冲击、构建我国意识形态的控制力体系以巩固和提升马克思主义在我国意识形态的指导地位是我们必须研究和解决的重要现实问题。

一、网络信息传播的特点

网络是继报刊、广播、电视等大众新闻媒体之后的第四大媒体，具有无限性、互动性、平等性、虚拟性、快捷性等特征，无论是信息传播的速度、广度还是强度都优于传统媒体，这些使其得到了迅速发展并成为人们传播信息和交流思想情感的重要平台。(1)无限性。一方面是传播地域的无限性。网络突破了国家疆域的有形界限，实现了传播范围和受众对象的无限化。另一方面，网络的信息容量是无限制

---

* 原载于《现代传播》2013年第12期。

的,可以实现内容信息的无限度存储。(2)互动性。每一个网民都可以同时成为网络信息的传播者与信息接收者,通过借助网络平台在线视频、留言板、电子邮件等功能,任何国家或者地区之间的人都可以实现双向甚至是多向的互动交流。(3)平等性。相较于现实社会而言,网络空间中人与人之间的信息和思想交流,不再受制于地位、权力、财富、性别、年龄、民族等因素的约束,所有的交流者都是平等的。(4)虚拟性。网络信息传递及交流的主要方式包括文字、图片、声音、视频等,这些通过数字终端显现出来的内容并不一定完全是现实的真实反映,甚至经过信息技术处理可以使其"失真"。而且,人们的网上交流完全可以通过匿名的形式来实现,对象的真实身份、交流的信息很难核实,网络就是一个虚拟的世界。(5)快捷性。这主要体现在网络交流方式的便捷和传播速度的快捷两个方面。简单的网络信息传播和交流并不需要太多的技能,只要掌握了电脑的基本知识甚至在不具备相关知识的情况下,通过他人的引导或者观察他人的网络交流行为都可以进行简单的网络信息传播和网络交流。从传播速度来看,网络信息的生产、发布、传播几乎是同时同步进行的,在极短的时间内就可以将信息传播到世界各地,而且更新速度也异常快。[1]

二、信息网络化对我国意识形态控制力的挑战

第一,信息网络化弱化政府对意识形态的调控力。

在传统传播体制下,我国实行的是集中统一、自上而下的信息管理模式,政府对意识形态具有较高的控制能力,通过严格履行"把关人"职能,对信息进行严格筛选和监控。但在网络信息时代,网络传播对传统媒体传播方式的变革严峻考验着党和政府对意识形态的控制力,并使其趋于弱化。其一,网络信息发布和接收主体的多样性及其发布信息的自由性、随意性,使得在网络中形成了一种多层次、多渠道、宽领域的自由言论空间,网络信息的发布、传播和舆论的导向在不同程度上脱离了监管部门的控制。面对强大的互联网功能和人们舆论权利的拓展,国家既没有控制的权力,也没有控制的实际能力。这就导致了党和政府调控舆论导向的难度明显增大,甚至难以驾驭。[2]其二,在人们具有网络信息发布自由权的语境下,信息的海量递增和信息生产、发布、传播的"同步性",使得信息的裂变式和同时性传播成为必须面对的现实存在,信息的传播速度和传播范围并非传统媒体所能企及,党和政府通过传统的信息管理模式对其进行控制和封锁显然不可能。因此,网络

信息时代给我国意识形态带来的不仅是传播载体、传播方式的革新,其内部还蕴含着党和政府对舆论导向的"把关人"职能的弱化及我国意识形态调控能力的削弱。

第二,以互联网为平台进行西方社会思想与文化渗透,扩大了我国意识形态防御的难度。

以现代科技为核心的互联网已经成为国外敌对势力攻击、渗透和破坏我国社会主义意识形态的重要工具。美国意识形态外交的重要手段之一就是通过信息霸权进行意识形态扩张(黄玉琼、吴非,2011)。据《第29次中国互联网络发展状况调查统计报告》数据显示,截至2011年12月底,中国网民规模已经达到5.13亿,其中拥有超过3亿的微博用户(宣云凤、林慧,2013)。我们面临的另一个事实是,90%以上的网络信息是由西方发达国家制作和传播的,当今互联网90%以上的信息是用英语表达,我国在信息的输入和输出方面仅占0.1%和0.05%,③而且80%以上的软件由美国生产。美国等西方国家正是凭借着其强大的经济优势、科技优势和信息优势,利用网络的虚拟性和自由操作性等特点,以互联网为平台向全世界推销自己的价值标准、意识形态、文化理念、生活方式,甚至诋毁我国的方针、政策、路线,煽动种族主义和宗教仇恨并将其渗透到网民的思想意识当中,以误导网民,强化对其价值观念的认同,消解马克思主义、社会主义意识形态的凝聚力和影响力。面对西方国家的思想渗透,虽然我们已经有所警觉并采取了相关应对措施,但苦于我国信息网络服务对发达国家数据的高度依赖,对网络的控制和信息的屏蔽能力相对较弱,甚至我国引进和采用的可能是生产商可以监控甚至破坏的功能弱化的产品,这无疑给我国的网络信息安全带来了不可估量的安全隐患,给西方国家的思想文化渗透提供了可乘之机,致使我国意识形态的防御难度明显增大。

第三,网络信息化削弱了大众对我国主流意识形态的认同感。

中国正处于社会转型时期,不同程度地存在着贫富差距、社会阶层矛盾、社会不公、贪污腐败等问题,使得一些人产生顾虑和质疑,而这些通过制度的改革与完善是可以较为妥善解决的。但在网络信息时代,却被一些别有用心的人或国家通过互联网传播的方式,人为地扭曲与放大,以误导人们,把焦点集中到现有矛盾上来,释放和扩大非社会主义意识形态的声音。他们还通过雇佣"写手队伍"向我国境内发送有害邮件、发布虚假信息、人为地制造网络热点事件、扭曲网络舆论来愚弄网民的同情心、正义感;更有甚者,他们建立反华、民族分裂等敌对势力网站对网民进行思想文化渗透,从而故意破坏社会诚信和政府公信力。据有关数据显示,由敌对势力组织或者策划建立的"法轮功"分子的网站多达上千个,"藏独""疆独"等民族分裂组织的网站200多个;⑤西方媒体对拉萨"3·14"暴力事件的失实、歪曲报道,将北京奥运会奥运议题政治化、意识形态化等,⑤就是西方敌对势力利用网络信息传播对我国社会主义意识形态进行思想、文化渗透的强有力佐证。这无疑严重误导了广大网民的价值判断和审美情趣,削弱了公众对主流意识形态的识辨能力。

三、网络信息时代我国意识形态控制力体系的构建路径

第一,发挥网络功能实现主流意识形态教育方式创新,增强马克思主义意识形态的主导地位。

在网络信息时代,我们必须把握好网络时代的特征,发挥其功能,促进意识形态教育方式的转型与创新,进而达到巩固和提升社会主义意识形态的目的。这也是化解网络信息发展对意识形态冲击、增强意识形态控制力的重要途径之一。

(1)构建网络互动交流平台,在对话交流中增强人们对主流意识形态的认同。传统的意识形态传播往往带有"单向性""灌输性"和"强制性"的特点,体现的是一对多、点对面的关系,对受众的实际情况、心理感受、接受意愿程度等重视不足,这种方式暗含和反映的是人们的被动接受与生硬理解,效果不彰也就不言而喻了。意识形态控制力的形成应以民众参与程度作为基点,然后才是支撑控制力强弱的认可度、接受度和支持度。网络传播中的无限性、自由性虽然为人们接受杂乱无章的信息提供了可能,但也为人们参与思想情感交流和主流意识形态教育创造了巨大平台,我国主流意识形态的安全建设必须利用好这个功能来形成、强化主流意识形态的控制力与引导力。如可以建立主流意识网站、聊天室、电子公告牌等,开展网络谈心、网络辩论和网络咨询辅导等。通过互联网为人们搭建交流的平台,进行思想交流、交换意见、讨论现实问题和解疑答惑,让意识形态工作者与网民实现互动对话,及时解决他们的思想困惑、增进相互间的感情,并在对话中形成思想共识,引导更多网民科学地了解、认识和认同社会主义形态,通过思想的认同来实现"思想的控制与思想的引导"。

(2)利用网络功能,在审美意识与形象教育中增强社会主义意识形态的感召力和感染力。只有真实的、生动的、细腻的和符合人们审美意识的东西才能更容易地

被人们接受,我国社会主义主流意识形态建设必须革新直接、粗放、枯燥、抽象的传统的意识形态传播和教育方式,既要积极推出符合社会主义主流意识形态的优秀作品,把中国民族优秀传统文化和社会主义先进文化融入到各种电视、电影、游戏、图书等当中,并通过网络进行广范围、深层次、强力度的宣传。只有这样,把社会主义主流意识形态与社会成员的日常审美实现高度融合,以生动、形象的方式融入人的深层心理结构,才能进一步增强社会主义主流意识形态的感召力、感染力。⑥

(3)运用和释放互联网高技术性功能进行先进文化的立体化传播,增强社会主义意识形态的凝聚力。利用网络发布虚假信息、对社会事件进行扭曲报道,甚至公然诋毁我国政策、方针、路线是敌对势力国家消解我国主流意识形态惯用的伎俩。事实上,我们也可以利用网络的作用对上述行为进行解释、澄清,甚至是批驳,以此来还原事实的真相和揭露敌对势力国家或者组织的阴谋。如在CNN(美国有线电视新闻网)对2008年西藏"3·14"暴力事件歪曲报道后,饶谨等爱国青年通过发起"收集整理西方主流媒体作恶的证据,发出中国人民自己的声音"的号召,建立反CNN网站,在网络上传播反映实际情况的图片、视频,使世界各国的人们认识到了该事件被西方媒体歪曲报道的真相,有力地反驳和批判了西方媒体的丑恶行径。⑦

第二,信息网络监管体系完善与网络信息技术研发并重,增强我国意识形态的网络防御能力。

我国完善的网络防御体系至少要包括以下三个方面的因素:完善的网络监管体系、掌握先进的网络信息核心技术、具备较强的网络信息辨别能力。

(1)构建完善的网络监管体系。首先是要建立健全网络管理法规,应在已经实施的《计算机信息网络国际联网安全保护管理办法》《互联网上网服务营业场所管理条例》《互联网站从事登载新闻业务管理暂行规定》《互联网电子公告服务管理规定》等网络法规的基础上,⑧根据我国的实际情况和互联网发展的趋势,进一步制定和出台完善的网络监管法律体系,为加强互联网的监管提供法律支撑。其次,建立集网络监测系统、网络防卫系统和网络人才系统为一体的网络监管体系。其中,网络监测系统重点是动态跟踪、监控和分析网络信息,对网络信息进行辨别、定性,一旦发现安全隐患,即刻反馈给决策系统和防卫系统,由其采取相应的防卫和解决措施;防卫系统主要负责执行决策系统的具体决策,保障网络监管措施的如实落实;人才系统的功能在于网络监管人才的招聘、培训,满足网络监管的人才需求。

(2)提高网络信息核心技术研发、运用能力。我们必须加大资金和科研人员的投入力度,加强对网络信息核心技术和产品的研发,提高自身的独立研制能力,尽快生产出技术更先进、防御能力更强、拥有自主知识产权的适合我国网络系统所需要的软硬件产品。尤其是要重点研制芯片技术、高速计算机、安全防卫技术等关系网络信息安全关键环节和发达国家不向我国转让或禁运的产品及技术,增强网络信息技术话语权和地位,尽快扭转网络信息技术受制于西方国家的被动局面。考虑到短时间内我国难以实现依靠自己技术满足国内网络系统需要的产品和技术的目标的实际,政府相关部门必须加强对互联网产品供应商和服务商的管理,以防止敌对势力国家通过向我国输出"次级产品或技术"来传播不利于我国主流意识形态的信息。

(3)加强兼具网络技术及意识形态工作技术人才的培养。西方国家在对我国意识形态进行渗透所传播的信息往往具有很强的隐蔽性,要想对其进行防御需要同时解决好网络技术和信息辨别等多个方面的问题。因此,如果仅仅单向度地拥有网络技术或者信息辨别能力的人并不能满足这一工作的需要,必须培养出一批网络技术水平高、信息辨别能力强和掌握意识形态工作技术的综合型人才。

第三,在提升文化软实力与解决中国现实问题中,塑造和强化中国主流意识形态的话语权。

文化软实力是国家意识形态安全建设的基础和精神源泉,它具有协调和整合社会意识形态、防止和抵御西方国家意识形态渗透等多方面的功能。⑨新形势下,我国意识形态控制力的塑造与强化,必须实现向提升文化软实力和解决中国实际问题的转向,进一步推进马克思主义中国化、大众化、时代化,以此来获得大众对主流意识形态的认同。增强主流意识形态是指提高创造力与凝聚力,进而提高对西方国家意识形态渗透的辨别力、防御力和抗拒力,推动我国主流意识形态的安全建设。

(1)增强网络信息时代先进文化的创新能力。重点是与网络功能高度融合,在深度挖掘、改造和再创造我国优秀的传统文化的同时,充分吸收世界文化的优秀成果,通过数字化生产、网络化传播,推进主流文化网络创作,以观念创新、形式创新、内容创新赋予中国特色社会主义文化新的内涵和活力。

(2)西方国家凭借"信息霸权"地位掌握了绝大部分网络信息控制权,挤压了我国主流意识形态传播的空间,我国意识形态的安全建设必须树立全球意识,打破疆域界限,制定全球战略和构建强大的体现社会主义核心价值体系的国际传播体系。

重点是建设一批宣传主流意识的马克思主义网站,大力宣传马克思主义科学理论、社会主义先进文化和我国方针、政策、路线及社会主义建设的丰硕成果。同时打造一批具有中国特色的、实力强大的跨媒体"国际传播集团",使更多蕴含中国特色社会主义的先进文化在全球得到广范围、强力度的传播,增强中国文化的吸引力和影响力,提升文化话语权和舆论引导权。

(3)在解决中国现实问题中,增强人们对社会主义意识形态的认同。西方国家出于意识形态渗透等目的,通过网络等媒体把我国社会转型时期出现的社会分配不公、贫富差距等问题几何级地放大,不同程度地引发了社会民众对马克思主义、社会主义的质疑甚至是抗拒。为此,我国意识形态安全建设如果只是局限于形式主义、教条主义和主观主义地宣传、灌输而不注重现实问题的解决,并不能从根本上解决人们对马克思主义的认同问题。意识形态建设必须与社会现实问题相结合,加快产业结构转型、经济发展方式转变,完善社会分配制度,创新社会管理模式,把意识形态的核心理念与人民群众的利益需求有机结合起来,使广大人民在现实问题的解决和自身利益需求的满足中认同、接受我国的主流意识形态,并以此形成反对西方国家意识形态渗透的"集体声音"和"组织联盟",构建国家主导、人民参与的意识形态控制体系。

注释:

① 江淑丽:《加强社会主义意识形态网络宣传阵地建设》,《鲁东大学学报》(哲学社会科学版)2009年第6期。

② 郭明飞:《互联网时代我国意识形态工作面临的挑战与对策》,《马克思主义与现实》2009年第6期。

③ 江淑丽:《加强社会主义意识形态网络宣传阵地建设》,《鲁东大学学报》(哲学社会科学版)2009年第6期;杨静娴:《网络时代我国马克思主义意识形态的边缘化及维护》,《马克思主义理论研究》2011年第7期。

④ 周国平:《网络信息化时代的意识形态安全》,《学习时报》2011年1月5日。

⑤ 李方祥:《西方对我国的意识形态渗透无处不在》,《高校理论战线》2012年4月14日。

⑥ 梁刚:《论网络时代的意识形态领导权问题》,《当代世界与社会主义》2012年第3期。

⑦ 向楠:《我国应高度重视新媒体时代的意识形态安全》,《中国青年报》2011年12月15日。

⑧ 杨静娴:《网络时代我国马克思主义意识形态的边缘化及维护》,《马克思主义理论研究》2011年第7期。

⑨ 郑元景:《网络时代文化软实力竞争与国家意识形态安全》,《科学社会主义》2012年第3期。

[后 记]

本册所选文章均取自于2009～2013年期间《现代传播》的主打栏目——"传播文化"发表的文章。

2005年，攻读博士期间承蒙胡智锋教授器重，我开始在《现代传播》任兼职编辑，协助主编负责"传媒观察"与"传播文化"两个栏目的组稿与编辑工作。那个时候，《现代传播》还是双月刊，每年6期，发稿压力整体还不算太大。但是，这份工作对于我这个学艺术理论出身的博士生来说，难度也实在不小：

首先，这两个栏目各具特点，甚至对比起来差异巨大。一个关注传媒领域的动态发展，一个关注传播与文化的互动关系。也就是说，要想做好这两个栏目必须通晓实践与理论两个层面，而且要有全面的掌握和前沿的判断，否则难以把握。

其次，这两个栏目的一个共同特点，就是"宏观"。前者是传媒动态的宏观观察，后者是文化传播的宏观思考。"宏观"就意味着论题涉及全局、视角多元，这对于当时视野局限于个案、思维习惯于评论的我来说，需要尽快从"点"过渡到"面"、从感性过渡到理性、从知识过渡到学术。

再者，专业背景所限：本人本科学习汉语言文学，硕士阶段师从胡智锋老师攻读广播电视艺术学，博士阶段师从张晶老师攻读文艺美学，"传媒观察"与"传播文化"的研究则涉及新闻学、传播学、经济学、管理学、文化学、符号学等，而这些都不是我熟悉的知识领域。

在辅助胡智锋老师做编辑工作的两年中，每每开编前会，我都胆战心惊，如履薄冰，主要有三个担心：一是担心没有好稿子，二是担心挑不出好稿子，三是担心编不好好稿子。幸亏胡老师在学界、业界拥有广泛的号召力，进入新世纪以来，《现代传播》一直在走上坡路,影响力也越来越大,每年来稿量稳中有涨,大家、名家的大作也比较稳定,稿源和问题基本解决。我当时有充裕的时间与作者进行沟通和对论文进行加工编辑,基本上期期还能勉强过关。另外,在兼职做编辑之前,我从2003年就开始在《现代传播》做校对,每期三个校次,需要通读所有文章并仔细校对一遍,期间编辑知识与业务得到了很大的提高。就这样,从2005年至2007年,在我边做论文、边做编辑的两年里,取得了令编辑部同仁认可的进步。2007年6月,我顺利通过学位论文答辩,拿到博士学位,并有幸留在学报继续从事编辑工作,这也是我人生中的第一份正式工作。

时光荏苒,一晃从事编辑工作几近十年,期间《现代传播》从双月刊改版为单月刊,定价从12元"通货膨胀"到20元,编辑部的李立老师退休,刘俊师弟入职,等等;最主要的是在胡主编的领导下,《现代传播》还先后入选"教育部'名刊工程'建设期刊""全国高校社科三十佳学报"、"国家社科基金资助期刊",这使得学报不但在传媒业界和学术界,还在高校学报界的影响力越来越大。从个人角度来说,看着本人供职和服务的《现代传播》越来越好,打心底里感到高兴和欣慰,这里有一些感悟与大家分享。

《现代传播》的全称是《现代传播——中国传媒大学学报》,顾名思义,《现代传播》可以分属三个序列:一是高等院校学报序列(各个大学均有一本以校名命名的学报),二是传媒业界期刊序列(如《中国电视》《当代电视》《电视研究》《中国广播电视学刊》《中国记者》《中国广播影视》《综艺》等),三是传播理论期刊序列(如《新闻与传播研究》《国际新闻界》《新闻大学》《当代传播》等)。可以说,《现代传播》能够取得今天的成绩,就在于它从新世纪以来在这三个序列中探索总结出了一条错位竞争、特色发展的办刊路线,具体如下:

一是在高校学报系列中,《现代传播》在"大综合"为主要办刊定位的氛围中突出传播特色,立志做有专业特色的高校学报。

二是在传媒业界期刊中,《现代传播》在"经验与批评"为内容定位的氛围中坚守学术品质,强化学术研究对传媒实践的提升作用。

三是在传播理论期刊中,《现代传播》在"定性与定量"为研究方法的氛围中服务传媒发展,注重传播理论对传媒实践的指导作用。

尤其进入新世纪第二个十年,这种错位竞争、特色发展的办刊路线越发清晰,这也使得《现代传播》在当前激烈的期刊竞争中站稳了脚跟,扩大了空间。目前,

《现代传播》作为专业学术期刊却拥有着"高"、"大""上"的作者队伍:"高"是层次高,这其中包括政府高官、行业高层、高校教师、科研工作者、传媒精英、影视主创等等;"大"是范围大,从政府到高校,从业界到学界,从一线到幕后,从广电到传媒,从传媒到文化,作者来源多元,视野自然多维;"上"是他们源源不断"生产"的精彩内容具有上乘的品质。这里仅举一个例子:2013年《现代传播》在《新华文摘》一年24期的全文转摘量为11篇,如此高效的二次转摘也是出乎编辑部意料的。

就我负责的"传媒观察""传播文化"两个栏目来说,它们恰恰是体现《现代传播》这种办刊路线的代表性栏目。"传媒观察"近年来一直致力于跟踪与反映传媒大势和传媒热点,力求呈现传媒发展大背景、大格局、大趋势,稿件追求高端、宏观、建设性三个标准。所谓"高端"即作者队伍要高端、权威,只有这样,才能增强文章的可信性与说服性,从本册入选文章来看,作者既有政府管理部门,如黄勇、朱虹、叶皓、庞井君(以发表之时的身份为准),更有来自传媒一线的李向阳、朱剑飞、李岭涛、问永刚、索福瑞媒介研究等,还有多年来为传媒机构出谋划策的黄升民、喻国明等国内一流传媒学者。所谓"宏观"所刊发的论文均为传媒业界关注的大格局、大脉络、大趋势,写文章必须要有宏观视野,否则不可能胜任,可以说国内能够达到"宏观"这一要求的作者其实为数并不多,这也是为什么每期总是一篇或两篇的原因。所谓"建设性",文章可以批判和解构,但最终目的一定是要有所建构,从而有助于中国传媒事业与产业的繁荣发展,这也是理论的价值之所在。

而"传播文化"栏目则更多体现了三个结合:一是老中青结合。该栏目每期两至三篇稿件,第一篇肯定是大家、名家的最新力作,第二篇则是中青年学者的潜心大作,如有第三篇肯定是青年学者或博士的前沿思考,既有"锦上添花",也有"雪中送炭"。二是长短结合。目前有些学术刊物为了影响因子的原因,有把论文越发越长、篇篇都长的倾向,包括"传播文化"在内的《现代传播》的所有栏目则一直坚持长短结合、因题而宜的原则,长到两万字,短到五千字。这一方面正应了杂志的"杂"字,另一方面学术有大题目,也有小选题,大题长文,小题短文,因题而宜,不搞"一刀切",这样既给大家、名家留出了发挥空间,也为年轻学者、青年师生保留了发表机会。三是定性与定量相结合。作为研究方法,社会科学的定性研究由来已久,但有时缺乏实证依据难以令人信服,定量研究方兴未艾,但实证研究的机械化归纳也要避免,定性与定量相结合,定性给定量以方向,定量给定性以依据。这三个结合让"传播文化"的稿源多年来一直相当充足,无论何时下厂付印都会有七八篇可用的稿件在手中备用。

  除办刊路线外，我另外还有一个较为深刻的体会，就是《现代传播》在编辑思路上一方面坚定坚持"质量第一"，另一方面也努力做到"以人为本"。坚持"质量第一"很好理解，就是刊发的论文绝对是质量第一，学术至上，为此《现代传播》不但不收取任何版面费，而且对于刊发的稿件还要发放稿费。大家、名家的稿件这么处理自不必说，而且对于正处于上升期的年轻学者，对于卡点评职称的青年教师，对于急于项目结项、博士后出站、博士毕业、硕士直博的作者来说，除了在《现代传播》发一篇能解决许多问题的稿件外，甚至还会收到其他刊物不可能发放的稿费。所以，近年来《现代传播》一直坚持在保证学术质量的前提下尽量想人之所想、急人之所急，为这些处于上升期的作者及时安排版面，留出话语空间，以实践行动助力青年发展，推动学者成长。目前，在《现代传播》多年来培养过的青年学人遍及全国，升任教授、博导者早已有之，无论他们现在心中是否记得，《现代传播》就是这么做的。我想这也是《现代传播》能够被大家、名家和青年学人普遍认可的一个重要原因吧。

  最后，笔者与编辑部向多年来支持《现代传播》发展，尤其是"传媒观察"与"传播文化"栏目成长的领导、专家、学者、同仁们表示深深的感谢，因为没有你们艰辛的智力付出和孜孜不倦的学术思考，就没有《现代传播》的过去和今天，更谈不上本册书的问世。

  面向未来，编辑部希望各位领导、专家、学者、同仁们能继续给予《现代传播》一贯的大力支持和亲切关怀，相信"传媒观察""传播文化"栏目会在你们的关注中和支持下，为作者提供更为宽广的舆论舞台和话语空间。

张国涛

2014 年 12 月

图书在版编目(CIP)数据

传播文化:文化传播的中国思考/张国涛主编．—北京:中国传媒大学出版社,2015.5
ISBN 978-7-5657-1311-8
Ⅰ.①传… Ⅱ.①张… Ⅲ.①中华文化-文化传播-研究 Ⅳ.①G125
中国版本图书馆CIP数据核字(2015)第041639号

传播文化:文化传播的中国思考

主　　编	张国涛
策划编辑	秋　实
责任编辑	李水仙
责任印制	阳金洲
封面设计	北京泰丰领秀创意文化有限公司
出 版 人	王巧林

出版发行	中国传媒大学出版社
社　　址	北京市朝阳区定福庄东街1号　　邮编:100024
电　　话	86-10-65450532 或 65450528　　传真:010-65779405
网　　址	http://www.cucp.com.cn
经　　销	全国新华书店
印　　刷	三河市东方印刷有限公司
开　　本	710×1000 mm　　1/16
印　　张	18.25
版　　次	2015年5月第1版　2015年5月第1次印刷
书　　号	ISBN 978-7-5657-1311-8/G·1311　　定价 69.00元

版权所有　翻印必究　印装错误　负责调换